사디어스 윌리엄스 특유의 창의성과 소통 능력이 돋보이는 탁월하고 흡인력 있는 대화형 책이다. 《성경을 뚫고 나온 하나님》은 하나님의 위대하심과 은혜를 새로운 시각으로 조명하며, 우리로 하여금 깊이 묵상하도록 이끈다. 성경, 다양한 읽을거리, 이야기, 예술, 여러 주요 사상가들의 성찰을 통해 우리를 영원하신 삼위일체 하나님께로 초대한다. 우리의 창조주이시며 섭리로 붙드시고 구원하시는 그분을 예배하고 신뢰하고 사랑하고 흠모하며 따르고 즐거워하게 한다. 이 책은 시대성에 맞추려는 태도(relevance)보다 하나님을 향한 경외심(reverence)을 앞세우며, 기도와 적용을 격려함으로써 우리의 삶을 새롭게 하고, 교회의 개혁을 소망하게 한다. 진심을 담아 추천할 수 있어 아주 기쁘다.

데이비드 S. 다커리 × 사우스웨스턴침례신학대학원 총장

하나님의 장엄하신 속성을 기뻐하는 책이라면 아무리 읽어도 지나치지 않으며, 《성경을 뚫고 나온 하나님》 역시 그 장르에 넣기에 손색없는 책이다. 현시대를 담아낸 문화 분석과 시대를 초월한 신학 진리를 탁월하게 엮어 낸 역작이다. '문화에 부응하는 것'보다 '하나님을 경외하는 것'이 훨씬 더 급선무임을 현대 교회에 일깨워 주는 소중한 자원이다.

브렛 맥크라켄 × 가스펠 코얼리션(TGC) 편집장

글쓰기도 훌륭하고 신학도 훌륭한 이 책에서 사디어스 윌리엄스는 영화 〈조커〉, 시스티나성당, 민권 운동가, '구르는 성자' 등의 문화 분석을 폭넓게 적용하며 하나님의 참된 속성과 그 뜻을 드러낸다. 저자가 안내하는 대로 성경 읽기, 하나님을 경외하는 경건한 습관 기르기, 내 삶 돌아보기, 회개하기, 참고 도서를 쭉 따라가다 보면 하나님을 경외하는 마음이 새로워질 수밖에 없다.

케이티 파우스트 × 뎀 비포 어스(Them Before Us; 어린이가 먼저다) 설립자 겸 대표

사디어스 윌리엄스는 우리가 하나님을 아는 데서 그치지 않고 그분을 사랑하기를 바란다. 그 목표를 위해 그는 이 책에서 신학과 변증, 그리고 여러 성숙한 그리스도인들의 증언을 감동적이면서도 매우 실제적으로 조화롭게 엮어 냈다. 하나님의 무한하신 깊이와 사랑과 지혜와 은혜와 창조력과 위엄을 다각도로 제시한 이 책을 읽고 나니 절로 그분을 향한 예배가 우러나왔다. 예배받기에 합당하신 하나님과 그분

중심의 세계관을 아직 접해 보지 못한 많은 이들이 이 책을 읽고 영원히 변화되기를 바란다.

에이미 K. 홀 × 작가, 팟캐스트 스탠드 투 리즌(Stand to Reason) 운영자

하나님을 공부하기에 가장 좋은 출발점은 예배다. 사디어스 윌리엄스가 이 책에서 설득력 있게 밝히듯이, "인간은 경외심을 품고 살도록 지어졌다." 그는 경외에서 출발하여 하나님이 어떤 분이시고, 우리는 누구이며, 어떻게 그분을 알고 예배할 수 있는지를 깊이 파헤친다. 이 책은 깊이와 넓이를 겸비한 보기 드문 신학서로, 엄위하신 하나님을 알고 예배하기를 갈망하는 신자들에게 진리로 충만하면서도 친근하게 다가온다.

에드 스테저 × 바이올라대학교 탈봇신학교 학장

논거가 탄탄하고 여러모로 중요한 책이지만, 성경과 개혁 신학에서 말하는 신론(神論)의 까다로운 필수 요소를 광범위한 지식과 대중문화를 동원해 창의적으로 논했다는 점에서 특히 중요하다. 덕분에 으레 학자의 전유물로 여겨져 온 주제임에도 불구하고 젊은 독자층을 사로잡을 수 있으리라 본다. 널리 읽혔으면 좋겠다.

피터 R. 존스 × 트루스익스체인지(TruthXChange) 부대표,
캘리포니아 에스콘디도 뉴라이프장로교회 부목사

당신의 하나님이 작으면 그분의 성품과 속성과 말씀이 당신에게는 별로 의미가 없다. 그러나 그분이 크시면 세상이 완전히 달라진다. 저자는 바로 이 크신 하나님을 우리에게 보여 준다.

조앤 정 × 바이올라대학교 탈봇신학교 부학장, 신학·성경학 교수

○

하나님 아버지에 관해 많은 것을 가르쳐 주시고

몸소 본이 되어 주신 나의 아버지[Russ]께.

성경을 뚫고 나온 하나님

지은이 | 사디어스 윌리엄스
옮긴이 | 윤종석
초판 발행 | 2025. 11. 26.
등록번호 | 제1988-000080호
등록된 곳 | 서울특별시 용산구 서빙고로65길 38
발행처 | 사단법인 두란노서원
영업부 | 022078-3333 FAX | 080-749-3705
출판부 | 022078-3330

책값은 뒤표지에 있습니다.
ISBN 978-89-531-5200-7 03230

독자의 의견을 기다립니다.
tpress@duranno.com www.duranno.com

거룩한 두려움으로
'살아 있는 신'을 경탄하라

성경을 뚫고 나온 하나님

Revering God

사디어스 윌리엄스 지음
윤종석 옮김

두란노

Contents

Enjoyable

Part 2

기쁨이 되시는 하나님

그분은 만족을 주신다

Victorious

Part 3

승리하신 하나님

그분은 통치하신다

Eternally Loving

Part 4

영원히 사랑하시는 하나님

그분은 성부 성자 성령이시다

Redemptive

Part 5

구원의 하나님

그분은 죄인을 구원하신다

Expressive

Part 6

예술가 하나님

그분은 아름다움을 창조하신다

✧ 이 책을 읽는 법 ✧

지금 당신이 손에 든 이 책에는 이 시대의 문화를 거스르는 전제가 깔려 있다. 당신이 아무리 잘났어도 당신은 매혹적이거나 장엄하거나 예배받기에 합당한 우주의 창조주는커녕 그 근처에도 가지 못한다는 것이다. 당신의 참모습을 알려면 자아를 분석할 게 아니라 하나님을 찾아야 한다.

마치 우주의 산타클로스인 양 신실한 기부자들에게 부와 번영을 퍼부어 주는 일부 '텔레반젤리스트televangelist(텔레비전을 통해 복음을 전하는 미국의 기독교 전도자. 1970~80년대 이후 대형화되었으며, 그중 일부가 번영 신학 전파, 상업화, 사생활 논란 등으로 비판을 받았다)들의 신'을 말하는 것이 아니다. 당신의 정치적 신념을 초자연적으로 지지해 주려고 존재하는 '코끼리를 탄 공화당의 신'이나 '당나귀를 탄 민주당의 신'을 말하는 것도 아니다. 철학자의 정연한 삼단 논법 끝에 나오는 추상적인 '미지수 X 같은 신'을 말하는 것도 아니다.

내가 이야기하려는 하나님은 실제로 존재하시는 "영원하신 왕 곧 썩지 아니하고 보이지 아니하고 홀로 하나이신 하나님"이다. 그분께 "존귀와 영광이 영원무궁하도록 있을지어다."딤전 1:17

이 책의 구조와 흐름을 간략히 살펴보자. 우선 서두에 신학자의 자질을 짧게 소개했다. 불편하게 들릴 수도 있지만 성경적 근거로 말하자면, 훌륭한 신학자란 바보요, 광신자이며, 괴짜이고, 투사인 동시에 노예다. 이어서 우리는 본격적으로 하나님에 대한 진리 여섯 가지를 공부할 것이다. '경외revere'라는 단어를 중심으로 살펴볼 우리의 창조주는 다음과 같은 분이시다.

신뢰할 만한 하나님 | 그분은 진리를 말씀하신다.
기쁨이 되시는 하나님 | 그분은 만족을 주신다.
승리하신 하나님 | 그분은 통치하신다.
영원히 사랑하시는 하나님 | 그분은 성부 성자 성령이시다.
구원의 하나님 | 그분은 죄인을 구원하신다.
예술가 하나님 | 그분은 아름다움을 창조하신다.

잘 보면 하나님의 각 속성은 그분이 우리에게 주신 인간성의 일면과 상응한다. 하나님의 신뢰성은 어떻게 우리의 지적 삶을 빚어낼까? 그분을 기뻐하면 우리의 정서적 삶이 어떻게 달라질까? 그분의 승리는 우리의 행동에 어떤 영향을 미칠까? 그분의 영원한 사랑은 우리의 관계적 삶을 어떻게 점점 깊어지게 할까? 그분의 은혜로운 구원은 어떻게 우리의 도덕적 삶을 해방할까? 그분의 풍부한 예술성은 어떻게 우리의 창조적 삶에 영감을 주고 상상력을 자극할까?

보다시피 하나님은 우리의 전인을 주관하신다. 모든 것의 하나님이 아니라면 애초에 신이라고 할 수도 없다. 그분은 우리 인간성의 모든 면을 구원하고 향상시키고 영화롭게 하신다. 그러니 당신도 적당히 타협하거나 창조주 하나님의 주변을 맴돌기만 해서는 안 된다. 물가에서 덜덜 떨며 발끝만 담가서도 안 된다. 무한히 선하신 그분의 바다에 온몸으로 뛰어들자. 그분을 우리의 지성과 감정, 행동과 관계, 도덕과 상상력, 한마디로 우리의 전부를 다스리시는 주님으로 경외하자.

하나님의 여섯 가지 속성에 대한 공부는 매번 '성경 읽기'로 시작한다. 하나님에 대한 진리를 보다 제대로 내면화하기 위해 성경 본문 몇 군데를 묵상하면서 우리 영혼을 준비하는 것이다. 그중 당신에게 가장 깊이 다가온 본문 하나를 골라 암송하기를 바란다.

'성경 읽기' 다음은 '하나님을 경외하는 경건한 습관 기르기'이다. 하나님의 각 속성에 대한 진리를 당신의 일상생활에 적용하도록 몇 가지 실천을 제안할 것이다. 그중 한두 가지를 실행해 보면 하나님에 대한 진리가 어떻게 머리와 가슴에서 손과 발로 이동하는지 경험할 것이다. 단지 믿기만 하는 게 아니라 성경 말씀 그대로 살아야 최고의 신학이다. 생각에 그치지 않고 행동으로 습관을 들여야 한다.

이어지는 짤막한 다섯 개 장에는 철학과 심리학을 비롯한 변증과 교회사, 대중문화, 개인적인 실화가 가장 중요한 성경과 한데 어우러져, 하나님을 더 깊이 알고 경외하도록 우리를 이끌어 준다. 처음부터 끝까지 딱딱하고 심각하기만 한 일부 신학 서적과 달리 이 다섯 개 장의 목표는 '우주에서 가장 지루함과 거리가 먼 존재'를 지루하지 않게 기술하는 데 있다.

그다음, 현존하는 해박한 신학자 여섯 명의 증언이 차례로 소개된다. "인도 최고의 기독 지성"[1] 비샬 망갈와디, 민권 운동의 선구자 존 퍼킨스, 세계적인 조직 신학자들인 마이클 호튼과 프레드 샌더스와 에릭 타니스, 장애 권익 옹호자이자 화가인 조니 에릭슨 타다이다. 이들은 하나님의 각 속성이 자신의 삶에 어떤 영향을 미쳤는지를 들려준다. 각 부는 항상 '하나님을 경외하는 기도', 개인이나 소그룹 모임을 위한 질문 코너인 '내 삶 돌아보기', 당신의 삶에서 하나님의 속성과 어긋난 부분을 찾도록 이끌어 주는 '회개하기', 하나님을 경외하는 데 도움이 될 책들을 소개하는 '참고 도서'로 마무리된다.

오래 걸리긴 했지만 과학도 점차 성경을 따라잡고 있다. 성경에 보면 인간은 경외심을 품고 살도록 지어졌다. 우리의 창조주를 향해 "이르아yirah"를 품으라는 성경의 반복되는 명령에서 이를 볼 수 있다. "이르아"는 두려움과 경외와 경탄을 뜻하는 히브리어 단어다.

근래의 연구들은 경외심을 느낄 때 사람들이 더 너그럽고, 이타적이며, 환경에 대한 책임감과 지적 분별력이 높아지는 반면, 우울감과 불안감은 낮아지는 것을 발견했다.[2] 그러니 해마다 35,000여 명이 에베레스트산으로, 350만 명이 요세미티로, 450만 명이 그랜드캐니언으로, 3,000만 명이 나이아가라 폭포로 여행하는 것도 그리 놀랄 일은 아니다.[3] 우리 인간은 장엄한 광경에 취해 즐거이 우리 자신을 망각하기를 갈망한다.

부디 이 책이 경외하는 마음을 불러일으켜 당신도 자아의 무거운 짐을 벗고 당신을 지으신 창조주께 경탄하게 되기를 기도한다. 어느새 성경의 하나님, 곧 신뢰할 만한 하나님, 기쁨이 되시는 하나님, 승리하신 하나님, 영원히 사랑하시는 하나님, 구원의 하나님, 예술가 하나님을 경외하기를, 그리하여 당신이 존재하는 최고의 목적대로 그분을 영화롭게 하고 영원히 즐거워하기를 기도한다.[4]

{ 사디어스 윌리엄스 }
— 캘리포니아주 랜초 미션 비에호에서

프롤로그. 오라, 신학의 자리로!

〈타임*Time*〉지가 선정한 '현존하는 최고의 사상가 50인' 가운데 한 사람이자, 20년 넘게 나의 개인적 멘토로 함께해 온 한 사람을 소개하고 싶다. 나는 그의 '자유 의지, 형이상학, 심리 철학' 대학원 수업에서 사고하는 법을 배웠다. 그는 캔자스시티 치프스 풋볼 팀의 열성 팬이다. 깊은 회의의 시절에는 내게 현자가 되어 주었고, 깊은 불안이 도질 때면 친구가 되어 주었다. 그의 이름은 바로 J. P. 모어랜드Moreland다.

그런데 그는 내가 바보라고 생각한다. 그의 생각을 어찌 아느냐고? 그가 수시로 내게 상기시켜 주기 때문이다. 서로의 연구실이 고작 10미터 정도 거리에 있다 보니 우리는 오가며 자주 마주친다. 행여 당신이 그가 〈타임〉지에서 선정한 '현존하는 가장 배려심 없는 사람 50인'에 속한다고 단정하기 전에, 그가 말하는 '바보'가 무엇을 뜻하는지, 그리고 그것이 왜 내가 전하고 싶은 복인지 설명하겠다.

그것은 하나님을 진지하게 대하기에 우리 자신을 가볍게 대할 수 있다는 것과 관련이 있다. "천사도 자신을 가볍게 여기기에 날 수 있다"고 한 G. K. 체스터턴Chesterton의 말도 같은 맥락의 의미다.[1]

이 책을 펴고 있는 것으로 보아 당신도 신학이라는 신성한 일에 착수했다고 보아도 무방할 것이다. 그렇다면 당신도 나처럼 바보다. 생물학 분야에서 일정 수준의 전문 지식을 쌓으면 생물학자라는 이름을 얻을 만하다. 수학, 화학, 심장 의학 등 수많은 학문 분야도 다 마찬가지다. 그러나 하나님을 공부하는 신학은 주제가 워낙 방대하고 끝이 없다는 점에서 실로 독특하다.

그래서 신학자를 제대로 정의하자면, 하나님의 깊은 것들에 대해 자신이 얼마나 바보인지를 인식한 상태에서 최대한 덜 바보가 되고자 신성한 성경에 자신을 늘 비추어 보는 사람이다. 어쩌면 신학 콘퍼런스도 사실상 '바보 집회'라고 불려야 마땅할 것이다. "설교의 황제"로 역사에 남은 찰스 스펄전Charles Spurgeon은 불과 스무 살에 이 사실을 알았다. 다음 글은 1855년 1월 7일, 그가 영국 서더크에서 했던 설교의 한 대목이다.

> 신학은 워낙 방대한 주제라서 우리의 모든 생각은 그 광활함 속에서 길을 잃고, 또 워낙 깊어서 우리의 교만은 그 무한함 속에서 익사합니다. 다른 주제라면 우리가 열심히 파헤쳐 나름 터득할 수 있고, 은근히 자만에 젖어 스스로 똑똑하다고 자부하기도 합니다. 그러나 학문 중의 학문인 신학에서 깨닫는 것은, 우리의 다림줄로는 그 깊이를 잴 수 없고 아무리 눈을 부릅떠도 그 높이가

> 보이지 않는다는 것입니다. 인간의 지혜라는 게 허영심일 뿐 짐승과 다르지 않음을 깨닫는 것이지요. 그래서 "나는 어제부터 있었을 뿐이라 아는 것이 없으며"〔욥 8:9 참조-옮긴이〕라는 진지한 고백이 절로 나옵니다. 인간이 사고할 수 있는 주제 가운데 하나님에 대한 생각보다 더 우리를 겸손하게 하는 것은 없습니다.[2]

요즘은 이렇게 설교하는 목사가 거의 없고, 이렇게 사고하는 신학자도 더는 찾아보기 힘들다. 대신 "생각보다 강한 우리", "성공하는 삶", "행동력을 발휘하라" 같은 메시지가 스타디움 규모의 교회당을 가득 채우고, 〈뉴욕 타임스*The New York Times*〉지 베스트셀러 목록에 책을 올리고, 평범한 사람을 록 스타급의 셀럽 슈퍼 목사로 둔갑시킨다. 당신도 "하나님은 내 권력과 번영의 수단일 뿐이다"라는 프로파간다에 질렸거나 지쳤다면 이 책을 펴 들기를 잘했다.

교회 바깥에서 들려오는 말도 "자신에게 충실하라", "자신의 마음을 따르라", "자신의 진리대로 살라"는 메시지가 대세다. 그 밖에도 중학교 졸업 앨범에나 서로 써 줄 충고의 말이 지혜인 양 돌아다닌다. 이 모두가 심오한 척하지만 실상 이기적인 말이며, 속 빈 강정처럼 전혀 쓸데없는 부담으로 우리를 짓누른다. 자아에 집착하는 이 시대의 임박한 종말을 경고하는 벽의 글〔단 5:24-28 참조-옮긴이〕이 당신에게도 보인다면, 이 책은 바로 당신을 위한 책이다.

자신의 인기에 연연하지 않고 우리에게 직언할 수 있는 스펄전 같은 사람이 오늘날 더 많아져야 한다. 우리의 교만은 완전히 익사해야 한다. 지금처럼 뻔뻔하게 교만을 미덕인 양 선전하는 시대일수록 겸손은 우리 모두에게 특히 유익하다. 교만을 죽이는 가장 좋은 방법은 우리와는 비교할 수 없을 만큼 한없이 경이롭고 선하고 능하시며 정의롭고 지혜롭고 영광스러우신 하나님을 깊이 생각하는 것이다. 170센티미터의 키에 콧수염을 기른 〈타임〉지 선정 '최고의 철학자 50인' 중 한 사람이 아침마다 우리에게 다가와 아주 친절하게도 우리가 얼마나 어리석은지를 상기시켜 준다면 이는 누구에게나 더할 나위 없이 좋은 일일 것이다.

그러므로 이 책을 당신을 신학자의 자리로 부르는 공식 초대장으로 생각하라. 자격 요건은 하나뿐이다. 당신 역시 한 사람의 바보로서 다른 바보들과 함께 공부할 마음만 있으면 된다. 자, 축하한다!

신학자란 누구인가

대학 강의실에 들어설 때마다 나는 늘 같은 말로 수업을 시작한다. "신학자 여러분, 안녕하세요!" 강의실에는 미술, 영화, 커뮤니케이션, 심리학, 경영학, 컴퓨터과학, 공학, 사회학 등 다양한 학과 학생이 모여 있으며, 항상 그들이 성경과 신학 전공자보다 수적으로 더 많다. 그래도 나는 그들 모두를 신학자라고 부른다. 속임수도 캐치프레이즈도 아니다. R. C. 스프로울Sproul이 "모든 사람은 신학자다"라고 즐겨 말했듯이, 내 수업을 거쳐 가는 모든 학생도 종강할 무렵에는 그렇게 느꼈으면 좋겠다. 헬라어로 "테오스theos"는 '신', "로고스logos"는 '공부'를 뜻하므로 자신의 창조주를 공부하고 더 알려는 사람은 누구든 신학자theologian다. 일곱 살 난 내 아들이 "예수님이 하나님이에요?"라거나 "하나님은 대체 왜 브로콜리를 만드셨죠?"라고 물을 때는 그 아이도 작은 신학자다.

물론 모든 사람이 팔꿈치에 헝겊을 덧댄 코르덴 정장 재킷을 입거나, 헬라어와 히브리어를 배우거나, 아우구스티누스Aurelius Augustinus와 토마스 아퀴나스Thomas Aquinas의 말을 인용하거나, 1~4세기에 출현한 가현설〔예수님의 인성을 부인한 영지주의 교리-옮긴이〕 이단에 플라톤 철학이 어떤 영향을 미쳤는지를 설명하지는 않는다. 그러나 당신의 전공과 직업이 무엇이든, 책을 얼마나 많이 읽든 적게 읽든, "위격 연합"〔성자 예수님의 위격 안에 신성과 인성이 공존한다는 개념-옮긴이〕 같은 고상한 신학 용어를 빠르게 열 번 말할 수 있는지 여부와 상관없이, 당신을 만든 창조주를 더 잘 알고자 한다면 당신도 신학자다.

그럼 시작해 보자.

†

어서 오라, 신학자여!

앞서 말했듯이 신학자의 첫 번째 요건은 바로 바보가 되는 것이다. 그 밖에 이 신성한 일에 필요한 자질이 있다면 또 뭐가 있을까? 500년 전에 마르틴 루터Martin Luther는 주방에 있는 나무 식탁에 젊은 신학생들과 둘러앉아 3,425차례의 유명한 탁상 담화를 나누었는데, 그 가운데 한 담화에서 이 강고한 독일 개혁가는 신학자의 요건으로 다음 여섯 가지 내용을 강조했다.

1. 성령의 은혜를 입는다.
2. 하나님 없이는 우리가 철저히 무력한 존재임을 깨닫고 심한 두려움 내지 괴로운 고뇌〔독일어로 "안페치퉁"〕에 잠긴다.[3]
3. 추상적 사고에 머물지 않고 실생활에서 말씀을 통해 그리고 동료 신자들의 지역 공동체를 통해 하나님을 인격적으로 만나 변화를 체험한다.
4. 날마다 순간의 기회를 포착하여 사람들에게 복음의 진리를 전한다.
5. 신성한 성경을 꾸준히 읽고 공부한다.
6. 여러 분야의 학문을 폭넓게 연마한다.

노예 출신으로 미국 독립 전쟁에 참전했고 미국 최초로 안수를 받은 흑인 목사이기도 한 레뮤얼 헤인즈Lemuel Haynes는 200년 전에 다음 다섯 가지를 신학자의 특징으로 꼽았다.[4]

1. 그리스도를 사랑한다.
2. "자신의 거짓된 마음"과 "원수 마귀의 간계"를 아는 지혜가 있다.

3. "유혹의 풍랑"과 "이 일에 수반되는 모든 피로와 고난"을 참고 견딘다.
4. 박해를 겁내지 않고 용감히 맞선다.
5. 직무 중에 잠들지 않고 깨어 "원수 마귀의 기척을 살피다가 경보를 울려, 자신의 졸음과 부주의로 다른 영혼이 망가지는 일이 없게 한다."[5]

두 목록 모두 충분히 훌륭하나, 나는 루터와 헤인즈의 견해에 몇 가지를 덧붙이고자 한다. 신학자는 다음 같은 특징도 갖추어야 한다.

바보 Idiocy

여기에는 분명한 성경적 근거가 필요하다. 역사에 한 획을 그은 신학자인 사도 바울은 "스스로 지혜 있는 체하지 말라", "지식은 교만하게 하며 사랑은 덕을 세우나니 만일 누구든지 무엇을 아는 줄로 생각하면 아직도 마땅히 알 것을 알지 못하는 것이요"라고 했다.롬 12:16; 고전 8:1-2 훌륭한 신학자라면 누구나 겸손히 인정하듯이, 현세에 우리가 보는 것은 "거울로 보는 것같이 희미"하다.고전 13:12

헤르만 바빙크Herman Bavinck의 말대로 하나님이 "광대무변한 본질의 바다"일진대[6] 신학자는 자기가 내놓는 것은 그 망망대해에서 고작 물 몇 방울에 불과하다는 것을 안다. 영혼을 적시고 생명을 살리는 소중한 물이지만 그래 봐야 몇 방울이다.

고전 《대이교도대전*Summa Contra Gentiles*》, 미완의 《신학대전*Summa Theologiae*》 등 약 800만 단어에 달하는 신학 저술을 남긴 토마스 아퀴나스는 1273년 크리스마스 예배 후 친한 친구에게 이렇게 고백했다. "내가 쓴 모든 글이 한없이 시시해 보인다." 모든 훌륭한 신학자들처럼 아퀴나스 역시 무한하신 하나님 앞에서 자신이 얼마나 어리석은지 깨달을 만큼 현명했던 것이다.

찰스 옥테이비어스 부스Charles Octavius Boothe의 생각도 같았다.

> "너 자신을 알라"는 말에 선행해야 할 훨씬 중대한 말이 있다. "네 하나님을 알라." 하나님의 존재와 속성을 공부하는 일은 우리가 감히 경시할 수 없는 의무인데, 항상 다음 사실도 잊어서는 안 된다. 벌레 같은 우리는 간악하고 시야가 짧기에, 하나님을 공부하는 숭고한 일에 임할 때 겸손하게 경외하는 마음을 품어야 한다. 하나님은 낮은 자를 만나 주시고 자만에 빠진 교만한 자에게는 자신을 숨기신다.[7]

광신자 Fanaticism

역사 속 여러 위대한 신학 지성들의 기도를 들어 보자.

> 원하건대 주의 영광을 내게 보이소서.
>
> — 모세, 출애굽기 33장 18절

하나님이여 주는 나의 하나님이시라 내가 간절히 주를 찾되 …… 내 영혼이 주를 갈망하며 내 육체가 주를 앙모하나이다.

— 다윗, 시편 63편 1절

깊도다 하나님의 지혜와 지식의 풍성함이여, 그의 판단은 헤아리지 못할 것이며 그의 길은 찾지 못할 것이로다 …… 그에게 영광이 세세에 있을지어다 아멘.

— 바울, 로마서 11장 33, 36절

내 유일한 소망이신 주 하나님이여, 주님을 믿도록 저를 도우시고 끊임없이 주님을 구하게 하소서. 주님의 얼굴을 항상 간절히 구하게 하소서. 주님이 도우셔야만 주님을 만날 수 있으니 제게 주님을 구할 힘을 주소서.

— 아우구스티누스[8]

오, 나의 하나님, 어디서 어떻게 주님을 구하고 어디서 어떻게 주님을 만나야 하는지 제 마음에 가르쳐 주소서. …… 제 갈망 속에서 주님을 구하게 하시고, 구하면서 주님을 갈망하게 하소서. 주님을 사랑함으로써 만나게 하시고, 주님을 만날 때 사랑하게 하소서.

— 안셀무스Anselmus[9]

생명의 떡이신 주여, 우리는 주님을 맛보면서도 주님으로 더 배부르기를 사모합니다. 생수의 샘이신 주여, 우리 영혼은 주님을 마시면서도 여전히 주님께 목마릅니다.

— 클레르보의 베르나르Bernard of Clairvaux[10]

주님이 주님이시고 하나님의 오른편으로 영광되이 높임을 받으셨으니 우리 마음은 기쁩니다. 그 영광을 더 충만하고 더 또렷하게 보고 싶습니다.

— 존 오웬John Owen[11]

불처럼 타오르는 열정을 주소서. 납덩이처럼 가라앉지 않게 하소서. 불꽃이신 주여, 저를 주의 연료 삼으로서.

— 에이미 카마이클Amy Carmichael[12]

하늘에 계신 제 아버지의 뜻을 행하는 것이 제 잠과 양식과 음료가 되게 하소서.

— 조지 윗필드George Whitefield[13]

주님, 입술로만 예배하지 아니하고 우리 삶으로 주님을 예배하게 하소서. 우리의 전 존재를 주님 곁으로 이끌어 주소서. …… 우리 마음은 왕이신 주님을 사모하느라 지쳤습니다.

— 찰스 스펄전[14]

> 주님 없는 인간은 무엇입니까! 아무리 방대한 지식을 쌓아도 주님을 모른다면 그것은 그저 작은 부스러기에 불과합니다!
>
> — 쇠렌 키르케고르Søren Kierkegaard[15]

> 오, 삼위일체 하나님이여, 제가 주님을 원하기를 원합니다. 갈망으로 채워지기를 갈망합니다. 갈급함에 갈급합니다.
>
> — A. W. 토저Tozer[16]

그야말로 광신자들fanatics의 기도다(“파나티쿠스fanaticus”라는 라틴어 단어는 16세기에는 “하나님의 영감을 입은 사람”을 뜻했으며, 17세기에는 “열정에 사로잡힌 사람, 열심이 특심인 사람”을 말하는 데 쓰였고, 오늘날의 사전적 정의는 “과도한 열정으로 한 가지에 몰두하는 사람”이다[17]). 이런 기도는 온 우주를 둘러보고 인간이 에너지와 의지를 다해 추구할 수 있는 모든 것 중에서 우주를 지으신 창조주께 비할 만한 것이 아무것도 없음을 발견한 사람들의 고백이다. 하나님이 없다면 우주는 그저 팽창하다가 소멸해 버리는 허공에 불과하다.

자아에 집착하는 세상, 창조주를 예배하기보다 피조물을 숭배하는 세상에서 신학자는 미치광이로 보이기 십상이다. 하지만 신학자는 하나님이 최고선이심을 알기에 그런 조롱도 웃어넘길 수 있다. 하나님은 안셀무스가 말한 “상상 가능한 가장 크신 분”,[18] 아우구스티누스가 말한 “모든 선善의 근원”,[19] 조나단 에드워즈Jonathan Edwards가 말한 “우리 영혼을 충족시킬 유일한 행복”,[20] 바빙크가 말한 “온갖 좋은 것이 흘러넘치는 샘"[21]이시다.

하나님은 모든 선 배후의 궁극적 선, 모든 진리 배후의 궁극적 진리, 모든 아름다움 배후의 궁극적 아름다움이시다. 우리의 창조주를 더 누리려는 집념과 광적인 열망과 만족할 줄 모르는 갈급함은 훌륭한 신학자의 특징이다. 온갖 유한한 미봉책으로 만족하지 않으려는 고집도 마찬가지다. 그래서 신학자는 시편 기자처럼 "하나님이여 주의 생각이 내게 어찌 그리 보배로우신지요"라고 고백한다.시 139:17 부지런하여 게으르지 말고 열심을 품으라는 바울의 명령에 귀를 기울인다.롬 12:11

열정을 다해 하나님을 추구할 때 중요한 것은 이론을 위한 지식이 아니다. 물론 하나님에 대한 지식도 필요하지만 주된 목표는 하나님을 아는 것이다. J. I. 패커Packer가 이를 아주 잘 표현했다.

> 신학 지식 자체가 목표인 양 거기에 몰두하고 성경 공부도 모든 정답을 알려는 동기로만 한다면, 이는 자신에게 속아 자만에 빠지는 지름길이다. …… 하나님의 속성에 대한 교리만 아니라 속성의 주체이신 하나님께로 우리의 지식을 넓혀야 한다. …… 하나님을 공부할 때 그분의 인도를 구해야 한다.[22]

괴짜 Nerdiness

광신자로서 하나님을 알려는 훌륭한 신학자는 그분의 말씀에 몰두한다. 괴짜처럼 성경을 파고든다. 제이미 러브Jamie Love가 간곡히 권했듯이 우리는 "하나님의 말씀을 열심히 따르고 …… 평생 하나님의 말씀을 공부하는 데 전념하고, 하나님의 생각을 알고 닮아 가기를 힘쓰며, 하나님의 증언을 담대히 선포하고, 하나님의 말씀을 즐거워하고, 우리의 성품과 행실을 위해 하나님의 말씀에 힘써 순종해야" 한다.[23]

《반지의 제왕*Lord of the Rings*》 골수팬은 괴짜처럼 J. R. R. 톨킨Tolkien의 텍스트(본문)에 시간을 잔뜩 쏟아붓는다. 그들은 발라가 가운데땅에 보낸 다섯 마이아(마법사)의 이름을 척척 댈 수 있고, 언제든 신비의 인물 톰 봄바딜에 대해 일장 연설을 늘어놓을 수 있으며, 권력의 반지 20개 전부의 기원과 운명에 관한 정보로 당신을 깊은 잠에 빠뜨릴 수 있다. 그 이야기를 끔찍이 사랑하기에 텍스트를 자꾸 파헤쳐 들어가는 게 즐겁기만 하다. 하나님 이야기를 사랑하는 이들도 마찬가지다. 그들은 거룩한 괴짜가 된다.

미국인의 12퍼센트가 잔 다르크를 노아의 부인으로 알고 있고, 75퍼센트가 사복음서의 이름을 댈 수 없는 이 시대에,[24] 하나님의 감동으로 기록된 텍스트를 사랑하는 거룩한 괴짜는 많을수록 좋다.

시편 119편이 우리의 신조다. "주의 율례들을 내게 가르치소서."12절 "내 눈을 열어서 주의 율법에서 놀라운 것을 보게 하소서."18절 "주의 말씀대로 나를 살아나게 하소서."25절 "나로 하여금 깨닫게 하여 주소서 내가 주의 법을 준행하며 전심으로 지키리이다."34절 "내가 주의 말씀을 의지함이니이다."42절 "주의 율례들을 작은 소리로

읊조리리이다." 48절

"나는 주의 법을 즐거워하나이다." 70절 "주의 입의 법이 내게는 천천 금은보다 좋으니이다." 72절 "나는 주의 말씀을 바라나이다." 81절 "여호와여 주의 말씀은 영원히 하늘에 굳게 섰사오며." 89절 "주의 말씀의 맛이 내게 어찌 그리 단지요 내 입에 꿀보다 더 다니이다." 103절 "주의 말씀의 강령은 진리이오니." 160절 "주의 말씀대로 나를 건지소서." 170절

작가 퀴나 아라곤Quina Aragon은 이 시편을 이렇게 논평했다.

> 자신을 계시하시는 하나님의 성품에 의지하여 시편 기자는 깨닫게 해 주시기를 겸손히 구한다. 그냥 깨달음이 아니라 하나님을 친밀하게 알고 체험하여 자신이 변화되기를 원하는데, 그러려면 그분을 만나야만 한다. 모세처럼 이 시편 기자도 "원하건대 주의 영광을 내게 보이소서" 출 33:18라고 기도한 셈이다. 아울러 그는 그분의 영광이 드러난 곳을 제대로 보았으니 바로 하나님의 말씀이다.[25]

시편 119편의 176개 구절 전부가 하나님께 드리는 기도다. 헬무트 틸리케Helmut Thielicke가 신학의 후학들에게 권면했듯이 "신학적 사고는 하나님과 대화하는 대기 속에서만 호흡할 수 있다."[26] 훌륭한 신학자는 자신을 지은 창조주와 자주 대화한다. 성경을 읽다 지쳤거나 읽어도 감동이 없거나 무덤덤하거나 지루하게 느껴진다면, 당신

의 눈을 열어서 성경 본문에서 놀라운 것을 보게 해 달라고 성경의 저자이신 하나님께 구하라. 그러고 나서 읽으라. 더 기도하라. 또 읽고 또 기도하라. 다시 읽으라. 그렇게 평생 되풀이하라.

투사 Violence

이렇게 기도하며 하나님의 말씀을 공부하는 목표도 시편 119편 11절에 나와 있다. "내가 주께 범죄하지 아니하려 하여 주의 말씀을 내 마음에 두었나이다." 진정한 신학자는 성경을 깨닫는 것으로 만족하지 않는다. 그 깨달음이 머리와 가슴에서 손과 발로 옮겨 가야만 한다. 건강한 신학의 마지막 단계는 거룩한 삶으로 하나님을 영화롭게 하는 것이다.

2010년 6월에 나는 아브라함 카이퍼Abraham Kuyper의 대리석 흉상을 지나 학자의 전당에 들어섰다. 중세기 예복 차림의 학자마다 자유 의지에 대한 내 논문을 공개적으로 갈가리 찢어 놓을 것만 같았다.[27] 뒤쪽에 걸린 유화油畵 속에서 헤르만 바빙크와 헤르만 도예베르트Herman Dooyeweerd 같은 신학의 거장들이 내려다보는 가운데 나는 턱시도에 흰색 나비넥타이를 매고 연단에 올라섰다. 오른편에는 내 아내 조슬린Jocelyn이 들러리로 앉아 있었다. 네덜란드 암스테르담자유대학교Vrije Universiteit Amsterdam에는 박사학위 논문 심사 디펜스와 관련하여 수백 년째 이어져 내려온 전통이 있다. 디펜스 과정에서 박사후보생 옆에 들러리가 적어도 한 사람은 있어야 한다는 전통이다. 유럽 역사를 보면, 학위 후보생을 물리적으로 보호하기 위해 들러리가 무장까지 한 적도 있다. 신학 논쟁이 물리적 폭력으로 치달을 경우를 대비해서 말이다(다행히 아내는 위협적인 자태로 심사위원들을 저지해 주었다).

신학자는 투쟁하는 사람, 곧 투사鬪士여야 한다는 내 말은 타인을 해치는 물리적 폭력이나 다른 형태의 폭력을 뜻하지 않는다. 그보다 바울이 "성령으로 몸의 행실을 죽이라"롬 8:13, ESV, "땅에 있는 지체를 죽이라"골 3:5, "그리스도 예수의 사람들은 육체와 함께 그 정욕과 탐심을 십자가에 못 박았느니라"갈 5:24라고 말한 그 의미다. 훌륭한 신학자는 완벽하지는 않지만, 청교도의 표현처럼 실제로 "죄를 죽인다." 자신의 마음을 위협하는 모든 고질적 죄를 성령의 능력으로 힘써 죽인다.

머리와 가슴을 가장 빠르게 갈라놓는 길, 올바른 교리가 무력해지는 가장 확실한 길, 영적 불모지와 허무주의의 황무지로 가는 지름길은 일상생활 속에서 자신의 죄를 죽이지 않고 내버려두는 것이다. 이에 대해 영국 청교도 존 오웬이 좀 더 잘 말했다. "신앙생활의 생명과 활력과 위안은 상당 부분 우리의 죄를 죽이는 데 달려 있다. …… 죄를 죽이지 않으면 하나님의 사랑과 은총이 죄에 막혀 비쳐 들지 못한다. 그분의 자녀로 입양된 것이 특권으로 느껴지지 않는다. …… 죄를 죽이라. 그렇지 않으면 죄가 당신을 죽일 것이다."[28]

노예 · Slavery

오늘날 가장 교활한 허위 광고는 절대적 자유가 존재한다는 것이다. 저마다 자기 우주의 주인이며 다른 그 누구의 종도 아니라는 것이다. 여기서 중요한 것은 섬기는 삶이 아니라 자화자찬의 삶이다.

그러나 아무도 섬기지 않고 살기란 아예 불가능하다. 위대한 음유 시인이자 '신학자'인 밥 딜런Bob Dylan은 "마귀나 주님 둘 중 당신도 누군가를 섬겨야 하리"라고 노래했다.[29] 자아의 진정성을 내세우는 사람일수록 자기도 모르게 다른 옹호자와 인플루언서에게 복종하는 경우가 많다. "전통적 성도덕은 다 쓸데없는 굴레다. 나는 내 성욕을 전부 수용하고 표현할 거다!"라고 말하는 20대 청년을 생각해 보라. 일부일처 결혼 언약을 맺은 이성 부부가 가장 만족스러운 성생활을 누린다는 사실이 수많은 연구 결과에서 밝혀졌는데도, 그들은 이러한 결과는 안중에도 없다.[30]

소위 성혁명은 결코 그들의 생각만큼 해방도 용기도 아니다. 단지 자신이 들어 본 적도 없는 알프레드 킨제이Alfred Kinsey나 빌헬름 라이히Wilhelm Reich, 미셸 푸코Michel Foucault나 존 머니John Money 같은 타인의 교리를 충실히 실천하고 있을 뿐이다.[31] 안타깝게도 그들이 속으로는 마귀의 올무에 매여 있음은 말할 것도 없다.딤후 2:26

'내 삶의 주인은 나'라는 망상이 신학 세계에 스며들면 셀럽 지위에 오르려는 스타 신학자가 탄생한다. 그들은 늘어나는 팬덤의 심기를 건드릴까 봐 두려워 점차 하나님 말씀의 준엄한 진리를 입에 올리지 않는다. 카멜레온처럼 주류 문화의 색깔을 좇는다. 결국 그들의 마음을 지배하는 것은 진리의 성령이 아니라 시대정신 곧, 세상의 영이다. 그러나 그들이 올라타는 시대정신의 물결은 다른 모든 물결처럼 결국 그들을 모래밭에 토해 내고 부서진다. 그들은 시대에 영향을 미치기는커녕 만신창이가 되고 만다.

진정한 신학자는 자신이 종이라는 사실도 알고 누구를 섬기는지도 안다. 그들을 지배하는 것은 시대정신이 아니라 하나님의 영이다. 바울처럼 그들도 "이제 내가 사람들에게 좋게 하랴 하나님께 좋게 하랴 사람들에게 기쁨을 구하랴 내가 지금까지 사람들의 기쁨을 구하였다면 그리스도의 종이 아니니라"라고 고백한다.갈 1:10 바울처럼 그들도 하나님의 종이자롬 1:1; 딛 1:1 모든 사람의 종이 되어고전 9:19 교회를 위해 자신을 쏟아붓는다.빌 2:17

사도들은 랍비 예수님(그 시절 유대교 신학 교수)의 학교에서 제자(그 시절 신학생)로 훈련받던 당시에 그분 오른편의 권력과 고위직을 차지하려고 다투었다. 그러자 위대한 스승은 학생들의 생각을 바로잡아 주셨다. "너희 중에 누구든지 크고자 하는 자는 너희를 섬기는 자가 되고 너희 중에 누구든지 으뜸이 되고자 하는 자는 너희의 종이 되어야 하리라 인자가 온 것은 섬김을 받으려 함이 아니라 도리어 섬기려 하고 자기 목숨을 많은 사람의 대속물로 주려 함이니라."마 20:26-28

신학자와 노예의 연관성은 신약에 분명히 나와 있다(대개 "종servant"으로 번역된 헬라어 단어 "둘로스doulos"는 많은 경우에 "노예slave"로 번역하는 것이 더 적절하다. 단, 미국 남부 남북전쟁 이전의 의미로 이해해서는 안 된다). "네가 믿음의 말씀과 네가 따라온 선한 교리로 양육을 받으면, 그리스도 예수의 좋

은 종servant이 될 것이다."딤전 4:6, ESV

하나님은 교회 안에 신학자들을 일으키셔서 성도들을 봉사의 일에 준비시키시며, 우리 모두가 하나님의 아들을 아는 지식에 이르러 더 이상 어린아이처럼 온갖 교훈의 풍조에 흔들리거나 이리저리 밀려다니지 않게 하신다. 우리는 사랑 안에서 진리를 말하게 되고, 몸된 교회는 자라며 사랑 안에서 세워져 간다.엡 4:12-16 참조, ESV 신약의 기독교에는 독불장군 신학자란 존재하지 않는다. 신학자는 살아 있는 신자들의 지역 공동체를 섬긴다.

친애하는 신학자여, 당신의 담대하고 겸손한 섬김이 교회에 얼마나 절실히 필요한지 모른다! 이단이 거리에서 교회에 침투하려고 호시탐탐 노리던 시대는 지났다. 이단은 교회 강단에 버젓이 올라와 있다. 목사를 임용하는 기준으로, 성경에 얼마나 충실한가보다 무대 위에서의 카리스마를 보는 교회가 갈수록 늘고 있다. 문화 연구 센터의 조사 결과, 기본적 기독교 세계관을 견지하는 목회자의 비율은 담임 목사가 겨우 41퍼센트, 부목사가 28퍼센트, 교육 목사가 13퍼센트, 그리고 행정 목사는 처참하게도 4퍼센트에 불과했다.[32]

조지 바나George Barna는 "세계관 면에서 교회의 가장 중요한 사역자는 유초등부와 중고등부 목사"라고 보았다. "사람의 세계관은 주로 13세 이전에 형성되기" 때문이다.[33] 그런데 유초등부와 중고등부 목사 가운데 성경을 그대로 믿는 사람은 12퍼센트에 그친다.

요즘 설교는 대개 무대 위의 코미디나 자기 계발 강의와 비슷하다. 하나님의 감동으로 기록된 본문을 신학적으로 강해하기보다 아전인수식으로 갖다 붙일 때가 많다. 그러니 듣는 회중이 이런 안타까운 상태에 빠져 있는 것도 무리는 아니다.

- 복음주의자의 절반이 "하나님도 몰랐던 것을 새로 아실 수 있다"라고 생각한다. 복음주의자의 65퍼센트가 "만인 성선설"을 믿고, "예수님은 위대한 스승이지만 하나님은 아니다"라고 보는 사람도 43퍼센트나 된다.[34]
- 미국에서 10~12세 사이의 자녀를 둔 부모 가운데 3분의 2가 "기독교인"을 자처하지만, 그 가운데 성경적 세계관의 최소 기준에 부합하는 사람은 2퍼센트에 불과하다.[35]
- 10~12세 사이의 자녀를 둔 부모 가운데 객관적 도덕 진리, 인격체이신 성령, 생명의 신성함을 믿는 사람은 네 명 중 한 명 꼴이다.[36]
- 오늘날 부모의 대다수를 차지하는 밀레니얼 세대는 성경적 세계관을 가장 덜 따르는 세대가 되었고, 겨우 4퍼센트만이 기본 기준에 부합한다.[37]
- 밀레니얼 세대 '실천적 기독교인'(practicing Christian; 단순히 스스로를 기독교인이라고 말하는 명목상의 신자가 아닌, 신앙이 삶에서 매우 중요하다고 인식하며 월 1회 이상 교회 예배에 출석하는 사람)의 거의 절반이 "다른 신앙을 가진 사람에게 그들이 장차 같은 신앙을 공유하기를 바라며 자신의 개인적인 믿음을 나누는 것은 잘못이다"라고 본다.[38] 다행히 짐 엘리엇Jim Elliot과 엘리자베스 엘리엇Elisabeth

Elliot, 로티 문Lottie Moon, 에이미 카마이클, 허드슨 테일러Hudson Taylor, 데이비드 브레이너드David Brainerd, 윌리엄 캐리William Carey 등 교회사의 많은 위대한 선교사는 그렇게 생각하지 않았다.

- 밀레니얼 세대의 40퍼센트는 "당신에게 동의하지 않는다고 말하는 사람은 곧 당신을 비판한다는 뜻이다"라고 잘못 알고 있다.[39]

모든 신학자에게 말한다. 당신의 겸손한 섬김이 교회에 시급히 필요하다. 그러므로 우리의 본분을 다하자.

경외하는 마음으로 창조주를 탐구하는 기쁨

결국 신학자란 누구인가? 신학자는 바보요, 광신자이며, 괴짜이고, 투사인 동시에 노예다.[40] 우리가 자아와 자신의 입지를 섬긴다면, 하나님의 은혜가 매 순간 필요함을 잊는다면, 고질적 죄를 묵과한다면, 성경책에 먼지가 앉게 둔다면, 하나님을 알고 즐거워하는 게 아니라 그분에 대한 지식에 안주한다면, 교만하게 아는 체한다면, 우리는 신학이라는 신성한 일에서 실패하는 것이다.

어쩌면 이 모두를 '경외'라는 한 단어로 압축할 수 있을 것이다. 신학자는 하나님을 경외하는 사람이다. 지성知性으로 하나님을 사랑하기보다 자신의 지성을 더 사랑하는 사람에게 과연 경외심이 얼마나 있을까? 하나님의 감동으로 기록된 말씀을 깨작거리기만 하는 사람, 자신의 죄를 죽이지 않고 내버려두는 사람, 자신을 창조하신 분의 명예보다 자기 명예를 더 중시하는 사람이 하나님을 얼마나 경외할까? 틀림없이 경외와는 거리가 먼 사람일 것이다. 그런 사람은 성경에 300번도 넘게 등장하는, 가장 많이 반복되는 명령 가운데 하나를 어기는 것이다. 바로 여호와를 "이르아"하라, 즉 주님 앞에서 두려워하고 경외하고 경탄하라는 명령이다.

경외하는 마음으로 창조주를 탐구하는 일만큼 우리의 교만을 꺾고 깊은 기쁨과 생명을 가져다주는 값진 일도 없다. 지금부터 우리는 진리를 말씀하시고, 우리를 만족시키시고, 통치하시며, 사랑하시고, 죄인을 구원하시고, 아름다움을 창조하시는 하나님께 경탄을 표하려 한다.

일단 아우구스티누스의 기도로 시작하자. "오, 주님, 주님은 위대하시고 찬양받기에 지극히 합당하십니다. 능력이 무한하시고 지혜가 무궁하십니다. 우리 인간은 주님의 피조물로서 주님을 찬송함이 마땅합니다. 우리는 죄로 말미암아 죽을 수밖에 없으며, 이는 주님이 교만한 자를 꺾으신다는 증거입니다. 주님이 우리를 감화하시니 우리가 주님을 찬송하며 기뻐합니다. 주님이 우리를 지으시고 주님께로 이끄시니 우리 마음은 주님 안에서 안식하기까지는 쉼을 모릅니다."[41]

내 삶 돌아보기

1. 신학자의 다섯 가지 필수 요건은 '무한히 크시고 선하신 하나님을 자신의 유한한 지성으로 이해할 수 없음을 겸손히 인정하는 것'(바보), '하나님을 알려는 열의와 열정으로 타오르는 것'(광신자), '성경 본문을 자주, 깊이 탐구하는 것'(괴짜), '내주하시는 성령의 능력으로 자기 마음속의 죄를 퇴치하는 것'(투사), '자신의 전 존재로 하나님과 교회와 그분의 형상대로 지음받은 이들을 섬기는 것'(노예)이다. 이 가운데 당신이 가장 성장이 필요한 두세 가지 영역은 무엇인가? 더 좋은 신학자가 되게 해 달라고 하나님께 기도하라.
2. 신학을 일련의 냉랭하고 무미건조한 명제로 전락시키는 지름길은 우리 삶 속의 죄를 죽이지 않고 내버려두는 것이다. 시편 기자는 "하나님이여 나를 살피사 내 마음을 아시며 나를 시험하사 내 뜻을 아옵소서 내게 무슨 악한 행위가 있나 보시고 나를 영원한 길로 인도하소서"라고 기도했다.시 139:23-24 당신도 이와 같이 기도하라. 하나님을 알고 즐거워하지 못하게 막는 악한 행위와 고질적 죄가 있다면 보여 달라고 성령께 구하라. 그런 죄를 죽여 달라고 기도하라.
3. 당신이 신학을 공부하려는 동기는 무엇인가? 혹시 명성을 얻거나, C. S. 루이스Lewis 같은 사람이 되거나, 팔로워나 구독자 수를 늘리거나, 거창한 어휘로 좌중의 감탄을 자아내거나, 논

쟁 상대를 이기거나, 지적으로 영적으로 남보다 우월해지거나, 대중의 환심을 사거나, 큰 집회에 강사로 서고 싶어서인가? 하나님을 알고 그분을 알리는 것 외에 또 다른 이유가 있는가? 잘못된 동기들을 그리스도의 십자가 앞에 내려놓으라.

✦ Part 1

신뢰할 만한 하나님

Reliable

그분은 진리를 말씀하신다

1부에서는 하나님의 신뢰성과 그것이 우리의 지적 삶에 미치는 영향을 살펴볼 것이다. 여기서 우리가 던지고 답하려는 질문은 다음과 같다.

+ 하나님은 얼마나 신뢰할 만한 분이신가?
+ 하나님이 말씀하지 않으신다면 삶의 의미를 찾는 우리의 탐구는 어디로 향하게 될까?
+ 성경을 자주 읽으면 심리적·영적·지적·관계적으로 어떤 유익이 있을까?
+ 하나님이 우리에게 주신 지성은 영적 삶과 어떤 관계가 있는가?
+ 뱀은 선악을 알게 하는 나무로 아담과 하와를 정확히 어떻게 유혹했으며, 오늘날 우리는 그 유혹과 어떻게 마주하고 있는가?
+ 하나님과 그분의 계획이 우리의 유한한 논리력을 벗어날 때 우리는 어떻게 안전과 의미를 찾을 수 있을까?
+ 우리의 지성으로 어떻게 하나님을 경외할 수 있을까?

잠시 시간을 내어 하나님의 신뢰성을 보여 주는 다음 말씀을 읽으라. 천천히, 기도하는 마음으로, 깊이 생각하며 읽으라. 하나님이 친히 자신에 대해 밝히시는 말씀에 마음과 생각을 열어 달라고 기도하라. 그 진리에 경외함으로 어떻게 합당하게 반응할 수 있을지 보여 달라고 구하라. 그리고 다음 말씀 중 하나를 골라 이번 주에 암송해 보라.

민수기 23장 19절

하나님은 사람이 아니시니 거짓말을 하지 않으시고
인생이 아니시니 후회가 없으시도다
어찌 그 말씀하신 바를 행하지 않으시며
하신 말씀을 실행하지 않으시랴.

시편 119편 89-96, 127-130절

여호와여 주의 말씀은 영원히 하늘에 굳게 섰사오며
주의 성실하심은 대대에 이르나이다
주께서 땅을 세우셨으므로 땅이 항상 있사오니
천지가 주의 규례들대로 오늘까지 있음은
만물이 주의 종이 된 까닭이니이다
주의 법이 나의 즐거움이 되지 아니하였더면

내가 내 고난 중에 멸망하였으리이다
내가 주의 법도들을 영원히 잊지 아니하오니
주께서 이것들 때문에 나를 살게 하심이니이다
나는 주의 것이오니 나를 구원하소서
내가 주의 법도들만을 찾았나이다
악인들이 나를 멸하려고 엿보오나
나는 주의 증거들만을 생각하겠나이다
내가 보니 모든 완전한 것이 다 끝이 있어도
주의 계명들은 심히 넓으니이다.

그러므로 내가 주의 계명들을
금 곧 순금보다 더 사랑하나이다
그러므로 내가 범사에 모든 주의 법도들을 바르게 여기고
모든 거짓 행위를 미워하나이다.

주의 증거들은 놀라우므로
내 영혼이 이를 지키나이다
주의 말씀을 열면 빛이 비치어
우둔한 사람들을 깨닫게 하나이다.

디모데후서 3장 14-17절

그러나 너는 배우고 확신한 일에 거하라 너는 네가 누구에게

서 배운 것을 알며 또 어려서부터 성경을 알았나니 성경은 능히 너로 하여금 그리스도 예수 안에 있는 믿음으로 말미암아 구원에 이르는 지혜가 있게 하느니라 모든 성경은 하나님의 감동으로 된 것으로 교훈과 책망과 바르게 함과 의로 교육하기에 유익하니 이는 하나님의 사람으로 온전하게 하며 모든 선한 일을 행할 능력을 갖추게 하려 함이라.

히브리서 6장 17-18절

하나님은 약속을 기업으로 받는 자들에게 그 뜻이 변하지 아니함을 충분히 나타내시려고 그 일을 맹세로 보증하셨나니 이는 하나님이 거짓말을 하실 수 없는 이 두 가지 변하지 못할 사실로 말미암아 앞에 있는 소망을 얻으려고 피난처를 찾은 우리에게 큰 안위를 받게 하려 하심이라.

베드로후서 1장 19-21절

또 우리에게는 더 확실한 예언이 있어 어두운 데를 비추는 등불과 같으니 날이 새어 샛별이 너희 마음에 떠오르기까지 너희가 이것을 주의하는 것이 옳으니라 먼저 알 것은 성경의 모든 예언은 사사로이 풀 것이 아니니 예언은 언제든지 사람의 뜻으로 낸 것이 아니요 오직 성령의 감동하심을 받은 사람들이 하나님께 받아 말한 것임이라.

하나님을 경외하는 경건한 습관 기르기

하나님을 경외하는 것은 단순히 머릿속에 새로운 정보를 채워 넣는 것만으로 이루어지지 않는다. 경건한 습관도 함께 길러야 한다. 아래 제안 중 두 가지 이상을 선택하여 이번 주에 실천해 보라. 이 책에서 앞으로 살펴볼 진리를 내면화하고, 지극히 신뢰할 만한 하나님을 경외하는 데 도움이 될 것이다.

1. 하나님이 성경을 통해 말씀하시는데도 우리는 그분의 말씀을 경시하고 소홀히 할 때가 많다. 성경을 매주 1~3회 읽어서는 아예 읽지 않는 사람에 비해 결과가 거의 또는 전혀 달라지지 않는다. 매주 4회 이상 읽으면 외로움과 분노, 알코올 중독, 포르노 중독, 영적 침체가 줄어들고 전도에 더 힘쓰게 된다. 주님의 더 좋은 제자가 되는 것이다. 이번 주에 4일이나 5일을 정해 놓고 하나님의 감동으로 기록된 말씀을 집중해서 읽으라.
2. 이번 주 일요일에 지역 교회에 나가서 하나님 말씀에 충실한 가르침과 설교를 들으면서 필기하라.
3. 스마트폰 시대가 열리면서 정보를 소비할 때 주의 집중 시간이 점점 짧아지는 추세다. 우리 뇌의 회로가 짤막한 단편적 정보에 적합하게 바뀌면서 사고력이 점차 떨어지는 것이다. 하지만 신학자로서 성장하려면 오래 읽어야 하고, 하나님께 받은 지성을 그분의 의도대로 구사해야 한다. 최소 20분간 모든 방해 요소를

차단해 놓고 독서하면서 읽고 있는 내용을 깊이 생각하라. 어떤 주제의 책이든 상관없다. 오래 읽고 생각하는 습관을 연이어 며칠이나 실천할 수 있는지 살펴보라.

1. 침묵의 우주, 말씀하시는 하나님

성경 전체에 가장 많이 반복되는 문구는 무엇일까? 바로 “여호와의 말씀이니라”이다. 이 말이 통틀어 400번도 더 나온다. 성경의 하나님은 고대 그리스의 말 못 하는 목석 신이 아니다. 스토아학파나 에피쿠로스학파의 제우스도 아니다. 즉, 행복한 오락 시설을 즐기기에 바빠 인간사를 돌볼 틈이 없는 신, 머나먼 우주 골프장에서 골프 타수나 줄이느라 바쁜 신이 아니다. 존재하시는 하나님은 곧 말씀하시는 하나님이다.

하나님이 말씀하신다는 사실을 당연시하기가 너무 쉽다. 이 부분에서 우리에게 필요한 도움을 20세기의 가장 유명한 무신론자 가운데 한 사람인 프랑스 실존주의자 알베르 카뮈Albert Camus에게서 얻을 수 있다. 카뮈는 말씀하시는 하나님을 믿지 않았지만 내가 개인적으로 가장 좋아하는 무신론자다. 말씀하시는 하나님이 존재하지 않는다면 인류는 어떻게 될까? 이 문제로 고민할 의지나 역량을 보인 무신론자는 많지 않은데, 카뮈는 이 문제를 놓고 정직하게 씨름했다. 그는 "인간의 가장 근본적 문제인 삶의 의미와 목적에 관한 한 우주는 침묵한다"라고 말했다.[1] 밤하늘을 향해 "우리는 왜 존재하는가?"라고 외쳐도 돌아오는 답은 없다. 그의 결론은 이렇다. "의미의 문제에 답하려는 인간의 시도는 모두 부질없다. …… 한마디로 우리의 존재 자체가 부조리다."[2]

침묵의 우주에서 마주하는 삶의 부조리야말로 카뮈가 여러 대표작에 담아낸 불편한 진실이다. 《페스트*The Plague*》는 신 없는 우주에서 죽음과 절망에 맞서 싸우는 일이 얼마나 숭고하면서도 허망한지를 팬데믹에 휩싸인 1940년대 프랑스 식민지 알제리를 배경으로 보여 준다. 《이방인*The Stranger*》에 등장하는 탈기독교 시대의 뜨내기는 해변에서 아랍인을 죽이지만 속죄하려 하지 않는다. 하나님이 존재하지 않는다면 선과 악, 죄와 은혜도 모두 무의미한 개념이기 때문이다. 《시시포스 신화*The Myth of Sisyphus*》에는 그리스 비극 속의 한 인물이 소환된다. 그는 벌을 받아 바위를 산 위로 밀어올리지만 그럴수록 바위는 끝없이 다시 굴러 내려온다.

카뮈가 제시하는 은유는 음울하지만 현대인을 이해하는 데 유용하다. 그 권태와 참을 수 없는 부조리는 마이크 저지Mike Judge의 영화 〈뛰는 백수, 나는 건달Office Space〉, 데이비드 핀처David Fincher의 영화 〈파이트 클럽Fight Club〉, 빈스 길리건Vince Gilligan의 드라마 〈브레이킹 배드Breaking Bad〉의 주인공들을 각각 사이버 사기, 집단 테러, 마약 제조라는 반영웅反英雄적 길로 이끌어 간다.

그런 카뮈에게 놀라운 일이 벌어졌다. 온통 말씀하시는 하나님과 관계된 일이다. 1950년대에 뉴욕의 감리교 목사 하워드 머마 Howard Mumma가 파리의 어느 교회에서 강사로 설교했다. 검은 트렌치코트를 입고 팬에게 둘러싸인 신비의 인물이 그의 눈에 띄었다. 다름 아닌 알베르 카뮈였다. 20세기 중반 무신론자로 국제적 명성을 얻은 그는 "환멸에 빠져 지칠 대로 지친 인간"[3]을 자처했다. 성경을 읽어 본 적이 없다고 고백하는 그에게 머마는 성경 일주의 여행 가이드가 되어 주기로 했다. 그 후로 우정이 지속된 5년 동안 둘은 파리와 뉴욕을 서로 오가면서 하나님이 말씀하셨을 가능성을 탐색했다. 카뮈는 머마에게 이렇게 털어놓았다.

> 《시시포스 신화》와 …… 첫 소설 《이방인》을 쓸 때, 의미의 문제에 답하려는 인간의 시도는 모두 부질없다는 것을 보여 주려 했습니다. …… 한마디로 우리의 존재 자체가 부조리다 그거지요. …… 그러니 어쩌겠습니까? 내 경우 유일한 반응은 …… 지적 자살이든 물리적 자살이든 자살하는 것입니다. …… 목숨을 잃는 거야 작은 일이지만 삶의 의미와 이성을 잃는 것은 견딜 수 없으니까요. 의미 없이 살기란 불가능합니다.[4]

그러다 아무도 예상치 못한 순간이 찾아왔다. 유명한 무신론자 카뮈가 머마에게 세례받기를 청한 것이다. 단, 자신이 유명 인사인 점을 고려해 세례를 아무도 모르게 비밀로 해야 한다는 조건을 달았다. 파파라치나 항의하는 무신론자나 기회를 노리는 기독교인이 자신의 신성한 세례를 악용하지 못하도록 말이다. 머마는 비밀 세례라는 개념 자체가 "점보 쉬림프Jumbo Shrimp"(영어권에서 쉬림프는 '작은 새우')나 "소프트 록Soft Rock"(록은 '강렬함'을 상징하는 음악)처럼 형용 모순oxymoron이라고 친절하게 설명해 주었다. 세례는 공적 성례이자, 예수님의 죽음과 부활에 연합하여 새로운 정체성을 얻었다는 가시적 선언이다.

카뮈는 생각해 보겠다고 했다. 그렇게 둘이 헤어졌고 2주 후, 카뮈는 교통사고로 사망했다. 그가 머마에게 남긴 마지막 말은 "신앙에 이르고자 계속 노력하겠습니다"였다.[5] 우주의 침묵 문제로 처절하게 씨름했던 카뮈는 우주를 창조하신 하나님이 침묵하지 않으신다는 일말의 가망성을 보았다.

"여호와의 말씀이니라." 사랑하는 친구여, 이 구절을 가볍게 여기지 말라. 이 문구에 생사가 달려 있으니 그 깊은 뜻을 놓치지 말라. 음울한 가상 실험을 해 보라. 말씀하시는 하나님이 존재하지 않는다면 당신에게 무엇이 남겠는가? 가장 진지한 순간이나 때로 몽롱한 순간에 우리를 사로잡는 실존적 의문에 어떻게 답하겠는가? 과학은 우주가 어떻게 돌아가는지는 말할 수 있어도 왜라는 질문에는 하나도 답할 수 없다. 과학을 주신 하나님께 감사하지만, 이유를 묻는 화급한 의문은 과학을 다 동원해도 풀리지 않는다. 오락, 술, 오르가슴, 재물, 집요한 자기 분석에 답이 없음은 더 말할 것도 없다.

왜라는 질문의 답을 정치가에게 위임하고 싶을 수 있다. 그러나 20세기에 전체주의의 과대망상에 희생된 사람이 수억 명에 달한다. 그들의 망령이 한목소리로 "당신의 영혼을 팔지 말고 저항하라!"라고 외친다. 그래서 우리는 내면으로 향하고 싶어지기도 한다. 우주는 침묵하고 이데올로기는 거짓말할지 몰라도 우리 마음은 길을 알지 않을까? 그러나 "답은 내면에 있다"고 조언하는 이들은 당신의 자존심에 아첨하여 뭔가를 팔려는 사람이거나 안으로 충분히 더 들어가지 못해 우리의 깊은 속에 도사리는 온갖 모순과 타락을 보지 못한 사람이다. "만물보다 거짓되고 심히 부패한 것은 〔인간의〕 마음이라 누가 능히 이를 알리요."렘 17:9

감사하게도 "하나님은 사람이 아니시니 거짓말을 하지 않으"신다.민 23:19 "여호와여 주의 말씀은 영원히 하늘에 굳게 섰사오며 주의 성실하심은 대대에 이르나이다."시 119:89-90 하나님이 존재하시고 말씀하시기에 우리는 이유를 묻는 의문에 답하려다가 우주의 미아가 될 일이 없다. 카뮈가 말한 침묵의 우주에서 자살이라는 결론에 도달할 필요도 없다. 깊은 신뢰가 가능해진다. 과학자와 정치가와 우리 자신 등 모든 인간보다 무한히 더 신뢰성 있는 그분을 신뢰할 수 있다.

"의미의 문제에 답하려는 인간의 시도는 모두 부질없다"는 카뮈의 말은 옳지만, 당신의 존재가 부조리는 아니다. 이 추구에는 반드시 답이 있다. 당신에게 목적이 있음은 목적을 두고 행하시는 하나님이 뜻하신 바가 있어 당신을 지으셨기 때문이다. "만물이 다 그로 말미암고 그를 위하여 창조되었고"골 1:16, 당신도 예외는 아니다.

목적을 깨우쳐 주는 하나님의 말씀을 당신은 인류 역사상 어느 때보다도 간편하게 언제든지 접할 수 있다. 이제 성경은 보통 사람이 알아들을 수 없는 라틴어 역본에 갇혀 있지 않다. 현재 성경의 일부라도 번역된 언어는 3,589개에 달한다.[6] 10초만 들여 앱을 설치하면 즉시 수백 가지 역본을 볼 수 있다.

하나님을 경외하려면 그분의 말씀을 진지하게 대해야 한다. 이런 경외의 긍정적 효과는 이미 검증되었다. 연구자 아놀드 콜Arnold Cole과 파멜라 코딜 오브와이오Pamela Caudill Ovwigho가 8세부터 80세까지 4만 명을 대상으로 조사해 보니 뜻밖의 결과가 나왔다. 성경을 주 1~2회 읽는 사람들은 아예 읽지 않는 사람들에 비해 별다른 유익이 나타나지 않았다. 주 3회 읽는 사람들에게는 약간의 유익이 관찰되었다. 그러나 주 4회 이상 성경을 읽는 사람들의 경우, 모든 지표에서 큰 폭의 향상이 나타났다.

☞ 신앙을 전하는 비율은 200퍼센트 치솟았다.

☞ 다른 사람을 예수님의 제자로 훈련하는 비율은 무려 230퍼센트나 높아졌다.

☞ 외로운 감정은 30퍼센트 낮아졌다.

☞ 분노 문제는 32퍼센트 낮아졌다.

☞ 관계의 원한은 40퍼센트 낮아졌다.

☞ 알코올중독은 57퍼센트 급감했다.

☞ 영적으로 정체된 느낌은 60퍼센트 떨어졌다.

☞ 포르노를 보는 비율은 61퍼센트 감소했다.[7]

카뮈처럼 침묵의 우주에서 목적의식이 없어 힘든가? 외롭거나 길을 잃었거나 뭔가에 매인 심정인가? 다행히 하나님은 침묵하지 않으신다. 성경을 펴서 당신의 창조주께서 하시는 말씀을 들으라.

2. 이제, 지적 나태의 늪에서 나오라

앞서 보았듯이 하나님이 말씀하신다는 사실은 우리를 실존적 절망의 수렁에서 건져 낸다. 그렇다면 자신을 계시하시는 하나님을 우리의 지성으로 어떻게 경외할 수 있을까? 계시의 하나님, 신뢰할 만한 하나님이 존재하시기에 우리의 지적 삶은 어떻게 달라질까? 이런 질문에 답하기 위해 세상에서 가장 유명한 천장인 시스티나성당의 천장을 응시해 보자.

30대 중반의 미켈란젤로Michelangelo는 1508년부터 1512년까지 4년 동안 약 465제곱미터(약 140평) 규모의 이 걸작에 회반죽을 바르고 채색했다. 그는 지상에서 약 18미터 높이의 거친 판자 위에 올라가 고개를 치켜들고 머리 위로 붓을 든 채 곰팡이와 싸웠고, 자신의 "미친 생각, 간사한 생각, 시시한 생각들"[1]과도 싸웠다. "나는 화가가 아닙니다"라고 다소 익살스럽게 말한 그에게 그 작업은 흡사 "고문"이었다.[2] 지금부터 우리는 시스티나성당 천장의 프레스코화 아홉 점 가운데 네 점을 그 배후의 더 중요한 성경과 함께 살펴볼 것이다. 우리보다 무한히 해박하신 하나님을 경외할 때 우리의 사고에 나타나는 네 가지 깊은 변화를 거기서 볼 수 있다.

전지하신 하나님을 경외할 때 우리의 지적 삶이 어떤 영향을 받는지를 보기 위해 우선 아홉 점의 프레스코화 중 네 번째인 〈아담의 창조〉에 집중해 보자. 단연 가장 유명한 그림이니 당신도 잘 알고 있을 것이다. 하나님이 뻗으신 팔이 아담의 팔로 향한다. 둘의 손가락 끝은 불과 몇 센티미터밖에 떨어져 있지 않다. 미켈란젤로는 "하나님이 이르시되 우리의 형상을 따라 우리의 모양대로 우리가 사람을 만들고"라고 하신 창세기 1장 26절, 그 바로 직전의 순간을 창의적으로 표현했다.

Public domain

〈아담의 창조 The Creation of Adam〉
미켈란젤로, 1511년경, 시스티나성당

아담은 무심히 손을 내민다. 생기가 없이 그저 멍하다. 하나님의 얼굴에서 보이는 활력과 영감과 단호한 의지가 그에게는 없다. 작품 속 하나님은 공중에 떠 계시고, 그분을 둘러싼 적갈색 천은 거대한 뇌를 해부학적으로 정확하고 장중하게 모사한 것이다. 하나님은 손가락을 내밀어 인간 안에 의식의 능력을 넣어 주신다.

성경의 하나님은 이두근이 튀어나오고 턱수염을 기른 백인이 아니라 초월적 영이신 만큼, 미켈란젤로의 가장 유명한 프레스코화에는 신학적 허위가 있다. 하지만 중요한 신학적 진리도 몇 가지 담겨 있다. 하나님이 창조하신 우주는 합리적 구조로 이루어져 있다. 또 그분이 우주에 살게 하신 비범한 종種은 그분을 닮아 이성적 사고력이 있다. 인간이 하나님의 형상대로 지음받았다는 말은 천체물리학과 열역학과 생물학과 원소 주기율표를 고안하신 그분을 닮았다는 뜻이다. 당신은 생명 없는 꼭두각시가 아니다. 당신과 나는 친히 손가락 끝을 대 주신 그분께 비범한 의식을 선물로 받은 존재이며, 지금 이 순간에도 그 선물을 사용 중이다.

따라서 지성의 삶을 등한시한다면 이는 애초에 우리의 지성에 생명을 불어넣으신 하나님을 무시하는 것이고, 진리를 추구하는 데 냉담하다면 이는 진리의 하나님께 반기를 드는 것이다. 하나님을 경외하고 지성이 정말 그분의 선물임을 믿는다면, 우리는 결코 생각 없는 맹신에 만족하지 않을 것이다. 경외심이 우리를 감화하여 하나님과 그분이 지으신 세상을 깊이 생각하게 할 것이다. 신유 사역자와 텔레반젤리스트가 "하나님은 지성을 꺾고 마음을 들추어내십니다",[3] "개똥 같은 교리 운운하지 마세요! 나는 그런 데 관심 없습니다",[4] "주께서 이르시기를 '나는 네 머리를 우회하여 가슴으로 직행한다' 하시니 주님께는 마음이 중요하기 때문입니다"[5]와 같이 말할 때, 우리 안에서 뭔가 움찔할 것이다.

그런 주장에는 당신의 지성이 하나님께 중요하지 않다는 전제가 깔려 있다. 기복 신앙을 전파하는 일부 텔레반젤리스트는 기득권을 잃지 않으려고 당연히 사고를 저지한다. 청중이 사고하기 시작하면, 지갑을 열어 그런 전도자의 호화판 생활에나 쓰일 헌금을 보낼 이가 아무도 없을 테니 말이다. 반지성적 신은 우리가 성경에서 만나는 하나님이 아니다. 성경의 하나님은 우리에게 뜻mins〔사고, 지성〕을 다하여 그분을 사랑할 것을 명령하신다. 권고가 아니라 명령이다.

갈릴레오 갈릴레이Galileo Galilei가 오늘날의 텔레반젤리스트보다 훨씬 더 경외심이 많았다. 그는 "우리에게 감각과 이성과 지성을 부여하신 하나님이 우리가 그것을 구사하지 않기를 바라실 리가 없습니다"라고 말했다.[6] 하나님이 당신에게 지성을 주셨으니 지성을 묵혀 두지 말라. 사고가 하나님을 영화롭게 하는 행위라는 개념, 바로 그 개념이 400여 년 전에 과학 혁명 촉발에 일조했다.[7]

안타깝게도 오늘의 기독교계는 갈릴레이, 튀코 브라헤Tycho Brahe, 아이작 뉴턴Isaac Newton, 요하네스 케플러Johannes Kepler, 프랜시스 베이컨Francis Bacon의 끈질긴 호기심과 진리를 추구하는 비전을 다분히 잃었다. 순전히 주관적인 신앙으로 물러나 피상적인 예수 열풍Jesus buzz만 좇아다니는 이들이 너무 많다. 오스 기니스Os Guinness는 이에 대한 근본적인 문제를 이렇게 지적했다. "대다수 복음주의자는 아예 사고하지 않는다. …… 주 우리 하나님을 마음과 목숨만 아니라 뜻(사고, 지성)을 다하여 사랑하지 않는 것은 언제나 죄였다. …… 죄인데도 우리는 그것이 죄가 아니라 경건인 척해 왔다."[8]

익명의 설문을 통해 그리스도인이 어떤 죄로 힘들어하는지 조사해 본다면 교만, 정욕, 험담, 이기심, 게으름, 거짓말 등 악의 목록이 길게 이어질 것이다. 그런데 성경적 관점으로 보면 반드시 목록에 들어야 하지만, 아마도 제외될 악이 하나 있다. 바로 지적 나태다. 하나님은 우리를 뇌가 없는 존재로 만드실 수도 있었지만, 일부러 자신의 이성적 형상대로 지으셨다. 그래서 지적 나태는 그분을 경외하지 않는 죄가 된다.

사고하시는 하나님이 존재하지 않는다면[9] 우리도 사고하도록 지어지지 않았을 테고, 그러면 정말 심각한 문제에 봉착한다.[10] 찰스 다윈Charles Darwin은 수백 년 전에 이 문제를 보고 친구에게 보낸 편지에 이렇게 썼다. "하등 동물의 사고에서 진화한 인간 사고의 신념에 과연 가치나 신빙성이 있을지 늘 섬뜩한 의심이 든다네. 원숭이의 사고에 신념이 존재한다 해도 그 신념을 신뢰할 수 있겠는가?"[11]

미켈란젤로와 그 이전의 성경 기자들은 인간의 기원을 '생각할 줄 모르는 물질'이 아니라 '사고하시는 하나님'께로 추적해 올라갔다. 그래서 그런 "섬뜩한 의심"에 시달리지 않았다. 그들은 이성을 신빙성 없는 생존 기제로 환원한 게 아니라 초월자이신 진리의 하나님이 우리에게도 진리를 알라고 주신 선물로 받아들였다. 그래서 어쩌면 당연하게도 성경의 첫째 되는 가장 큰 계명은 우리의 마음과 힘만 아니라 뜻(사고, 지성)을 다하여 하나님을 사랑하라는 것이다.

성경적 세계관에는 우리가 이성을 사용해야 할 이유도 내포되어 있다. 바로 이성으로 하나님을 영화롭게 하는 것이다. 우리 인간은 생물학적 로봇이나 무의미한 화학 반응 덩어리가 아니라 그 이상의 존재이며, 이 사실로 인해 하나님께 감사해야 한다.[12] 이제 우리의 지성은 영적이지 못하다고 비판받거나 지나치게 영적이라고 배제될 수 없다. "뜻(사고, 지성)을 다하여 하나님을 사랑하라"는 지상 계명에 순종하면 오히려 우리의 지성이 더 깊어지고 넓어진다.

3. 스스로 진리의 기준이 되려는 오만 버리기

하나님은 이성의 근원이실 뿐 아니라 이성의 기준이시기도 하다. 하나님을 경외할 때 우리의 지적 삶이 깨어나는 두 번째 방식을 이번에는 시스티나성당의 여섯 번째 프레스코화 〈인간의 타락〉을 통해 살펴보자. 그림 한가운데에 선악을 알게 하는 나무가 있다. 미켈란젤로에게 영감을 준 성경 원문은 이렇다. “여호와 하나님이 그 사람에게 명하여 이르시되 동산 각종 나무의 열매는 네가 임의로 먹되 선악을 알게 하는 나무의 열매는 먹지 말라 네가 먹는 날에는 반드시 죽으리라 하시니라.”창 2:16-17

죽음을 부르는 이 신비의 나무를 어떻게 봐야 할까? 오늘날 플로리다와 카리브해 연안에서 자생하는 독성 대극과 나무 같았을까? 그 나무에 열리는 유독한 녹색 과일을 크리스토퍼 콜럼버스Christopher Columbus는 “죽음의 사과”라 불렀다고 한다. 선악을 알게 하는 나무는 우리를 우매하게 미신에 매여 굴종하는 상태로 묶어 두려는 하나님의 무서운 위협 전술이었을까? 손을 뻗어 지식의 즙을 한 입만 빨아 먹어도 지옥과 공포의 도가니가 활짝 열릴 거라고 말이다!

본문을 읽어 보지 않은 이들은 무조건 이 해석을 선호해 왔다.[1] "봐라, 너희가 예배하는 신은 지식을 배격한다! 성경을 믿으면 너희는 질질 침이나 흘리는 우둔한 바보가 된다!" 이 나무가 지식을 저지한다는 해석의 문제점은, 그 해석을 성경 본문의 실제 내러티브에 대입하면 우스꽝스러우리만치 앞뒤가 맞지 않는다는 것이다.

이미 보았듯이 성경의 하나님은 우리의 지적 삶을 매우 중시하신다. 그분은 역대 노벨상 수상자를 다 합친 것보다 더 열렬히 지식을 옹호하신다. 인류 최고의 지성들이 수천 년씩 걸려서야 알아낸 물리학과 생물학과 화학과 천문학의 각종 수려한 법칙을 그분이 창조하셨고 지금도 유지하신다. 하나님이 인간을 자신의 형상대로 지으신 후 맨 처음 내리신 명령 가운데 하나는 그분의 창의적 비전을 이어받아 그분의 우주를 활용하되, 착취해서 결딴내는 게 아니라 가꾸어서 발전시키라는 것이었다.창 1:26-28; 2:15 참조 하나님의 명령을 지켜 세상을 돌보려면 우선 그 명령을 잘 알아야 한다.[2]

그 나무가 우리를 영원한 암흑기에 묶어 두려는 위협 전술이 아니라면, 그렇다면 대체 무엇일까? 성경 본문에 실제로 어떻게 표현되어 있는지 보라. "선악을 알게 하는 나무"[3]의 열매를 먹으면 아담과 하와는 "하나님과 같이 되어 선악을 알"게 된다.창 3:5 그렇다면 하나님은 선악을 어떻게 아실까?

하나님이 아신다는 말은 하나님이 선택하시고, 창조하시고, 선과 악을 정의하시며 결정하신다는 뜻의 히브리어식 축약 표현이다.[4] "선악"은 히브리어 관용구다. 고대에는 이렇게 양극단을 거명해 중간의 모든 것을 포괄하는 식으로 말했다. '흑백'이라는 말로 모든 색을 가리키거나 '비틀즈The Beatles와 니켈백Nickelback'이라는 말로 모든 록 밴드를 지칭하는 거나 다름없다. 즉 "선악"은 '모든 것'을 뜻하는 히브리어식 약어다.[5]

간단히 말해서, 만물을 창조하신 하나님은 전지하신 분이다. 실재의 원리를 그분이 정하신다. 우주의 범위와 의미도 그분이 규정하신다. 그분은 만물을 지으신 분사 44:24, 땅의 기초를 놓고 그것의 도량법을 정하신 분욥 38:4-5, 묘성을 매어 묶고 삼성의 띠를 풀 수 있는 분31절, 하늘의 궤도를 아시고 하늘로 하여금 그 법칙을 땅에 베

savcoco/stock.adobe.com

〈인간의 타락 The Fall of Man〉
미켈란젤로, 1508-1512년, 시스티나성당

풀게 하시는 분이다.33절 그러므로 하나님이 선악을 아신다는 말은 하나님이 창조주시라는 말을 히브리어식으로 약술한 것이다. 그분만이 우주를 창시하고 규정하고 주관하신다. 그분만이 우주의 한계를 정하고 궁극적 의미를 부여하신다.

고대 히브리어를 간략히 살펴본 덕분에 이제 우리는 원래의 질문에 답할 수 있다. "선악을 알게 하는 나무"란 무엇일까? 그건 하나님이 신이시고 우리는 신이 아니라는 진리를 대변한다. 그분이 우주를 창조하고 제작하여 훤히 아신다는 진리를 수목과 엽록소라는 은유로 보여 주신 것이다. 그분은 창조주시고 우리는 피조물이다.[6] 미켈란젤로가 여섯 번째 프레스코화의 한가운데에 그린 나무는 매우 중요한 그 구별을 냉엄하게 알려 주는 가시적 상징물이다. 열매를 먹지 말라는 명령은 하나님을 유일무이하신 신으로 인정하라는 명령이다. 마치 우리가 진리와 선과 아름다움의 궁극적 기준인 양 행세하지 말고 피조물의 본분에 충실하라는 뜻이다.

하나님과 같이 되라던 뱀의 첫 유혹과 이후의 모든 유혹이 무슨 의미인지도 여기서 함께 풀린다. "세상을 창조하신 하나님을 전지하게 볼 게 아니라 그 지식을 네 것으로 취하라![7] 네가 진리의 기준이고, 네가 선의 근원이고, 네가 아름다움을 규정한다. 전능한 창조주가 될 수 있는데 왜 미천한 피조물 수준에 안주하는가? 너 자신을 믿으라."

역시 우리가 신중히 피해야 할 텔레반젤리스트의 덫이 있다. 지식을 배격하는 신을 성경의 하나님께 투사해서는 안 된다는 것이다. 하나님은 우리에게 뜻(사고, 지성)을 다하여 그분을 사랑하고 진리를 추구할 것을 명하셨다. 그분은 우리가 알기를 원하시며, 그리하여 알도록 지으셨다. 다만 우리 스스로 잘난 척하며 진리의 기준이 되어 자율적으로 알기를 원하신 것은 아니었다. 그분이 우리에게 바라시는 것은 스스로 진리를 규정하는 것이 아니라 발견하는 것이다. 우리가 아니라 그분이 기준이다. 그것이 선악을 알게 하는 나무의 취지다. 하나님은 우리가 사랑의 관계라는 정황 속에서 알기를 원하신다. 그럴 때 우리는 진리를 가장 온전히 알 수 있다.

하나님이 이 나무의 열매를 금하신 이유는 우리를 사랑하시기에 "선악을 아는" 지식에서 보호하시기 위해서였다. 그분은 우리가 자율적으로 의미를 부여하기를 원치 않으셨다.

하나님이 그런 자율에 반대하시는 이유를 나는 두 가지로 본다. 첫째로, 그분은 우리를 사랑하시기에 우리의 지식이 깊어지기를 원하신다. 무엇이든 그분 없이 알면 지식의 깊이가 제한된다. 그래서 창조주께서 규정하신 궁극적 의미와 원리를 볼 수 없다. 예컨대 나는 우리 옆집에 사는 폴Paul의 신상을 두루 알 수 있다. 182센티미터 키에 몸무게는 72킬로그램이고 사이클 코치가 직업이라 몸 상태가 나보다 훨씬 좋다. 좋은 아빠면서 친절한 이웃이고, 또 영적 구도자인 동시에 때론 짓궂으며, 펑크 록 팬이기도 하다.

내 머릿속에 폴에 대한 정보가 계속 더 쌓일 수 있지만, 하나님이 규정하시는 그를 알기 전에는 가장 진정한 의미의 그를 다 알 수 없다. 하나님이 보시는 폴은 그분의 형상을 지닌 존재로서, 폴을 무한히 사랑하시는 자신의 창조주를 즐거워하며 닮아 가도록 지어졌다. 전지하신 하나님의 시각을 떠난 상태에서 폴을 내 마음대로 알면, 이웃을 그저 내 틀에 끼워 맞춰 비판하고 이용하기가 너무 쉬워진다. "내 좁은 시각으로 보는 당신이 전부이니 내 시각에서 본 대로 당신을 대하리라." 이런 태도가 우리 사회의 수많은 비극과 갈등과 편견을 낳고 만다. 반면, 내 좁은 시각 대신 하나님이 진리의 기준이 되면, 이웃은 물론이고 온 세상을 더욱 잘 알고 더욱 잘 대할 수 있다.

하나님이 "선악을 아는" 지식을 그분의 몫으로만 두시려는 두 번째 이유가 거기서 나온다. 인간이 자신의 논리를 실재에 대한 신성하고 권위 있는 목소리로 착각할 때 거기서 쏟아져 나오는 온갖 재앙과 고통을 하나님은 잘 아신다. 20세기가 밝아 올 즈음, 당신이 캘리포니아에 살고 있었다고 하자. 만약 지식과 진보의 최첨단을 자처하던 소수 엘리트층에 들었다면, 당신도 어느새 우생학 운동의 골수 멤버가 되었을 것이다.

고등 교육을 받은 캘리포니아의 우생학자들은 무엇을 '알았던가?' 그들은 인류가 돌연변이와 자연도태의 우연한 과정을 거쳐 출현했다는 것을 '알았다.' 적자만 생존하고 약자는 산 채로 잡아먹힌다는 것을 '알았다.' 다윈이 주장한 진화 과정이 우리 종의 진보를 이끄는 자연의 원동력임을 '알았다.' 신체 건장한 서구 백인 지식층이 자연도태의 가장 영광스러운 산물이자 진화 나무의 가장 높은 가지에 행복하게 앉아 있는 선택된 소수라는 것을 '알았다.' '열성劣

性'의 번식을 막으면 미래 세대가 오염된 혈통에서 해방되어 종의 진화가 새로운 영광의 차원으로 도약한다는 것을 '알았다.'

아우슈비츠와 다카우 같은 곳에서 독일인 지도자 아돌프 히틀러Adolf Hitler와 고등 교육을 받은 그의 공범 요제프 멩겔레Josef Mengele 박사는 캘리포니아 우생학자들의 첨단 '지식'을 실행에 옮겼다. 이 둘은 무엇이 선하고 무엇이 악한지를 스스로 규정했다. 그들에게 '천년 제국'은 선했다. 진리와 허구를 가르는 최종 권위도 그들에게 있었다. 그 순혈의 초인들이 진리라고 선포하면 그게 무엇이든 진리가 되었다. 또 독재자로서 아름다운 종족과 추해서 소멸시킬 종족을 제멋대로 나누었다. 아리안족이 전자였고 유태인과 집시족, 동성애자가 후자였다.

나치의 문제는 그들이 교육받지 못한 데 있지 않았다. 그들은 고등 교육을 받았다. 문제는 자율이었다. 그들은 뱀의 해묵은 미끼를 덥석 물어 '하나님과 같이 되어 선과 악을 알려고' 했다. 창조주와 피조물을 가르는 선을 넘었다. 신으로 행세하며 온 땅을 지배하려 들었다. 진리와 선과 아름다움의 기준이 그들 자신이었다. 누구든 피조물이 신으로 행세하면 거짓말을 일삼고 악하고 추해질 수밖에 없는데, 이들도 예외는 아니었다.

어떠한 것이라도 좋으니 당신이 살면서 접하는 악을 떠올려 보라. 그 썩은 열매의 뿌리를 끝까지 추적해 보라. 모양만 다를 뿐 거기에 "나도 하나님과 같이 되어 내 세상을 지배할 수 있다"는 해묵은 거짓말이 똑같이 도사린다. 반대로 하나님이 이 나무를 통해 보여 주시는 교훈은 이것이다.

"아담과 하와야, 내가 사방에 광활한 우주를 펼쳐 놓았으니 마음껏 탐험하고 숨은 신비를 파헤치라. 내가 준 지성을 사용하여 세상에 순전한 아름다움과 생명을 더하라. 다만 끝없이 넓고 큰 우주에 내가 빙 둘러 담을 쳐 놓은 한 그루의 나무가 있다. 이 나무는 다음 사실을 증언해 준다. 너희의 지식이 아무리 많아져도 참으로 모든 것을 아는 이는 너희가 아니라 영원토록 오직 나 하나뿐임을 명심하라. 이 기둥과 가지, 잎, 열매는 창조주와 피조물의 구별을 보여 주는 나의 기념비다. 또 이것은 내가 너희와 인류에게 준 모든 특별한 재능 안에서 너희가 내게 져야 할 책임이 있다는 것을 일깨운다. 추론하고 학습하고 혁신하라. 단, 겸손하라. 기준은 너희가 아니라 나다. 나를 의지하며 살라. 너희가 내 자리에 올라서려 하면 망할 것이다."

4. 성경, 혼미한 지성을 깨우는 빛

〈아담의 창조〉와 〈인간의 타락〉에서 본 하나님은 이성의 근원이자 기준이시다. 그분을 경외하려면 오만하지 않고 겸손하게 우리의 지성을 사용해야 한다.[1] 이제 우리는 미켈란젤로가 시스티나성당 천장에 그린 아홉 번째 프레스코화 〈술 취한 노아〉로 넘어간다. 그림의 배경이 되는 창세기 본문은 다음과 같다. "노아가 농사를 시작하여 포도나무를 심었더니 포도주를 마시고 취하여 그 장막 안에서 벌거벗은지라."창 9:20-21

미켈란젤로가 노아를 그린 방식은 시사하는 바가 있다. 술 취한 노인이 비스듬히 기대어 앉은 자세는 두 손가락이 만나는 유명한 그림에서 아담이 취한 자세와 똑같다. 그래서 양쪽이 시각적으로 확 대비된다. 〈아담의 창조〉에서는 사람이 이성과 의식을 선물로 받는다. 〈술 취한 노아〉에서는 사람이 이성과 의식을 잃고 인사불성이다. 〈아담의 창조〉에서는 새로 창조된 사람이 눈을 뜨고 하나님의 불꽃 같은 눈길 앞에서 손을 위로 뻗는다. 〈술 취한 노아〉에서는 늙은 사람이 팔을 늘어뜨리고 눈을 감은 채, 민망해서 고개를 돌린 세 아들 앞에 널브러져 있다.

아담이 이성을 선물로 받는 네 번째 그림과 노아가 술 취해 의식을 잃은 아홉 번째 그림 사이에 무슨 일이 있었던 것일까? 여섯 번째 그림 〈인간의 타락〉이 있었다. 인간은 "하나님과 같이 되어 선악을 알"려고 했다. 스스로 모든 실재의 궁극적 기준이 되려 한 것이다. 그때부터 인간의 정신은 심각하게 변질되었다. 고귀하고 창의적인 일을 하라고 하나님이 지성을 선물로 주셨건만, 이제 우리의 지성은 미련하고 부끄러운 일을 해서 자멸을 초래한다. 인간의

〈술 취한 노아 The Drunkenness of Noah〉
미켈란젤로, 1508-1512년, 시스티나성당

사고가 인간에게 최악의 적이 된 것이다. 타락 이후에 우리의 사고는 "불의로 진리를 막"는다.롬 1:18 "그 생각이 허망하여지며 …… 스스로 지혜 있다 하나 어리석게 되"었다.21-22절

미켈란젤로가 하려던 말은 뭐였을까? 이탈리아의 위대한 화가는 인간을 '자초해서 이성을 잃은 상태'로 그냥 둔 것일까? 아홉 번째 그림의 노아가 인류의 마지막 상징일까? 우리는 인사불성 상태에서 영영 헤어나지 못하는 것일까? 아니다. 미켈란젤로는 해답도 그림에 담았다. 그것도 성경적 해답 말이다. 다만 모든 위대한 예술가처럼 그도 노골적으로 드러내지는 않았다. 그가 해답을 그림에 담아낸 방식은 세 가지다.

첫째, 천장 전체를 밝히는 단 하나의 광원을 통해서다. 그 광원은 바로 〈빛과 어둠을 나누심〉에 그려진 하나님이다. 창세기의 순서로는 맨 처음인 이 프레스코화를 그는 맨 마지막에 그렸다.[2] 미켈란젤로의 하나님은 "빛이 있으라" 말씀하신 하나님이고, 그러자 빛이 있었다.창 1:3 그분은 빛을 비추어 드러내신다. 우리의 사고가 그림 속 노아처럼 멍해졌을 때 그분이 우리의 어둠 속을 비추신다.

술 취해 의식을 잃은 이들에게 하나님은 어떻게 참된 지식을 비추실까? 그분은 말씀하신다. 성경에 하나님의 숨을 불어넣으셨다.딤후 3:16 이것이 미켈란젤로가 인간의 무지에 대한 해답을 그림에 담아낸 두 번째 방식이다. 그가 형체와 색을 입힌 아홉 점의 그림은 전부 하나님의 말씀에서 왔다. 그분은 인간 선지자(그중 일곱을 화가가 아홉 점의 프레스코화 주위에 그려 놓았다)를 통해 말씀하여 자신이 어떤 분

이신지를 밝히셨고,[3] 그분이 그런 분이시기에 우리가 마땅히 어떻게 살아야 하는지도 알려 주셨다. 시편 기자는 "주의 말씀은 내 발에 등이요 내 길에 빛이니이다"라고 말했다.시 119:105 미켈란젤로의 하나님은 "사람이 아니시니 거짓말을 하지 않으"신다.민 23:19

이토록 신뢰할 만한 하나님이 침묵하신다면 어떻게 될까? 그러면 우리는 창조주와 자신과 주변 세상을 모른 채 노아와 함께 아홉 번째 그림 속에 영원히 갇힐 것이다. 인식론적 곤경에 빠져 절망할 것이다. 우주를 향해 절박하게 "나는 누구며 왜 여기에 있는가? 삶에 의미가 있는가?"라고 실존적 질문을 외쳐도, 돌아오는 답이라고는 견딜 수 없이 지루하고 냉랭한 침묵뿐이다. 첫 번째 프레스코화에서 빛을 비추시는 하나님을 없애면, 아름다운 천장이 온통 캄캄해진다. 그분의 말씀을 제하면 그렇게 된다.

다행히 하나님이 살아 계시며, 그분은 침묵하지 않으신다![4] 고대 근동의 모든 우상은 말 못 하는 목석이고 우리를 에워싼 우주도 수억 광년이 흐르도록 침묵할 뿐이지만, 하나님은 말씀하신다. 말씀하시는 하나님만이 우리의 사고를 인식론적 절망에서 구원하실 수 있다.

이 사실은 미켈란젤로가 술 취해 의식을 잃은 우리의 상태에 대한 해결책을 그림에 담아낸 세 번째 방식과도 연결된다. 그는 아홉 점의 프레스코화를 열두 점의 정사각형 그림으로 둘러쌌다. 그 중 일곱에는 유대인 선지자들이, 다섯에는 비유대인 여성 예언자들Sibyls이 앉아 있다. 미켈란젤로는 이 열두 사람이 모두 장차 오실 특정한 한 인물을 예언한다고 믿었다. 열두 점의 정사각형 그림 사이에는 지그재그 형태로 여덟 점의 삼각형 그림이 배치되어 있으며, 각각 그 특별한 인물의 조상祖上을 보여 준다. 천장 전체의 네 모서리에는 성경의 네 장면이 크게 그려져 있는데, 각각이 어둠 속에 있는 세상을 위해 그 인물이 하실 일을 예고한다.

천장 중앙에 있는 아홉 점의 프레스코화에도 그분과 그분의 구원 사역을 암시하는 다양한 상징들이 담겨 있다. 465제곱미터가 넘는 천장에 300명이 넘는 인물이 등장하는데, 이 모든 인물은 결국 단 한 사람을 가리킨다. 그분은 천장화 어디에도 직접 그려져 있지 않지만, 천장화 전체에 스며 있다. 미켈란젤로가 성당 제단 뒤편 벽에 그분을 그리기 위해 다시 돌아온 것은 천장화를 완성하고 22년 후였다.[5]

바로 그분이 아홉 번째 프레스코화에서 인사불성에 빠진 우리를 구원하시는 하나님의 궁극적 해답이다. 성경은 "어두운 데에 빛이 비치라 말씀하셨던 그 하나님께서 예수 그리스도의 얼굴에 있는 하나님의 영광을 아는 빛을 우리 마음에 비추셨느니라"라고 했다.고후 4:6 "확실한 이해의 모든 풍성함과 하나님의 비밀인 그리스도를 깨닫게 하려 함이니 그 안에는 지혜와 지식의 모든 보화가 감추어져 있느니라."골 2:2-3 아버지께서 보내신 "세상의 빛"요 8:12은 "참빛"요 1:9이며 "하나님의 영광의 광채시요 그 본체의 형상"히 1:3이시다.[6]

예수님은 사역을 시작하실 때 선지자 이사야의 말을 인용하셨다. "흑암에 앉은 백성이 큰 빛을 보았고 사망의 땅과 그늘에 앉은 자들에게 빛이 비치었도다 하였느니라."마 4:16[7] 그렇다. 예수님은 우리의 망가진 몸과 영혼을 사망과 죄에서 구원하러 오신 것만이 아니다. 감사하게도 그분은 또한 술 취해 의식 잃은 우리의 지성을 무지에서 구원하러 오셨다.[8]

5. 모든 것을 아시는 그분께 온전히 맡기다

성경의 하나님은 이성의 근원이자, 이성의 기준이고, 이성의 구원자이시다. 이것은 창세기와 시스티나성당 천장화의 네 번째이자 마지막 교훈으로 이어진다. 미켈란젤로가 아홉 의 프레스코화 가운데 맨 마지막에 그린 〈빛과 어둠을 나누심〉은 창세기의 순서로는 맨 처음이다. 이미 보았듯이 이 그림 속의 하나님은 천장 전체의 광원이시다. 그런데 그림 제목은 〈빛과 어둠을 나누심〉이다. 하나님은 낮과 밤을 창조하신다. 드러내시고 감추신다. 빛을 발하시는 하나님은 숨으시는 하나님이기도 하다. 자신의 우주를 그늘shadow과 신비로 가득 채우신다.[1]

그분은 만물을 생생한 천연색으로 보신다. "주에게서는 흑암이 숨기지 못하며 밤이 낮과 같이 비추이나니."시 139:12 그런데 똑같은 성경에 이런 말씀도 있다. "진실로 주는 스스로 숨어 계시는 하나님

〈빛과 어둠을 나누심 The Separation of Light and Darkness〉
미켈란젤로, 1508-1512년, 시스티나성당

이시니이다."사 45:15 "그의 위대하심을 측량하지 못하리로다."시 145:3 "그의 지혜가 무궁하시도다."시 147:5 "이 지식이 내게 너무 기이하니 높아서 내가 능히 미치지 못하나이다."시 139:6[2]

모든 충실한 조직신학 책에는 하나님의 속성 가운데 "불가해성"이 들어 있다.[3] 그분이 성경과 예수님을 통해 자신을 계시해 주신 덕분에 우리의 유한한 지성으로도 하나님의 실상을 조금은 설명할 수 있다. 그러나 설명할 수 있는 부분에 비하면 우리가 그분을 알 수 없는 부분은 무한대다. 태평양의 물을 빨대로 마실 수는 없다. 헤르만 바빙크가 "광대무변한 본질의 바다"[4]라고 표현한 하나님은 워낙 광대하여 인간의 사고라는 좁은 통 안에 다 들어가지 않는다.[5]

하나님이 우리보다 무한히 크시고 해박하시기에 그분의 성품과 행위의 대부분이 우리에게는 그야말로 불가해할 수밖에 없다.[6] 몇 년 전에 나는 "서구 세계의 무신론 역사"라는 철학 선택과목을 가르친 적이 있는데, 그때 학생들에게 교단의 흰색 칠판을 가리켜 보인 뒤 매직펜을 내수며 이렇게 말했다. "이 칠판이라는 큰 직사각형이 우리가 알 수 있는 모든 지식을 대변한다 합시다. 여러분은 그 중에서 얼마나 안다고 생각합니까? 각자 생각하는 지식의 크기만큼 앞에 나와서 칠판에 원으로 표시해 보세요." 학기마다 칠판은 드넓은 백색 공간에 작은 점이 흩뿌려진 것 같았다.

하나님은 칠판 전체를 아시고 그 전체를 통해 일하신다. 그분은 전지하시지만 우리는 작은 점에 불과하다.[7] 그분이 생각하시는 빛이 우리에게는 대개 어둠이다. 바울은 이를 시적으로 "하나님의 어리석음이 사람보다 지혜롭고"라고 표현했다.고전 1:25 전지하신 하나님을 믿지 않으면 우리는 자꾸 스스로 전지해지려 한다.[8] 그것이야말로 불안과 절망에 빠지는 확실한 길이다. 성경 전체에 이것이 중요한 주제로 등장한다.

하나님이 아브라함과 사라에게 아들을 약속하셨을 때창 17:15-16 참조 아브라함은 무려 100세를 1년 앞두고 있었고 사라는 90번째 생일이 막 지난 상태였다. 성욕이 왕성한 가임기의 신혼부부와는 거리가 멀었다. 웬만한 주치의라면 이 노부부를 산부인과 의사가 아니라 훌륭한 정신과 의사에게 보냈을 것이다. 임신에 성공할 확률이 인간의 계산으로 얼마나 될까? 0퍼센트였다.

하나님은 모세에게 "이제 내가 너를 바로에게 보내어 너에게 내 백성 이스라엘 자손을 애굽에서 인도하여 내게 하리라"라고 말씀하셨다.[출 3:10] 그런데 모세의 발끝에 홍해의 흰 물결이 거품으로 부서지는데 뒤에서는 바로의 군대가 바짝 추격해 왔다. 물에 빠져 죽든지 바로의 칼에 죽든지 둘 중 하나였다. 살아남을 가망성이 인간의 계산으로 얼마나 될까? 전혀 없었다.

예수님은 구약에 약속된 메시아가 자신이라며 그 소망을 친히 성취하실 것을 약속하셨다. 그런 그분이 지축을 뒤흔들 듯한 탄식 소리를 내며 숨을 거두시는 모습을 제자들은 겁에 질려 지켜보았다. 소망을 품을 이유를 1부터 10으로 표시한다면 몇이나 될까? -1이었다.

예를 들자면 끝이 없다.[9] 시나리오마다 인간의 이성이 도출한 결론, 즉 불임과 죽음과 절망은 지극히 합리적이었다. 그러나 셋 다 잘못된 결론이었다. "지극히 합리적인" 답이 알고 보니 오히려 어처구니없는 오류였다.

인간의 사고를 내버려두면 이 같은 문제가 생긴다. 도출되는 결론이 대개 우울하기 짝이 없다. 지극히 논리적이나 완전히 오답이다. 일진이 나쁜 날이면 나 역시 냉소를 탄탄히 옹호할 수 있다. 지난 세월 내 연구실에서 그런 학생을 수없이 보았거니와, 그들의 주장을 논리적으로 반박하기란 쉽지 않다. 우울의 논리는 철벽같은 면이 있다.[10] 논리로는 그 구속복을 벗을 수 없고, 하나님을 의지해야만 한다. 합리적인 설명으로는 거기서 헤어날 수 없지만, 사랑받으면 어떤 난제도 힘을 잃는다.[11]

그것이 바로 성경이 말하는 '믿음'의 핵심이다. 믿음이란 당신보다 똑똑하신 하나님을 신뢰한다는 뜻이다. 눈앞이 캄캄해질 때 하나님과 그분의 환한 비전에 의지한다는 뜻이다. 믿음은 J. I. 패커가 말한 "요크 신호소 오류"에 대한 성경의 해답이다.[12] 패커는 독자를 영국 동부의 요크 기차역 승강장으로 데려가 수없이 오가는 많은 열차를 보여 준다. 우리는 "전체 계획을 대충 두루뭉술하게만 볼 수 있다." 그러나 "7번과 8번 승강장 맞은편에 웅장한 전기 신호소가 있고 …… 거기에 선로별로 작은 표시등이 움직이거나 정지되어 있어, 신호수는 모든 기관차와 객차와 화차가 정확히 어디에 있는지 한눈에 볼 수 있다." 하나님도 그 신호수처럼 전체를 조망하시지만 우리는 그렇지 못하다. 머리가 어질어질할 정도로 엎친 데 덮치는 예측 불허의 인생사를 우리는 그저 승강장에서 맞이할 뿐이다.

이러한 승강장에서 우리가 대처할 만한 방안은 세 가지다. 첫째, 이렇게 생각할 수 있다. "내 자리에서는 세밀한 종합 계획이 보이지 않으니 종합 계획이 있을 리 없고 계획할 주관자도 없다. 그러므로 삶은 무의미하다." 이를 '승강장 비관론'이라 하자. 승강장 비관론자는 철학의 기본 오류를 범했다. "인생의 궁극적 의미가 내게 보이지 않는다"는 전제에서 "궁극적 의미 같은 것은 없다"는 결론을 잘못 추론한 것이다. 인식론적 무의미를 형이상학적 무의미로 착각한 것이다.

두 번째 방안은 직접 신호수가 되는 것이다. "무의미해 보이긴 하지만 그냥 그렇게 보일 뿐이다. 철학책과 물리학 책을 많이 읽고, 양자 입자를 충분히 충돌시키고, 턱을 괸 채 생각에 잠기고, 온갖 망원경을 들여다보고, 칠판에 부호를 잔뜩 늘어놓다 보면, 나도 만물박사가 될 수 있다. 암흑 에너지, 뉴욕 증권거래소, 이성異性을 사로잡는 법 등 모든 것을 설명할 수 있다."[13] 그러나 패커는 "하나님의 섭리로 진행되는 일상사에서 그분의 뜻을 알아내려 할수록 매사가 지리멸렬해 보여 당신은 더 안달하며 집착하고, 그러다 삶이 정말 무의미하다는 결론으로 기운다"라고 비평했다.[14]

아무리 의욕적으로 신호수가 되려고 분투해도 대개 정신적으로 탈진하여 결국은 승강장 비관론자가 된다는 뜻이다. 철학적 돌파구나 과학적 돌파구를 만나 "드디어 해냈다! 나도 신호소까지 왔다!"고 외칠 수도 있다. 그러나 머잖아 소름 끼치도록 명쾌하게 깨닫는 사실이 있다. 대통일 이론(물리학에서 자연계의 네 종류의 힘 가운데 중력을 뺀 전자력, 약력, 강력을 하나로 통합해 설명하려는 가상의 이론-옮긴이)은 여전히 신기루일 뿐이라는 것이다. 자신의 삶에 닥쳐오는 변칙적 사건이 너무 많기 때문이다.

내가 믿기로 끝까지 즐겁고 건강하게 나아가는 길은 세 번째 방안뿐이다. 그것은 승강장 비관론자처럼 신호소의 존재를 부정하는 것도, 직접 신호수가 되어 신호소를 점령하려 드는 것도 아니다.

영국에서 '역장'이라고도 부르던 신호수를 신뢰하는 것이다. 신호수는 전체를 다 본다. 얽히고설킨 듯하면서도 일사불란하게 깜박이는 모든 표시등의 경로를 알고 있다. 신호수를 신뢰하면 신호소를 직접 살펴보려는 신경증적 강박에서 벗어날 수 있다. 신호수가 어련히 알아서 할 테니 그의 말을 그대로 믿으면 된다. 우리의 여행 일정은 정해진 시간에 정확히 게시될 것이므로 안심할 수 있으며, 필요한 정보도 그때그때 정확히 확인할 수 있다.

요약하자면 행복과 안전의 비결은 만물박사가 되는 데 있지 않고 전지하신 하나님을 아는 데 있다. 그래서 시편 기자는 "우리 마음이 그를 즐거워함이여 우리가 그의 성호를 의지하였기 때문이로다"시 33:21라고 말했다.[15] 승강장에서 절망하지 말라. 미친 듯이 신호소로 돌진하지도 말라. 신호수를 신뢰하라. 당신이 꼭 알아야 할 것을 그분이 적시에 알려 주신다. 때가 되어 그분이 신호하시면 기차에 탑승하여 여행을 즐기라.

패커의 결론은 이것이다. "세상의 신기하고 복잡한 질서를 창조하신 하나님이 …… 어련히 알아서 '모든 것을 잘하시니'[막 7:37 참조-옮긴이], 우리는 그분이 잠시 자신의 손길을 숨기시더라도 안심할 수 있다. 그분의 길이 잘 보이지 않을 때도 신뢰하며 그분을 즐거워할 수 있다."[16]

❀

이제 시스티나성당 천장화 관람을 마친다. 우리는 미켈란젤로에게 영감을 준 창세기 내러티브를 따라 목에 경련을 일으켜 가며 이 끝에서 저 끝까지 40미터를 걸었다. "나는 화가가 아닙니다"라고 말한 그가 풍자의 달인이었거나 자신을 잘 몰랐다는 사실 외에 우리가 배운 교훈은 무엇인가? 결론적으로 무한한 지성의 하나님을 경외한다는 것은 무슨 뜻인가?

경외는 이성의 근원이신 하나님을 의지하여, 우리의 사고를 묵혀 두지 않는 것이다. 깊은 사고도 그분을 예배하는 행위다. 이것이 우리가 창세기 2장과 그림 〈아담의 창조〉에서 배운 교훈이다. 이 교훈을 어떻게 실천할 수 있을까? 각종 전자 기기 스크린의 과도한 시청, 인터넷에 넘쳐 나는 쓰레기 정보, 엄청난 선물인 듯 느껴지지만 실상 사고력을 저해하는 약물 남용 등으로 우리 머릿속을 어지럽히지 말자. 밤에 숙면을 취하자. 머릿속이 너무 피곤해도 사고력이 떨어진다. 좋은 책을 꾸준히 읽자. 최고의 책인 성경도 읽고 또 읽자. 하나님의 말씀과 하나님의 세상을 공부하자. 교육을 중시하자. 자기 분야의 전문가가 되자. 모든 것을 배우려는 호기심을 품자. 화제를 날씨와 스포츠로 제한하지 말고 중요한 주제로도 대화하자. 일부 텔레반젤리스트의 반지성적 신앙은 하나님을 경외하지 않는 것이니 배격하자.

경외는 이성의 기준이 되시는 하나님을 의지하는 것이다. 우리는 자신의 사고가 실재를 규정하는 최종 권위인 양 행세하지 않는다. 겸손히 사고한다. 이것이 창세기 3장과 그림 〈인간의 타락〉이 주는 교훈이다. 우리는 이전에도 틀렸고 앞으로도 틀릴 것이다. 이 사실을 자주 상기하자. 사랑으로 우리의 콧대를 꺾어 줄 사람들과 가까이 지내자. 콧대가 가장 확실하게 꺾이는 길이 있다. 마음을 열고 하나님의 말씀을 읽으며 이렇게 고백하는 것이다. "아버지의 말씀이 제 유한한 사고가 하는 말보다 무한히 더 신빙성 있습니다." 그분의 음성이 곧 우리 미릿속을 지배하는 음성이 될 정도로 그분의 말씀을 자주 읽자.

경외는 이성을 구원하시는 하나님을 의지하는 것이다. 우리는 그분의 말씀을 붙든다. 성경을 통해 비춰 주시는 빛을, 가장 찬란한 빛이신 아들 예수님을 바라본다. 이것이 우리가 창세기 9장과 그림 〈술 취한 노아〉에서 배운 교훈이다. 솔직히 인정하자. 하나님이 내버려두시면 우리도 그림 속 노아처럼 그분을 망각한 채 의식을 잃기 일쑤다. 거기서 깨어나려면 날마다 성경을 통해 예수님을 만나야 한다. 복음서에 기록된 예수님의 삶을 자주 읽자. 그리하여 하나님의 "광채시요 그 본체의 형상"히 1:3이신 그분을 알아 가자.[17] 그분께 "세상의 빛"만 아니라 우리 사고 생활의 빛도 되어 달라고 기도하자.

경외는 이성의 그늘 속에서도, 즉 이성이 닿지 못하는 자리에서도 하나님을 의지하는 것이다. 이것이 바로 창세기 1장과 그림 〈빛과 어둠을 나누심〉이 주는 교훈이다. 삶은 종잡을 수 없다. 도저히 모르겠다 싶을 때 기겁할 게 아니라 그 모르는 부분을 기회로 보자. 우리를 사랑하시는 아버지를 신뢰할 수 있는 기회로 말이다. 우울의 논리를 믿지 말자. 전체를 다 보시는 하나님이 우리를 사랑하시기에 "모든 것이 합력하여" 우리의 유익과 그분의 영광을 이루신다는 사실을 배우자. 모든 것에는 우리가 이해할 수 있는 부분은 물론이고 전혀 불가해한 부분도 포함된다. 우리의 회의와 두려움을 그분께 수시로 털어놓자. 바울이 조언한 대로 "모든 생각을 사로잡아 그리스도에게 복종하게 하"자.고후 10:5 "너희 염려를 다 주께 맡기라 이는 그가 너희를 돌보심이라"벧전 5:7라고 한 베드로의 조언을 그대로 따르자.

지금까지 우리의 지적 삶과 관련하여 살펴본 네 가지 성경 본문과 프레스코화와 교훈은 모두 하나님 아버지의 무한한 지성과 신뢰성에서 기원했다. "여호와를 경외하는 것이 지혜의 근본이요."잠 9:10[18] 미시나 시대의 유대교 랍비들이 말했듯이 "지혜가 없는 곳에는 경외심도 없고 경외심이 없는 곳에는 지혜도 없다."[19] 아야나 토머스 매티스Ayanna Thomas Mathis도 "스스로 지혜 있다 하면서 지혜와 지식의 원천이신 하나님을 경외하지 않는다면 자신을 속이는 것이다"라고 썼다.[20] 하나님을 경외하고 지혜로워지려면 그분을 우리 사고의 근원과 기준과 구원자로서, 심지어 그 한계 너머에도 계시는 분으로서 의지해야 한다.

비샬 망갈와디가 증언하는 신뢰할 만한 하나님

비샬 망갈와디(Vishal Mangalwadi)는 〈크리스채너티 투데이〉(*Chrsitianity Today*)에서 "인도 최고의 기독 지성"으로 칭송받았다. *The Book That Changed Everything*(모든 것을 바꿔 놓은 책)의 저자이고, 레블레이션 무브먼트(Revelation Movement)와 트루스 매터스(Truth Matters)의 설립자 겸 대표다. 무엇보다 그는 하나님을 경외하는 사람이다. 다음 이야기는 하나님의 신뢰성이 망갈와디의 삶에 어떤 영향을 미쳤는지를 보여 준다.

박식한 교수들에게 철학을 배운 나는 하나님이 말씀하신다는 것과 성경이 그분의 말씀이라는 사실을 도저히 믿을 수가 없었다. 진리를 추구하는 데 헌신한 청년으로서 나는 어디로 가야 했을까?

근대의 선도적 사상가들이 진리로 믿은 것을 나도 믿기로 했다. 프랑스 철학자 르네 데카르트Rene Descartes, 1596-1650는 합리주의라는 근대 사상의 막을 올렸다. 신의 계시 없이 선험 논리로 일정한 진리에 도달할 수 있다고 본 것이다. 스코틀랜드 철학자 데이비드 흄David Hume, 1711-1776은 논리를 믿는 데카르트의 확신을 반박하면서 경험주의라는 대안을 내놓았다. 오감만으로 진리에 도달할 수 있다는 것이다. 독일 철학자 임마누엘 칸트Immanuel Kant, 1724-1804는 경험에 기대는 흄의 믿음을 무너뜨리고 주장하기를, 인간은 자신의 사고라는 현상적 세계에 영원히 갇혀 있기에 객관적 진리라는 실제 세계에 결코 이를 수 없다고 했다. 프리드리히 니체Friedrich Nietzsche, 1844-1900는 칸트의 철학적 비관론을 한 단계 더 끌고 나갔다. 진리란 실재를 기술하는 흉내만 낼 뿐이고 사실은 "권력 의지"를 관철시키려고 동원하는 "고상한 은유의 군대"에 불과하다는 것이다.

하나님을 떠나 진리를 찾으려던 근대의 시도는 우리를 탈진리의 시대로 떠밀었다. 마르크스주의, 국가사회주의, 실존주의, 해체주의, 상대주의, 비판 이론 등 반反철학이 빈자리를 메웠다. 철학은 교착 상태에 빠졌다.

근대 철학이 실패한 이유는 데카르트의 근본적 과오를 답습하여 계시를 배제하고 인간의 이성에만 의존했기 때문이다. 내가 2011년에 펴낸 *The Book That Made Your World*세상을 만들어 낸 책에서 설명했듯이, 서구는 성경의 영향을 받아 수도원과 대학에서 사고 생활의 체계를 수립했다. 인간이 경건해지거나 하나님을 닮으려면 지성을 함양해야 한다고 서구에 가르친 것은 성경이다. 지성이 하나님의 형상대로 지어졌기 때문이다. 하나님은 우리에게 뜻[사고, 지성]을 다하여 그분을 사랑할 것을 명하셨다. 하나님은 자녀인 우리가 그분을 알기를 원하시고, 말씀과 창조 세계 속에 숨겨 두신 그분의 진리를 알기를 원하신다.

하나님의 계시라는 산소를 차단한 결과, 서구의 불꽃은 잿더미로 변했다. 우주에서 로고스 곧, 하나님의 말씀을 몰아낸 결과, 논리와 이성 등 우리가 진리를 추구하는 도구는 무신론자 버트런드 러셀Bertrand Russell이 말한 "우연한 원자 결합"으로 전락했다. 비이성적 화학 작용의 부산물이 되고 만 것이다. 계시를 잃은 서구의 지성은 대부분 혼란에 빠졌다. 대학, 언론, 정치가, 과학자, 심지어 법정까지도 남성과 여성, 섹스와 젠더, 사랑과 결혼, 가정과 이혼, 옳고 그름, 법의 원칙, 정의, 인간의 존엄성, 평등, 권리, 자유, 역사, 이야기가 무엇인지 더는 모른다. 국가와 신성한 국경의 개념도 이제 의미를 잃었다. 본래 유럽이 그것을 성경에서 배웠기 때문이다.

서구의 해는 지고 있다. 마땅히 애통할 일이지만, 이미 계시된 빛으로 돌아가면 새로운 개혁이 시작될 수 있다. 그래서 내 여정의 이야기를 다시 잇는다.

나는 신의 계시라고 주장하는 책들로 주의를 돌렸다. 힌두교의 가장 신성한 경전인 베다에서부터 시작했다. 내 모국어로 된 베다를 구입하려고 고라크푸르시에 있는 기타 출판사Gita Press를 찾아갔더니 운영자가 "우리는 베다를 번역하거나 출간하지 않습니다. 베다는 공부하고 해석하는 책이 아니라 힘을 얻으려고 외우는 주문입니다"라고 말했다. 그에게 "힘을 얻는 것도 좋지만 지금 내가 찾으려는 것은 힘이 아니라 진리입니다"라고 말했지만 소용없었다. 이슬람교 경전인 쿠란에서도 진리를 찾아보려 했으나 비슷하게 길이 막혔다.

그런 내게 누나는 성경을 읽어 보라고 했다.

“성경이야 나도 읽어 봤지. 유치한 이야기를 잔뜩 모아 놓은 책이잖아.”

내가 그렇게 답하자 누나는 단호히 반박했다. “아니야! 네가 어렸을 때 읽어서 그래. 이제 자칭 철학자가 되었으니 꼼꼼히 다시 읽어 봐. 네가 찾으려는 진리가 그 안에 있는지 보라고.”

마지못해 누나의 조언을 받아들였다. 창세기와 출애굽기는 재미있었지만 성경의 세 번째 책인 레위기는 지루했다. 사사기와 룻기를 읽을 때쯤에는 성경에 도덕적 혐오감마저 들었다. 그 다음 여섯 권인 사무엘상하와 열왕기상하와 역대상하에는 지겹도록 왕이 줄을 이었다. 여호와 보시기에 악을 행하는 그들을 하나님이 죽이셨다는 식이었다. 이게 내 삶이나 철학적 의문과 무슨 상관이 있단 말인가?

성경책을 아주 덮으려는데 문득 이런 의문이 들었다. “우리네 어른들은 늘 옛날의 우리 지도자와 통치자들이 훌륭하고 위대하고 영광스러웠다고 말했다. 그런데 이 유대인의 책은 왜 자기네 통치자들이 악했다고 말하는 것일까? 왕실에서 펴낸 역사서일 리는 없었다. 왕들이 사관에게 돈을 주면서 선대의 악행을 기록하게 하지는 않았을 것이다. 그렇다면 이 끔찍한 유대 역사를 누가 기록하고 보전했으며, 왜 그랬단 말인가?”

사제〔제사장〕들이 저자일 거라는 생각이 들었다. 힌두교에서 사제와 왕은 각각 브라만 계급과 크샤트리아 계급 출신으로 서로 라이벌 관계이기 때문이다. 그러니 사제가 정치 지도자를 으레 신랄하게 묘사했을 것이 분명했다.

내 생각이 맞는지 확인해 보려고 여섯 권의 역사서를 다시 읽었다. 세 번째 읽고 나서는 문제가 더 심각해졌다. 그 책들에 이스라엘 종교 지도층의 타락도 기술되어 있었던 것이다! 하나님은 그들의 종교 의식과 제사를 싫어하셨다. 그렇다면 저자는 정치 지도자와 종교 지도자에게 착취당한 평민의 관점을 취했을 수밖에 없었다. 네 번째 읽자 뜻밖의 중요한 사실이 눈에 들어왔다. 유대인의 성경은 일반 유대인까지도 간음, 우상 숭배, 거짓말, 도둑질, 살인, 사기, 착취를 일삼는 악인으로 단죄했다.

유대인의 성경이 정치가와 제사장과 백성의 타락에 초점을 맞춘 것으로 보아 역사서는 예언자(선지자)들이 쓴 것이 분명했다. 예언자는 원래 모든 사람을 단죄하기 때문이다. 결국 나는 뻔히 나와는 무관해 보이는 이 책들을 두세 달 만에 다섯 번이나 읽었다. 왜 그랬을까? 모든 사람을 비판하는 예언자들이 저자겠다는 내 관점이 옳은지 확인하고 싶어서였다.

그런데 내 해석은 본문 자체로 논박되었다. 그 책들에 따르면 대다수 예언자는 '거짓 선지자'였고, 그나마 제대로 된 예언자는 다 패자였다. 그들은 나라를 구하려 했으나 자신의 목숨조차 구하지 못했다. 매 맞고 옥에 갇히고 구덩이에 던져지고 살해되었다. 결국 나라도 망했다.

그들이 제대로 된 하나님의 선지자로 인정받은 것은 맹신 때문이 아니라 그들의 말이 그대로 성취되었기 때문이다. 그들은 백성과 제사장과 왕을 단죄했으나 유대 역사에 대한 그들의 해석은 희망을 고취했다. 그들의 말을 믿은 후손이 나중에 조국으로 귀환하여 목숨을 무릅쓰고 하나님의 성전과 예루살렘과 무너진 나라를 재건했다.

여러 번 읽어 보니 한 가지만은 분명했다. 옳든 그르든 그 책들의 자체 주장에 따르면 그것은 하나님의 말씀이었고 유대 역사에 대한 그분의 해석이었다. 내 스승 프란시스 쉐퍼Francis Schaeffer가 즐겨 말했듯이 "하나님은 거기 계시며 말씀하신다." 하나님은 이스라엘 역사 속에서 말씀하시고 행동하셨다. 자신을 계시하시고, 나라를 개혁하시며, 그 민족을 적국인 앗수르(아시리아)와 바벨론(바빌론)과 바사(페르시아)를 비롯한 열방의 빛으로 삼으셨다.

읽으면 읽을수록 하나님의 메시지에 담긴 목적은 멸망과 파멸이 아님이 더 선명하게 깨달아졌다. 말씀하시는 하나님은 구원하시는 하나님이기도 하다. 성경에 자주 등장하는 전반적 주제 가운데 하나는 하나님이 우리와 인격적 관계를 맺기 원하신다는 것이다. 그분은 아브라함을 불러 그의 집안과 문화를 떠나 자신과 동행하자고 하셨다. "아브람아 두려워하지 말라 나는 네 방패요 너의 지극히 큰 상급이니라"라고 약속하셨다.창 15:1 1969년 8월, 나는 하나님께 24시간 이내로 그분이 내 방패임을 확증해 주실 것을 구했다. 하나님의 말씀은 내게도 생명일까?

그분이 내 상급일까? 이런 진리를 그분이 어떻게 내 영혼 깊이 확증해 주셨는지는 책 한 권에 따로 상술해야 할 것이다. 일단 하나님의 말씀이 사실이고 그분이 내 방패요 상급이라는 확신이 들자 그다음 질문이 이어졌다. "주님, 주님을 믿고 따르라고 저를 부르신 건가요?"

이튿날 아침에 하나님의 말씀이 임했다. "나는 전능한 하나님이라 너는 내 앞에서 행하여 완전하라 내가 내 언약을 나와 너 사이에 두어 너를 크게 번성하게 하리라."창 17:1-2 그분이 내 방패시라는 약속 덕분에 성경은 내게 살아 있는 책이 되었다. 그래서 하나님의 말씀을 액면 그대로 믿고 아주 위험한 길로 그분을 따를 수 있었다. 내가 그분과 동행한 지 어언 50년이 넘었는데, 대부분 수입이 없거나 재정적으로 안정적이지 못했고 목숨이 심히 위태로운 적도 여러 번 있었다.

기록된 말씀을 통해 내게 말씀하시고 내 삶에 진리와 목적을 주신 하나님은 당신에게도 똑같이 해 주실 수 있다. 시간을 내서 그분의 말씀에 귀를 기울이라.

신뢰할 만한 하나님을 경외하는 기도

아버지 하나님, 하나님의 생각은 우리의 생각보다 무한히 크고 깊고 지혜로우며 뛰어납니다. 주님은 전지하신 창조주시지만 우리는 아닙니다. 우리의 지적 나태를 고백합니다. 주님이 선물로 주신 지성을 사용하여 주님과 주님의 우주를 더 잘 이해하도록 도와주소서. 번번이 스스로 우주의 절대 주권자가 되려 한 것을 회개하며 겸손을 구합니다.

주님, 우리의 사고를 구원하여 주소서. 주님의 말씀을 읽도록 도와주시고, 거기서 주님의 말씀이신 예수님을 만나게 하소서. 예수님 안에 모든 비밀과 지식의 보화가 감추어져 있습니다. 우리가 어둠 속에 있어 눈앞이 캄캄하고 주님이 숨어 계실 때도, 모든 것을 다 아시는 하나님을 신뢰하도록 도와주소서. 주님은 전체를 훤히 다 보시고 지휘하셔서 우리의 유익과 주님의 영광을 이루십니다.

예수님의 이름으로 기도합니다. 아멘.

내 삶 돌아보기

개인 성경 공부, 소그룹 모임에서 다음 질문을 깊이 생각해 보라.

1. 하나님이 존재하지 않는다고 상상해 보라. 그분이 침묵하셨고 인류에게 자신을 계시한 적도 없다고 상상해 보라. 하나님의 말씀인 성경이 없다고 상상해 보라. 하나님이 말씀하신 적이 없다면 당신의 삶은 어떻게 달라지겠는가? 다섯 가지만 말해 보라.
2. 하나님을 진리의 근원과 기준으로 의지하지 않을 때 사람들이

흔히 대안으로 의지하는 새로운 권위는 무엇인가?

3. 지극히 신뢰할 만한 하나님을 신뢰하지 않는다면 우리는 자신의 머리에 의지하기 쉽다. 합리주의에 입각하여 최악의 시나리오를 배제하려는 것이다. 그러나 역설적이게도 그런 만성적 과잉 분석은 대개 우리를 깊은 불안과 심하면 공포에 빠뜨린다. 우리는 하나님처럼 전지하지 못하기에 온갖 불확실한 변수에서 벗어날 수 없다. 우리의 사고 생활에서 실제로 하나님을 신뢰하면 어떻게 그런 불안을 떨칠 수 있겠는가?

회개하기

다음 표의 왼쪽 칸에 지극히 신뢰할 만한 하나님을 당신이 어떻게 경외하고 있고, 그분이 주신 지성으로 그분을 어떻게 사랑하고 있는지 기록하라. 오른쪽 칸에는 당신의 삶에서 어떻게 그분을 경외하지 않고 있는지를 쭉 써 보라. 자신을 성찰할 때면 우리는 대체로 좋은 쪽으로만 보려 한다. 그러므로 시편 기자처럼 기도하라. "하나님이여 나를 살피사 내 마음을 아시며 나를 시험하사 내 뜻을 아옵소서 내게 무슨 악한 행위가 있나 보시고 나를 영원한 길로 인도하소서."시 139:23-24

자신에게 솔직히 물어보라. "나는 하나님을 신뢰하는가? 하나님이 선물로 주신 지성을 최대한 활용하는가, 아니면 신앙생활에서 지적으로 나태한가?"

나는 이렇게 하나님을 경외하고 있다	나는 이렇게 하나님을 경외하지 않고 있다

왼쪽 칸에 적은 내용을 훑어 내려가며 기도하라. 하나님의 지고한 신뢰성을 삶에서 실제로 누리고 있는 부분을 구체적으로 짚으며 감사하라. 하나님을 경외하는 마음이 당신의 의지력에서 나온 게 아니라 그분의 은혜로 말미암았음을 인식하고, 찬송과 감사를 드리라. 이

어서 오른쪽 칸에 적은 내용으로 기도하라. 하나님이 주신 지성으로 그분을 신뢰하지 못하거나 섬기지 못하고 있는 부분을 고백하고 회개하는 시간을 가지라. 초자연적 믿음을 부어 달라고 기도하라.

참고 도서

다음은 신뢰할 만한 하나님을 경외하는 데 도움이 될 훌륭한 신학 자원이다.

G. K. Beale, *The Erosion of Inerrancy in Evangelicalism* (Crossway, 2008).

John Frame, *The Doctrine of the Word of God* (P&R, 2010). 존 M. 프레임, 《성경론》(개혁주의신학사 역간).

J. P. Moreland, *Love Your God with All Your Mind: The Role of Reason in the Life of the Soul* (NavPress, 2012). J. P. 모어랜드, 《그리스도인을 위한 지성 활용법》(죠이북스 역간).

Mark Noll, *The Scandal of the Evangelical Mind* (Eerdmans, 1995). 마크 A. 놀, 《복음주의 지성의 스캔들》(IVP 역간).

John Owen, *The Divine Original: Authority, Self-Evidencing Light, and Power of the Scriptures* (Banner of Truth, 1988).

John Piper, *Think: The Life of the Mind and the Love of God* (Crossway, 2011). 존 파이퍼, 《존 파이퍼의 생각하라》(IVP 역간).

Vern Poythress, *Inerrancy and Worldview* (Crossway, 2012).

Francis Schaeffer, *He Is There and He Is Not Silent* (Tyndale Elevate, 2001).

Rodney Stark, *The Victory of Reason: How Christianity Led to Freedom, Capitalism, and Western Success* (Random House, 2006). 로드니 스타크, 《기독교와 이성의 승리》(새물결플러스 역간).

B. B. Warfield, *The Inspiration and Authority of the Bible* (Benediction Classics, 2019).

✦ Part 2

기쁨이 되시는 하나님

Enjoyable

그분은 만족을 주신다

2부에서는 기쁨이 되시는 하나님과 그분이 우리 모두의 정서적 삶에 미치는 영향을 살펴볼 것이다. 여기서 우리가 던지고 답하려는 질문은 다음과 같다.

+ 왜 우리는 모든 참된 기쁨과 만족의 무한한 근원이신 하나님을 즐거워하기보다 덧없는 죄를 즐거워할 때가 더 많은가?
+ 하나님이 우리의 아버지되시며, 우리가 그분의 아들딸로 입양되었다는 교리는 그리스도인이 진정한 기쁨을 누리며 살아가는 데 왜 그토록 중요한가?
+ 만일 우리의 정서적 삶이 기쁨 대신 불안과 우울, 공황, 하나님이 숨어 계신다는 염려에 짓밟힌다면, 우리는 영적 별종인 걸까?
+ 성경은 하나님이 숨어 계신다고 분명히 말한다. 그렇다면 그분은 왜 숨어 계실까? 모든 것을 다해 우리를 행복하게 하시려는 하나님의 약속과 숨어 계시는 하나님의 모습은 어떻게 조화를 이룰 수 있을까?
+ 오늘날의 문화는 우리에게 참된 만족과 진정성을 원한다면 자신의 마음을 따르라고 말한다. 이 “네 마음을 따르라”는 말이 왜 형편없는 조언이며, 이와 달리 하나님의 마음을 따르는 삶을 추구하는 것이 왜 더 큰 기쁨을 주는가?

당신의 영혼이 준비된 상태에서 2부를 읽기 위해, 잠시 시간을 내어 기쁨이 되시는 하나님을 보여 주는 다음 말씀을 읽으라. 천천히, 기도하는 마음으로, 깊이 생각하며 읽으라. 하나님이 친히 자신에 대해 밝히시는 말씀에 마음과 생각을 열어 달라고 기도하라. 그 진리에 경외함으로 어떻게 합당하게 반응할 수 있을지 보여 달라고 구하라. 그리고 다음 말씀 중 하나를 골라 이번 주에 암송해 보라.

시편 16편 9-11절

이러므로 나의 마음이 기쁘고 나의 영도 즐거워하며
내 육체도 안전히 살리니
이는 주께서 내 영혼을 스올에 버리지 아니하시며
주의 거룩한 자를 멸망시키지 않으실 것임이니이다.

주께서 생명의 길을 내게 보이시리니
주의 앞에는 충만한 기쁨이 있고
주의 오른쪽에는 영원한 즐거움이 있나이다.

시편 34편 8절

너희는 여호와의 선하심을 맛보아 알지어다.

시편 37편 4절

또 여호와를 기뻐하라
그가 네 마음의 소원을 네게 이루어 주시리로다.

요한복음 10장 10절

도둑이 오는 것은 도둑질하고 죽이고 멸망시키려는 것뿐이요 내가 온 것은 양으로 생명을 얻게 하고 더 풍성히 얻게 하려는 것이라.

빌립보서 4장 4절

주 안에서 항상 기뻐하라 내가 다시 말하노니 기뻐하라.

하나님을 경외하는 경건한 습관 기르기

하나님을 경외하는 것은 단순히 머릿속에 새로운 정보를 채워 넣는 것만으로 이루어지지 않는다. 경건한 습관도 함께 길러야 한다. 아래 제안 중 두 가지 이상을 선택하여 이번 주에 실천해 보라. 책을 읽으면서 하나님을 더욱더 기쁘게 누리게 될 것이다.

1. 갈라디아서 5장 22절에 나와 있듯이 기쁨(희락)은 성령께서 우리 안에 맺으시는 열매다. 당신 안에도 기쁨을 맺어 달라고 성령께

5분간 기도하라. 당신 내면에 기쁨이 없고 불안이나 두려움, 우울이나 외로움, 분노나 공허감이 있다면 내주하시는 성령께 그 부분을 올려 드리라.

2. 이번 주에 교회에 나가서 이렇게 기도하라. “하나님, 그리스도 안에서 함께 입양된 형제자매와 더불어 여기서 우리의 아버지이신 하나님을 기뻐하도록 도와주소서.”
3. 하나님이 우리를 두르신 많은 것이 그분을 가리켜 보인다. 우주의 선한 피조물이 선하신 창조주를 드러내고 있다. 하나님이 지으신 창조 세계로 나가 보라. 숲속이나 한적한 물가, 주변의 자연 속을 거닐고 등산하며 자전거를 타거나 산책해 보라. 가족이나 친구들과 함께 의미 있는 시간을 보내라. 가공하지 않은 좋은 음식을 먹으라. 하나님의 창조 세계를 즐기는 내내 그분을 한껏 기뻐하게 해 달라고 기도하라.

6. 영혼의 미각을 잃어버리다

자랑할 생각은 없지만 하필 나는 캘리포니아주 전체에서 가장 지루한 대학으로 '공식' 선정된 바이올라대학교Biola University의 교수이자 동문이다.[1] 사실 자랑하려는 게 맞다. 심지어 미국 전체에서도, 버지니아주 린치버그에 있는 리버티대학교Liberty University에 이어 우리 바이올라 이글스Eagles(독수리는 이 학교와 교내 스포츠 팀의 마스코트다-옮긴이)가 가장 지루한 대학 순위 2위에 올랐다. 하지만 나는 이 결과에 도저히 승복할 수 없다. 디즈니랜드까지 15분, 태평양까지 20분, 할리우드까지 30분밖에 걸리지 않는 대학이 지루함 항목에서 전국 순위에 오르기란 린치버그에 비해 훨씬 어렵기 때문이다.

여행 사이트 트립어드바이저Tripadvisor에 따르면 "린치버그에서 해야 할 일"[2] 목록 가운데 1위는 올드 시티 묘지를 방문하는 것이다. 어쨌든 바이올라 이글스가 전국 1위를 노리고 있으니 플레임스

Flames〔리버티대학교 스포츠 팀 이름-옮긴이〕는 방심하지 말라.

지루하다고 받은 상을 나는 왜 이토록 자랑스럽게 떠벌리는 걸까? 이 '지루함'을 기쁨에 가장 철저하게 헌신한 이들의 척도로 보아도 무방하기 때문이다. 이런 희한한 주장을 어떻게 논증할 수 있을까? 앞서 말한 전국 순위는 재미와 행복, 흥분을 기준으로 정해진 것이다. 기독교적 기쁨과는 전혀 무관하고, 대부분 파티와 연결된다. 예수님이 우리를 초대하시는 유쾌하고 영원한 혼인 잔치 같은마 22:1-10 참조 성경적 의미의 흥겨운 파티는 조사 기관에서 측정하지 않았던 모양이다. 설문의 중점이 된 '파티'는 영화 〈애니멀 하우스의 악동들Animal House〉에서처럼 폭음, 케그 스탠드〔주위의 도움으로 맥주 통 위에 물구나무를 서서 술을 최대한 오래 마시는 게임-옮긴이〕, 아무하고나 하는 성관계 등에 더 가까운 파티였다.

쾌락을 좇는 생활 방식을 뜻하는 단어 '향락주의Epicurean'는 고대 그리스 철학자 에피쿠로스Epicurus의 이름에서 유래했는데, 심지어 그도 이런 파티는 괴로운 숙취와 후회가 순간의 쾌락을 압도하기에 한심할 정도로 근시안적이라고 보았다.[3]

C. S. 루이스가 같은 통찰을 담아낸 《영광의 무게*The Weight of Glory*》의 한 대목을 보자. "우리는 건성건성 살아가는 존재인지라 그분이 무한한 기쁨을 베푸시는데도 기껏 술과 섹스와 야망 따위나 만지작거린다. 바닷가로 휴가를 가자는데도 그게 뭔지 몰라 판자촌에서 흙장난이나 하려는 아이와도 같다. 우리는 아무것에나 너무 쉽게 감동한다."[4]

그분이 주시려는 무한한 기쁨 앞에서 폭탄주, 하룻밤의 정사, 약물 남용 등 단기간의 임시방편에 안주하려는 쾌락주의를 우리는 단호히 거부해야 한다. 사실 그런 덧없는 도취를 지칭하기에는 '기쁨'이란 단어 자체가 너무 고상해 보인다. 그런 도취에 찌들어 사는 이들을 나도 많이 아는데, 기쁨은 그들의 삶을 표현할 말로 어울리지 않는다. 본인들도 그렇게 생각할 것이다.

그럼에도 그리스도인의 삶과 관련하여 반드시 깨져야 할 고정관념이 있다. 이 고정 관념에 따르면, 세상은 온갖 재미와 행복을 만끽하는데 교회에는 그런 즐거움을 거부하는 이들만 모여 있다. 교회에 다니는 사람들은 세상 쾌락을 멀리하려고 즐거움 자체를 외면한다는 것이다. 당찮은 말이다. 여기 외워 둘 만한 문장이 있다. 진정한 기독교는 세상 쾌락을 멀리하되 즐거움 자체를 외면하는 게 아니라 하나님 자신을 즐거워하는 더 나은 즐거움에 취한다. 더 나은 기쁨으로 우리를 부르는 말씀이 성경에 누누이 되풀이된다. 그중 몇 군데만 간략히 살펴보면 다음과 같다.

> 여호와로 인하여 기뻐하는 것이 너희의 힘이니라.
>
> 느헤미야 8장 10절

> 주의 앞에는 충만한 기쁨이 있고
>
> 주의 오른쪽에는 영원한 즐거움이 있나이다.
>
> 시편 16편 11절

너희는 여호와의 선하심을 맛보아 알지어다.

시편 34편 8절

여호와를 기뻐하라.

시편 37편 4절

아침에 주의 인자하심이 우리를 만족하게 하사
우리를 일생 동안 즐겁고 기쁘게 하소서.

시편 90편 14절

너희 의인들아 여호와를 기뻐하며 즐거워할지어다
마음이 정직한 너희들아 다 즐거이 외칠지어다.

시편 32편 11절

만군의 하나님 여호와시여
나는 주의 이름으로 일컬음을 받는 자라 ……
주의 말씀은 내게 기쁨과 내 마음의 즐거움이오나.

예레미야 15장 16절

내가 이것을 너희에게 이름은 내 기쁨이 너희 안에 있어
너희 기쁨을 충만하게 하려 함이라.

요한복음 15장 11절

구하라 그리하면 받으리니 너희 기쁨이 충만하리라.

요한복음 16장 24절

소망의 하나님이 모든 기쁨(을) …… 너희에게 충만하게 하사.

로마서 15장 13절

오직 성령의 열매는 …… 희락과.

갈라디아서 5장 22절

주 안에서 항상 기뻐하라 내가 다시 말하노니 기뻐하라.

빌립보서 4장 4절

그렇다면 왜 유한한 임시방편은 종종 참을 수 없을 만큼 달콤해 보이고 하나님은 무미건조해 보이는 걸까? 객관적으로 죄가 하나님보다 더 만족을 주기 때문일까? 아니다. 문제는 하나님이 달콤하지 않고 밍밍해서가 아니라 우리 마음의 미각이 변질된 데 있다. 그래서 죄는 맛있다고 감각되고, 무한한 영광은 따분하게 느껴지는 것이다.

세상적 의미에서 지루해지려면 우리는 어떻게 해야 할까? 덧없는 임시방편을 좇아다니지 않고 더 철저히 기쁨을 추구하려면 어떻게 해야 할까? 어떻게 하나님을 더 즐거워할 수 있을까?

단순하게 기쁨을 더 구하는 데서부터 출발하면 좋다. 트릴리어

뉴벨Trillia Newbell은 이렇게 조언한다. "오늘 당신과 나는 주님께 마음을 넓혀 달라고 구할 수 있다. 그러면 더는 티끌에 집착하다 사망과 슬픔에 이르지 않고, 생명을 향해 달려가 진리로 충만한 넓은 마음을 받을 수 있다. 하나님이 반드시 그렇게 해 주신다. 그분은 우리에게 좋은 것 주시기를 기뻐하시며 한없이 신실하신 분이다."[5]

하나님께 당신 영혼의 미각을 초자연적으로 되찾아 달라고 기도하라. 그러면 당신에게 만족과 양분과 기쁨을 주시는 그분 본연의 단맛이 느껴질 것이다. 당신이 좋아하는 죄에는 구역질이 나게 해 달라고 기도하라. 죄란 본래 그런 것이다. 삼위일체 하나님의 제3위격이신 성령께 마음을 열라. 그분께 청하면 그분이 역사하여 당신의 감정에 질서를 잡아 주신다. 예수님을 더 즐거워하게 하시고, 죄를 더 혐오하게 만드신다. 이것이 세상 기준으로 상을 탈 만큼 지루해져서, 참기쁨을 누리는 첫걸음이다. 승리하라, 이글스 팀이여!

7. 창조주를 아버지라 부르는 즐거움

이 기쁨은 무엇으로 이루어져 있을까? 이에 비하면 후회만 남기는 세상의 허울 좋은 '쾌락주의hedonism'는 견딜 수 없을 만큼 따분해 보인다. 이 기쁨은 용서받는 기쁨일까? 심판자 하나님께 무죄를 선고받아 수치심을 벗고 죽음에 대한 두려움에서 해방되어 영생을 약속받는 삶일까? 분명히 이 기쁨에는 그런 면도 있다. 복음의 진리 가운데 그 부분도 마음껏 즐거워하라! 세상에 퍼뜨리라! 그러나 이 모든 기쁨이 가리키는 더 깊은 무언가가 있다.

지난 세기의 위대한 신학자 가운데 하나인 J. I. 패커는 그 심연으로 들어가 보화를 캐내는 데 앞장섰다. 70년 넘게 신학을 연구한 그는 신약 성경을 "속죄를 통한 입양"이라는 말로 요약하면서 "복음을 이보다 더 풍성하고 의미심장하게 요약할 수는 없다"라고 덧붙였다.[1] 패커의 논증에 따르면, 예수님이 우리 죗값을 대신 치르신 취지는 우리에게 '무죄'를 선고하기 위해서만은 아니다. 그것도 엄청나게 기쁜 소식이지만 말이다. 예수님이 죽으신 목적은 당신이나 내가 죽어서 천국에 가는 것만도 아니다. 이 또한 놀라운 소식이지만 말이다.

예수님이 십자가에서 이루신 일은 우리를 하나님의 자녀로 삼는 더 깊고 친밀하고 기쁜 결과를 낳았다. "심판자 하나님과 화목해지는 것도 대단한 일이지만 아버지 하나님의 사랑과 돌봄을 받는 것은 더 대단하다."[2] 우리가 칭의의 하나님을 즐거워하는 것은 그분을 아버지로서 더 즐거워하기 위해서다.

블레어 린Blair Linne이 체험한 돌파구를 생각해 보라.

> 나는 거룩하신 심판자께 용서받았습니다. 그 용서로 인해 감사하지만, 하나님이 나를 그냥 참아 주시는 듯 느껴졌습니다. "내가 너를 구원해 주었으니 이제부터는 다 너한테 달려 있다. 열심히 해라." 마치 거래 같았어요. …… 한참이 지나서야 하나님이 내 아버지이기도 함을 깨달았습니다. 그분이 심판자만이 아님을 깨닫는 데 족히 2년이 걸렸어요. 내게 그분은 사랑이 많으신 아버지십니다. …… 한없이 자비로우신 그분은 내가 죄 가운데 있을 때부터 나를 사랑하셨고, 창세전부터 나를 자신의 소유로 택하셨습니다. 알고 보니 아버지라는 개념은 내 육신의 아버지나 심지어 세상 최고의 아버지에게서 시작된 게 아니라 하나님에게서 기원했습니다. 그분이야말로 그 개념의 정수이자 실

체입니다. 그분은 세상이 시작되기 전부터 아버지셨습니다.[3]

패커와 린의 통찰을 보다 잘 이해하기 위해, 가장 아닐 것 같은 곳에서 시작해 보자. 고장 난 엘리베이터 안에서 역대 최악의 허구 빌런 가운데 하나인 배트맨 전설 속의 조커와 마주치는 것이다. 시저 로메로Cesar Romero, 잭 니콜슨Jack Nicholson, 히스 레저Heath Ledger 등 지난 50여 년간 조커 역을 맡아 명연기를 펼친 배우가 25명도 더 되는데, 그중에서도 하나님을 아버지라 부르는 기쁨에 천착한 패커의 신학적 통찰을 가장 실감나게 예시해 주는 특정 버전의 조커가 있다. 바로 2019년에 개봉한 토드 필립스Todd Phillips 감독의 장편 영화 〈조커Joker〉에 등장하는 조커(광대)다. 야윈 몸에 불안정한 심리 상태의 주인공 와킨 피닉스Joaquin Phoenix는 배트맨의 떠오르는 라이벌로 그려진다. 하지만 그 영화에서 배트맨이 화면에 등장하는 시간은 다 합쳐 봤자 29초에 불과하며 그마저도 사춘기 시절 모습뿐이다.

조커를 초자연적 실재가 차단된 닫힌 우주에서 본다면, 아서 플렉(조커의 작중 이름)의 행동에 대한 설명은 구타와 정신 질환, 망가진 사회 제도 같은 요인으로 국한된다. 단서는 되지만 불충분한 설명이다. 그러나 조커를 신학으로 충만한 열린 우주에서 보면 달라진다.

우리 그리스도인은 창조주를 "아바"라 부르는 입양의 엄청난 특권을 누리면서도 이를 충분히 인식하지 못한다. "아버지"로 번역하든 "아빠"로 번역하든 아람어 단어 "아바Abba"에 담긴 진리는 J. I. 패커의 표현으로 "복음이 가져다주는 최고의 특권"이다.[4] 그런 관점에서 아서를 더 깊이 들여다보면 아바를 갈구하는 한 비참한 인간이 보인다. 조커로 추락하는 아서는 입양되어야 할 사람이 입양되지 못할 때, 즉 택함과 보호와 수용과 경청을 받아야 할 깊은 실존적 욕구가 채워지지 않을 때 어떤 일이 벌어지는지를 섬뜩하게 예시해 준다. 이를 실감하기 위해 우리가 고장 난 엘리베이터 안에 조커와 함께 갇혀 있다고 상상해 보자. 여기서 우리가 아서에게 말해 줄 수 있는 다섯 가지 진리가 있다.

버림받은 당신을 택한 아버지가 있다

아서가 아캄 정신병동에서 훔쳐 낸 그의 서류에는 "버려진 아이"라고 쓰여 있다. 생부만 그를 버린 게 아니다. "사회에서 버림받고 쓰레기 취급을 받는 외톨이 정신병자를 건드리면 어떻게 되는지 알아요?" 작중에서 아서가 던지는 질문이다.

1세기의 많은 그리스도인도 생부에게 버려지고 사회에서 쓰레기 취급을 받는 심정을 알았다. 로마 제국의 많은 도시에는 실제로 성문 밖에 인간 쓰레기장이 있어, 원하지 않는 아기를 그곳에 쓰레기처럼 내다 버렸다. 그런 영아를 종종 노예주들이 데려다 착취했다. 바울의 에베소서를 읽은 본래의 독자 중 그렇게 버림받은 이들도 있었을 것이다.

"찬송하리로다 하나님 곧 우리 주 예수 그리스도의 아버지께서 그리스도 안에서 하늘에 속한 모든 신령한 복을 우리에게 주시되 곧 창세전에 그리스도 안에서 우리를 택하사 우리로 사랑 안에서 그 앞에 거룩하고 흠이 없게 하시려고 그 기쁘신 뜻대로 우리를 예정하사 예수 그리스도로 말미암아 자기의 아들들이 되게 하셨으니."엡 1:3-5

육신의 아버지는 당신에게 아무것도 주지 않았지만, 하늘 아버지는 모든 신령한 복을 주셨다. 육신의 아버지는 당신을 인간 쓰레기장에 던졌지만, 하늘 아버지는 당신을 창세전에 택하셨고 흠이 없게 여기신다. 육신의 아버지는 당신을 버렸지만, 하늘 아버지는 당신을 하나님의 집에 입양하려고 예정하셨다.

세상의 모든 아서여, 쓰레기 취급을 당한 이들을 택해 자신의 소중한 자녀로 삼으시는 아버지가 계신다. 버려진 당신도 그리스도를 통해 자녀로 입양되어 새로운 정체성을 얻을 수 있다.

학대당한 당신을 보호하는 아버지가 있다

버림받은 아서를 입양한 여자는 그를 여러 형편없는 아버지들에게 내준다. 당국에 발견될 때 어린 아서는 머리에 중상을 입고 온몸이 멍든 채로 라디에이터에 묶여 있다. 이 모든 트라우마는 양어머니의 남자친구들이 그를 학대한 결과다. 세상의 아버지들 중에는 자녀를 보호하기는커녕 오히려 학대하는 이들이 있다. 입양의 교리는 우리에게 더 좋은 아버지가 계신다는 뜻이다. 그 아버지를 우리는 "방패"와 "은신처"와 "피난처"로 의지할 수 있다.시 3:3; 32:7; 46:1 "너희는 다시 무서워하는 종의 영을 받지 아니하고 양자의 영을 받았으므로 우리가 아빠 아버지라고 부르짖느니라."롬 8:15 아무리 세상이 우리 앞에 환난이나 곤고나 박해나 기근이나 적신이나 위험이나 칼을 던져도 아무것도 우리를 하늘 아버지의 사랑에서 끊을 수 없다.35-39절

세상의 모든 사랑하는 아서여, 하나님은 학대당한 당신을 그리스도를 통해 반드시 보호하고 지켜 주신다. 그 어떤 것도 우리를 그분의 사랑에서 끊을 수 없다.

거부당한 당신을 수용하는
아버지가 있다

영화는 아서와 머레이 프랭클린의 관계로 넘어간다. 머레이 역의 로버트 드니로Robert De Niro는 텔레비전 심야 쇼 진행자다. 고담시의 우중충한 아파트에서 텔레비전을 보던 아서는 상상 속에서 스

튜디오 청중석으로 날아가 "사랑해요, 머레이!"라고 외친다. 그러자 머레이가 "나도 사랑합니다"라고 되받는다. 아서는 칭찬받는 일곱 살 아이처럼 희색이 돌며 한껏 스포트라이트를 즐긴다.

여기서 영화의 가장 중요한 대사 하나가 나온다. 머레이가 아버지처럼 아서를 꼭 끌어안고 이렇게 속삭인다. "당신 같은 아들을 얻을 수만 있다면 나는 이 모든 조명과 쇼와 청중까지도 다 두말없이 포기할 겁니다."[5] 그 순간 아서의 얼굴에서 짙은 화장기와 특유의 억지 미소가 사라지고 눈물 젖은 민낯의 기쁨만 남는다.

하지만 이는 모두 아서의 공상일 뿐이다. 실제로는 머레이가 아서의 코미디 공연 영상물을 잠깐 틀어 주면서 그를 조롱한다. 화면을 재생하기 전, "이 조커(광대)를 보시죠"라고 말한다. 유명한 빌런의 이름이 탄생하는 대목이다. 그는 아들로 수용되기는커녕 오히려 "광대"라고 모욕당했다. 나중에 대기실에서 아서는 "머레이, 나를 무대로 부를 때 조커라고 소개해 주실 수 있을까요? 저번에 나를 그렇게 불렀잖아요"라고 말한다.[6] 조롱받고 거부당하는 것을 자신의 새로운 정체성으로 받아들인 것이다.

우리를 실제로 놀리는 사람에게서 받는 가상의 포옹과는 달리, 입양의 교리는 우리의 상태가 최악일지라도 우리를 수용하시는 아버지가 계신다고 말한다. 탕자의 비유를 생각해 보라. "아직도 거리가 먼데 아버지가 그를 보고 측은히 여겨 달려가 목을 안고 입을 맞추니."눅 15:20

세상의 모든 사랑하는 아서여, 당신은 광대라고 거부당했지만 하늘 아버지는 그리스도를 통해 당신에게 달려와 당신을 소중한 자녀로 끌어안고 입을 맞추신다.

아무도 들어 주지 않는 당신의 말을 경청하는 아버지가 있다

그러다 아서는 극중 인물 토머스 웨인이 자기 아버지일지도 모른다는 말을 듣는다. 그 길로 화장실로 쫓아가 잠시 웨인을 만나 말한다. "딱히 바라는 건 없어요. 조금만 따뜻하게 대해 주거나 잠깐 안아 줄 수도 없나요, 아빠!" 그러나 웨인은 아서의 면상에 주먹을 날린 뒤, 그를 죽이겠다고 위협하며 홱 나가 버린다. 시간이 지나 아서의 감정이 머레이에게 폭발한다. "내가 길바닥에서 죽어 가도 다들 나를 그냥 건너갈 겁니다. 매일 지나다니는 나한테 눈길조차 주지 않잖아요. …… 토머스 웨인 같은 자들이 나 같은 사람에게 신경이나 쓸 것 같아요? 자기도 아닌 남한테? 그런 일은 없어요."[7]

입양의 교리는 우리가 투명 인간이 아니라 "하나님이 아신 바 되었"다고 말한다.갈 4:9 "구하기 전에 너희에게 있어야 할 것을 하나님 너희 아버지께서 아시느니라."마 6:8 우리는 "긍휼하심을 받고 때를 따라 돕는 은혜를 얻기 위하여" 그분께 "담대히" 나아갈 수 있다.히 4:16 "우리가 무엇이든지 구하는 바를 들으시는 줄을 안즉."요일 5:15

세상의 모든 사랑하는 아서여, 평생 당신은 자신이 존재하지 않는 것 같고 아무도 당신을 사랑하거나 당신의 말을 들어 주지 않는 것처럼 느꼈다. 그러나 하늘 아버지는 주먹을 휘두르는 대신 그리스도를 통해 두 팔 벌려 당신을 맞아 주신다.

파멸로 치닫던 당신도 이제 구원 가족이 될 수 있다

우리는 아버지도 필요하지만 형제자매도 필요하다. 하나님을 '아버지'라 부르는 엄청난 특권을 깨달으면 서로를 '형제자매'라 부르는 의미도 그제야 이해가 된다. 교회는 또 다른 가족 모임이다. 함께 독생자 예수님을 묵상할 때 우리는 성부 하나님을 제대로 높이고, 순전한 소망과 아름다움과 생명을 세상에 더할 수 있다. 이런 깊은 관계 욕구는 저절로 사라지지 않는다.

"아바"가 없다면 우리는 교회 대신 반교회를 결성하고 공범과 동지를 찾아내 파멸로 치달을 것이다. 히스 레저가 연기한 조커처럼 우리도 "세상이 불타기를 바랄" 것이고,[8] 와킨 피닉스가 연기한 조커처럼 우리도 주변 모두가 광대탈을 쓰고 함께 분노와 광란에 빠지기를 바랄 것이다.

세상의 모든 사랑하는 아서여, 이미 연기가 피어오르는 세상에 당신은 파멸의 불씨를 당겼다. 그러나 이제 그리스도를 통해 형제자매와 연합하여 세상에 아름다움과 생명과 구원을 이루는 사명을 다할 수 있다.

필립스 감독의 〈조커〉를 고어물 영화로 보기보다 입양의 교리가 얼마나 절실하고 소중한지를 적시에 일깨워 주는 영화로 볼 수 있다. 사실 우리는 매일 많은 아서에게 둘러싸여 살아간다. 솔직히 인정하자. 우리도 다 아버지를 갈구하는 아서다. 자신의 상태가 최악이고 가장 괴상할지라도 누군가 자신을 사랑해 주기를 모두가 바란다. 누군들 택함과 보호와 수용과 경청을 경험하며 구원의 사명에 동참하기를 바라지 않겠는가? 우리는 다 아버지를 원한다.

입양의 영광스러운 진리는 그리스도 덕분에 우리에게 아버지가 계신다는 것이다. "보라 아버지께서 어떠한 사랑을 우리에게 베푸사 하나님의 자녀라 일컬음을 받게 하셨는가, 우리가 그러하도다."요일 3:1 이 기쁜 진리를 우리 내면과 주변의 모든 아서에게 알려야 한다. 그렇지 않으면 우리도 대혼란과 파멸의 주역이 된다. 이제 우리는 하나님이 우리 아버지시고 우리가 그분께 입양된 자녀임을 즐거워하자. 바로 그것이 《웨스트민스터 신앙고백서*Westminster Confession*》에 기술되어 있다.

> 하나님은 의롭다 하심을 얻은 모든 사람을 독생자 예수 그리스도 안에서, 그분으로 말미암아 입양의 은혜에 참여하게 하신다. 이로써 그들은 하나님 자녀의 수효에 들어 자유와 특권을 누리고, 그분의 이름이 그들 위에 새겨져 양자의 영을 받고, 은혜의

보좌에 담대히 나아가 아바 아버지라 부르짖을 수 있고, 아버지의 긍휼하심과 보호하심, 공급과 징계를 받고, 결코 버림받지 않고 구속의 날까지 인치심을 받고, 영원한 구원의 상속자로서 약속을 유업으로 받는다.[9]

8. 하나님이 아득히 느껴질 때

나는 기독교 쾌락주의 전통[1]을 중요하게 여긴다. 사도 바울과 아우구스티누스를 비롯한 웨스트민스터 신학자들, 파스칼Pascal과 조나단 에드워즈, C. S. 루이스와 존 파이퍼John Piper 등이 쾌락주의를 칭송하며 기쁨을 그리스도인의 정서 생활의 중심으로 보았다.[2] 그런데 하나님 아버지의 기쁨이 우리에게 느껴지지 않는다면?

그동안 나는 바로 이 문제 때문에 쓸데없이 과도한 수치심과 회의와 염려에 시달리는 수많은 그리스도인과 대화해 보았다. 그들에게는 하나님이 더는 느껴지지 않는다. 그분이 멀게만 보이고, 그분을 생각해도 가슴이 뛰지 않는다. 기쁨이 사라졌고 밀월 기간도 끝났다. 생명을 주시는 하나님의 품과 임재가 더 이상 느껴지지 않고, 자신이 신앙생활을 잘못해서 그분이 떠나신 것 같아 걱정이다. 하나님의 사랑을 다시 느낄 수만 있다면 팔다리라도 기꺼이 내줄

이들이 많다. 정확히 어디서 잘못됐는지 찾아내려고 자신을 지나치게 분석하는 사람도 많다.

'더 많이 읽고 더 열심히 기도하고 더 힘써 실천하면 이전의 영적 즐거움을 되찾을 수 있겠지? 그런데 다 해 봐도 소용없잖아! 대체 난 뭐지? 나만 영적 별종인가?'

설상가상으로 그들이 나가는 교회 예배에서는 주로 높은 곡조의 신나는 찬양곡만 선곡해 다 같이 줄기차게 박수 치며 부를 수 있다. 동료 신자는 모두 하나님과 사랑에 빠져 선하신 그분의 사랑을 복되게 누리는 것 같은데, 고민에 빠진 신자들만 서늘함에 몸을 떤다. 이제 그들은 하나님께 느낀 단절감을 그분과 더 잘 통하는 듯한 형제자매에게도 동일하게 느낀다. 모두에게 통하는 기독교가 자신에게만 통하지 않는 것 같다. 그래서 더 지독하게 외롭다. 나도 겪어 봐서 안다.

오늘날의 교회가 기대하는 영성과 친교는 하나님을 안다는 의미를 장밋빛으로 미화할 수 있다. 하지만 그런 신앙은 뒤죽박죽 복잡한 성경에 들어맞지 않는다. 어쩌면 교회 문화에서 가장 별종처럼 느껴지는 이들이 오히려 성경 기자들과 함께 커피나 차를 마시기에는 가장 편할지도 모른다. 성경 기자들도 시무룩할 때가 많았기 때문이다. 이사야 45장 15절에 보면 "진실로 주는 스스로 숨어 계시는 하나님이시니이다"라고 했다.[3] 성령의 감동을 받은 성경 기자가 한 말이다.[4]

하나님이 숨어 계시는 것 같고 그분의 임재가 더는 느껴지지 않는다면, 그것이 먼 옛날부터 그분을 알고자 힘쓴 사람들의 정상적 경험이었으니 부디 안심하라. 당신은 결코 혼자가 아니다. 하나님께 버려지고 외면당한 것 같은 느낌은 이상한 게 아니다. 근래에 우리 사회는 정신 질환의 오명을 벗기려고 노력해 왔다. 이 현상의 기독교 버전을 우리도 추진해야 한다.

하나님은 자상한 은혜로 성경에 시편 88편을 수록하여 수많은 이들이 읽게 하셨고, 우리가 잘못 알고 있는 '영적 별종'의 징후가 사실은 정상임을 알려 주신다. "나의 영혼에는 재난이 가득하며", "힘없는 용사와 같으며", "주의 손에서 끊어진 자" 같고, "깊은 웅덩이와 어둡고 음침한 곳에" 있고, "나를 괴롭게 하"고, 친구들이 "멀리 떠나"고, "곤란으로 말미암아 내 눈이 쇠하"는 느낌 모두 지극히 정상이다.시 88:3-9 "여호와여 어찌하여 나의 영혼을 버리시며 어찌하여 주의 얼굴을 내게서 숨기시나이까"14절라는 질문도 별종과는 거리가 멀다.

이 시는 에스라인 헤만의 고백이다. 다윗 왕궁의 악사였다는 사실 말고는 그에 대해 알려진 바가 별로 없다. 그가 쓴 가사도 이것만 남아 있다. 헤만의 시가 밝은 희망으로 끝나지 않고 "내가 아는 자를 흑암에 두셨나이다"18절라는 음울한 어조로 끝남은 하나님의 은혜다. "어둠이 내 가장 친한 친구입니다"라고 옮긴 역본도 있다.NIV 때로 삶은 터널 끝의 불빛이라곤 없이 캄캄한 터널이 이어지는 것만 같다. 시편 88편은 우리에게 그런 암담한 심정을 있는 그대로 인정해도 된다고 말한다.

성경 인물들도 당신과 같았다. 성경의 가장 오래된 책에서 욥은 하나님에 대해 "그가 내 앞으로 지나시나 내가 보지 못하며 그가 내 앞에서 움직이시나 내가 깨닫지 못하느니라"라고 말했다. 욥 9:11 욥기 30장 16-20절에는 그의 이런 말이 나온다.

환난 날이 나를 사로잡음이라
밤이 되면 내 뼈가 쑤시니
나의 아픔이 쉬지 아니하는구나 ……
나를 티끌과 재 같게 하셨구나
내가 주께 부르짖으나 주께서 대답하지 아니하시오며
내가 섰사오나 주께서 나를 돌아보지 아니하시나이다.

엘리야는 열왕기상 19장 4절에서 "여호와여 넉넉하오니 지금 내 생명을 거두시옵소서 나는 내 조상들보다 낫지 못하니이다"라고 부르짖었다. 예레미야가 아예 책으로 쓴 애가에는 "내 눈이 눈물에 상하며 내 창자가 끊어지며"라는 고백이 나온다. 애 2:11 참조; 렘 20:14, 18 땡볕에 벌겋게 탄 요나는 시든 나무 밑에 앉아 "사는 것보다 죽는 것이 내게 나으니이다"라며 죽기를 원했다. 욘 4:8 선지자 하박국은 사랑하는 도성 예루살렘이 사나운 갈대아 사람에게 점령되어 연기로 피어오르는 광경을 지켜보며, 하나님이 약속을 어기신 것 같아 "여호와여 내가 부르짖어도 주께서 듣지 아니하시니 어느 때까지리이까"라고 절규했다. 합 1:2

곳곳에 자신을 묘사해 놓은 다윗의 시편을 보라. 그는 곤란 중에 있었고[시 4:1; 25:17; 31:9; 69:17; 116:13; 118:5; 120:1], 매우 떨렸고[6:3; 71:20; 77:4; 86:7; 88:3; 119:143; 138:7], 탄식함으로 피곤했으며[6:6; 77:3], 잊혔고[13:1; 31:12; 42:9; 88:5], 버림받았다.[22:1] 그는 외롭고 괴로웠으며[25:16], 무덤에 내려가는 자 같았다.[28:1; 88:4, 6] 근심했고[30:7; 90:7], 쇠했으며[31:9; 32:3], 마음이 상하고 심령이 짓눌렸다.[34:18; 143:3]

또한 피곤하고 심히 상했고[38:8], 가난하고 궁핍했고[40:17; 70:5; 74:21; 86:1; 109:22], 갈급하고 목마르고 낙심했으며[42:1-2, 5-6, 11; 43:5; 63:1; 74:1; 143:6], 불안했다.[42:5, 11; 43:5] 버려져 욕과 수치를 당하고 진토에 파묻혔고[44:9, 15, 25; 89:45], 편치 못하여 심히 아프고 무서움과 두려움과 떨림과 공포와 괴로움에 덮였고[55:2, 4-5; 88:7; 116:3], 심령이 상했으며[63:1; 77:3; 84:2; 142:3], 수렁에 빠지고 피곤하여 마른 땅 같았다.[69:2-3, 14; 143:6]

그뿐만 아니라 재난과 징벌을 당해 쇠약했고[73:14, 26; 109:22], 학대받았으며[74:21], 던져져 시들었고[102:10-11], 사망에 에워싸였으며[116:3], 사모함으로 마음이 상했고[119:20], 어려서부터 괴로웠고[129:1-2], 심히 비천했으며[142:6] 참담했다.[143:4] 그런데 어째서 우리는 하나님과의 관계가 솜사탕처럼 달콤하고 맑은 날 일색이라고 믿어야 한단 말인가?

바울은 자신과 동역자들이 "힘에 겹도록 심한 고난을 당하여 살 소망까지 끊어"졌다고 말했다.[고후 1:8] 예수님도 "간고를 많이 겪었으며 질고를 아는 자"로 표현되었다.[사 53:3] 그분은 자신의 마음이 "심히 고민하여 죽게 되었"다고 토로하셨다.[막 14:34] "땀이 땅에 떨어지는 핏방울같이 되"셨고 "나의 하나님, 나의 하나님, 어찌하여 나를 버리셨나이까"라고 부르짖으셨다. 눅 22:44; 마 27:46

역사 속 많은 믿음의 영웅도 당신과 같았다. 개신교 종교개혁가 마르틴 루터는 이렇게 고백했다. "일주일도 넘게 나는 죽음과 지옥문에 가까이 있었다. 그리스도를 완전히 잃고 온몸이 떨렸다. 내 절망과 신성 모독이 충격으로 다가왔다."[5]

여러 청교도의 기도도 남아 있다. 필립 도드리지Philip Doddridge는 "주님이 제 영혼에 멀게만 느껴집니다. 왜 저는 예전처럼 어린아이 같은 사랑을 품고 주님께 나아갈 수 없을까요? 왜 주님을 섬기지 않으려 할까요? 한때는 그것이 가장 큰 즐거움이었는데 이제 짐처럼 다가옵니다"라고 하소연했다.[6]

윌리엄 브리지William Bridge는 "저는 끝났습니다, 주님. 끝났어요. 제 상태에 대해 의문을 품은 지 여러 해건만 의문의 끝이 보이지 않습니다. 얻은 게 없어요. 제가 너무 한심하고 연약해서 다시는 예수 그리스도의 진리를 증언할 수 없을까 봐 두렵습니다"라고 애통했다.[7] 데이비드 클락슨David Clarkson은 "주님, 제 기도를 들어주소서! 제 영혼을 이 불신의 수렁과 진창에서, 위로와 소생과 구원이 없는 구덩이에서 건져 주소서"라고 간구했다.[8]

아메리카 원주민에게 복음을 전한 전도자 데이비드 브레이너드의 일기는 대대로 많은 선교사에게 감화를 끼쳤다. 그런 그마저도 전체 일기의 최소한 스물두 군데에서 죽기를 갈망했다. 일례로 1745년 2월 3일 일요일에 그는 이렇게 기록했다. "내 영혼은 지난

금요일의 '쑥과 담즙'을 기억했다. 거의 지옥 같았다. 그 '떨리는 잔'을 다시 마셔야 한다는 게 몹시 두려웠다. 상상을 초월할 정도로 죽음보다 더 괴로운 잔이었다. 그래서 숨은 보화를 찾을 때보다 더 간절히, 말할 수 없이 간절히 무덤을 갈망했다."[9]

위대한 그리스도인 시인이자 찬송가 작사가인 윌리엄 쿠퍼William Cowper는 평생 "넌 다 끝났어. 구제 불능이야"라는 생각에 시달렸다.[10] "설교의 황제"로 칭송되는 찰스 스펄전은 자신이 외관상 "원인 없는 우울증" 즉 "형체가 없어 막연하면서도 온통 먹구름처럼 뒤덮는 절망 상태"와 끊임없이 싸운다고 솔직히 털어놓았다.[11]

20세기에 가장 많이 글이 인용되고 가장 영향력 있는 변증가라 할 C. S. 루이스도 이렇게 말했다. "모든 도움이 헛되고 절박할 때 하나님께 다가가면 무엇을 얻는가? 면전에서 쾅 하고 닫히는 문, 안에서 빗장을 지르고 또 지르는 소리, 그러고 나서는 침묵뿐이다."[12]

더 예를 들자면 아브라함 카이퍼, 로티 문, 헨리 나우웬Henri Nouwen, 코리 텐 붐Corri ten Boom, 프란시스 쉐퍼, 조니 에릭슨 타다, J. P. 모어랜드, 루이 기글리오Louie Giglio 등 끝이 없다. 하나님이 멀게 느껴진다면 당신이 별종이라서가 아니다. 다른 사람도 다 마찬가지다.

하나님은 우리의 고통을 조금도 허비하지 않으신다. 모든 고통을 선용하여 우리의 유익과 그분의 영광을 이루신다. 당신의 기독교가 늘 꽃길인 듯 행세할 필요가 없다. 진정한 기독교는 훨씬 더 깊고 현실적이고 지저분하며 성품을 빚어내고 성화를 이룬다. 언제나 그랬다.

9. 사랑하기 때문에 때로 숨으시는 분

지금까지 하나님이 숨어 계신다는 사실을 보았으니 이제 더 절박한 실존적 질문이 우리에게 남아 있다. 하나님은 왜 숨어 계실까? "진실로 주는 스스로 숨어 계시는 하나님이시니이다"사 45:15라고 말하는 성경에 "주 안에서 항상 기뻐하라 내가 다시 말하노니 기뻐하라"빌 4:4는 말씀도 있다. 그리스도인이 된 지 오래된 사람은 누구나 "하나님은 어디에 계시는가?"라는 이사야의 고뇌도 알고, "하나님이 여기 계신다!"는 바울의 행복감도 안다. 숨어 계시는 하나님과 우리의 행복 사이에 긴장이 있다. 자신을 살피는 성도라면 익히 아는 사실이다.

바울이 말한 "항상"이란 단어가 그 긴장감을 증폭한다. 주님이 스스로 숨어 계실 때 어떻게 우리는 주 안에서 항상 기뻐할 수 있을까? 하나님의 임재가 느껴지지 않을 때 어떻게 기쁨이 한결같을 수 있을까? 신앙생활을 하다 보면, 기도가 천장에 부딪혀 튕겨 나가는 듯하고, 성경 읽기가 전능자를 맛보고 누리는 것보다 대수학을 공부하는 일에 더 가깝게 느껴지며, 일상의 불안감이 우리를 삼킬 듯 절실하게 느껴지는 반면에 하나님은 마치 실재하지 않는 것처럼 느껴지는 시절을 피할 수 없다. 그럴 때도 우리는 억지로 웃어야 할까? 삶에 만족이 없을 때 어떻게 하나님으로 만족해야 할까? 오래전에 다윗이 시편에서 몇 가지 단서를 내놓았다.

> 하나님이여 주는 나의 하나님이시라 내가 간절히 주를 찾되
> 물이 없어 마르고 황폐한 땅에서
> 내 영혼이 주를 갈망하며
> 내 육체가 주를 앙모하나이다
> 내가 주의 권능과 영광을 보기 위하여
> 이와 같이 성소에서 주를 바라보았나이다
> 주의 인자하심이 생명보다 나으므로
> 내 입술이 주를 찬양할 것이라
> 이러므로 나의 평생에 주를 송축하며
> 주의 이름으로 말미암아 나의 손을 들리이다
> 골수와 기름진 것을 먹음과 같이 나의 영혼이 만족할 것이라
> 나의 입이 기쁜 입술로 주를 찬송하되.
> 시편 63편 1-5절[1]

다윗의 기도는 "하나님이여 주는 나의 하나님이시라"라는 고백으로 시작된다.[1절] 모든 일이 뜻대로 잘 풀렸다면 그는 "자아여, 너는 나의 하나님이라"라고 썼을지도 모른다. 만사형통일 때는 자신이 신이라는 망상 속에 살아가기가 훨씬 쉽다. 일이 틀어져 자신이 광야를 헤매면, 그제야 우리는 신으로 행세하려는 시도가 혼란과 방황만 낳을 뿐임을 깨닫는다. 하나님이 종종 숨어 계심은 우리가 우주의 주권자 노릇을 하기에 얼마나 턱없이 모자라는지를 깨우쳐 주시기 위해서다.

하나님을 하나님으로 인정한 뒤에 다윗은 "내가 간절히 주를 찾되"[1절]라고 말했다. 하나님을 간절히 찾을 때의 우리 예배는 그분의 임재가 항상 느껴질 때와는 다르다. 때로 하나님이 숨바꼭질을 하시는 이유는 그분이 숨어 계셔야 우리가 그분을 찾기 때문이다. 그분이 숨어 계시는 기간이 길어질수록 우리도 더 '간절히' 찾아야 한다.

하나님을 더욱 갈망하던 광야에서 다윗은 "이러므로 나의 평생에 주를 송축하며 주의 이름으로 말미암아 나의 손을 들리이다"라고 고백했다.[4절] 숨어 계시는 하나님을 여전히 예배한 것이다! 그는 '하나님이 여기 계신다!'는 행복한 마음으로 예배한 게 아니라 '하나님은 어디에 계시는가?'라는 굶주린 마음으로 예배했다. 예수님의 지상 계명은 마음을 다하여 하나님을 사랑하라는 것이지 '마음이 행복할 때만 주 너의 하나님을 사랑하라'가 아니다.

"다하여"란 전부를 뜻한다. 마음이 슬프고 화나고 불안하고 지

"예수님의 지상 계명은 마음을 다하여 하나님을 사랑하라는 것이다."

루하고 두렵고 외롭고 상하고 비통할 때도 갖은 쓰라린 경험 속에서 하나님을 사랑하는 법을 배우는 그리스도인은 성숙하고 고결하며 아름답다. 인간의 한없이 다양한 감정을 하나님이 전부 주관하신다.

이어지는 다윗의 표현도 영적으로 갈급한 상태에서 나온 것이다. "골수와 기름진 것을 먹음과 같이 나의 영혼이 만족할〔미래 시제〕 것이라 나의 입이 기쁜 입술로 주를 찬송하되〔미래 시제〕."5절 지금은 영적으로 굶주려 있지만 장래에 하나님이 깊은 만족을 주시리라는 소망의 표현이다. 하나님이 때로 숨어 계시기에, 마침내 그분의 임재가 다시 느껴질 때는 그만큼 더 큰 경외심이 차오른다.

이런 통찰을 종합하여 가상 실험을 해 보자. 시편 기자의 소망인 “골수와 기름진 것을 먹음과 같이 나의 영혼이 만족할 것이라”라는 은유에서 영감을 얻었다. 무한정 만족스러운 음식을 만드는 최고의 요리사가 곁에 있다고 상상해 보라. 이 사람은 주방 세계에서 만큼은 요리 신이다. 이 최고의 요리사가 치킨디반 크레프, 바닷가재 매시트포테이토, 완벽하게 구운 마블링 와규 등 다양한 별미로 당신에게 무한한 만족을 선사하기로 온 정성을 기울인다.

당신은 소파 틈새에 떨어진 감자칩 가루며 과자 부스러기를 모조리 찾아낼 만큼 허기질 대로 허기진 상태다. 주방에서는 이 최고의 요리사가 다양한 요리를 준비 중이다. 양손에 천상의 요리를 받쳐 들고 당장이라도 회전문을 밀치고 들어올 수 있음에도 요리사는 나타나지 않는다. 당신이 있는 그곳에는 회전문도, 웃는 요리사도, 맛있는 요리도 없다. 그저 소파 틈에서 발견한 오래되고 눅눅해진 과자 부스러기뿐…….

순간 의문이 든다. “내 만족은 어디서 찾아야 하지? 나를 기쁘게 해 주겠다던 그 최고의 요리사는 어디 있는 거지? 이 눅눅한 과자 부스러기가 내 삶의 전부라면 어쩌지?” 최고의 기량을 발휘 중인 요리사에게도 당신 영혼이 내는 이 꼬르륵 소리가 들려온다. 영혼의 허기진 꼬르륵 소리에도 요리사는 움직이지 않는다. 허기질 대로 허기진 당신을 두고 기다리고 지체한다. 당신에게 아무런 만족감이 없는 상태인데 당신을 기쁘게 하기로 약속했다는 그는 모습을 감춘 채 주방에 숨어 있다.

이게 말이 되는가? 어떻게 이러한 태도가 당신을 기쁘게 하려는 뜻일 수 있는가? 당신은 유통 기한이 지난 과자나 우적우적 씹고 있는데, 그 사실을 알면서도 이 요리사는 맛깔스러운 별미를 접시에 담아 준비해 두고만 있으니 말이다.

당신이 모르는 것을 이 최고의 요리사는 안다. 군침 도는 자신의 요리가 얼마나 진정 만족스러운 맛인지를 안다. 자신이 만든 요리이기 때문이다. 게다가 당신에게 어떠한 음식이 만족스럽고 언제 먹어야 가장 만족스러운지도 안다. 당신도 그분이 만드셨기 때문이다. 이 요리사는 하나님이다. 그분이 만드신 다양한 요리로 당신이 가장 큰 만족을 누리려면 당신 영혼의 배 속 상태가 어때야 하는지를 그분은 정확히 아신다. 당신의 영혼이 갈급할수록 기다리고 기다리던 오성급 식사가 더 만족스러워진다는 것도 아신다. 눅눅한 과자가 그분의 영원한 잔치에 비해 얼마나 부실한지를 깨달으려면 당신에게 어떤 과정이 필요한지도 아신다. 그분은 뭐든 다 가능한 요리사시므로 지금 당신이 특정한 단것을 먹으면 나중에 더한 만족감을 망친다는 것도 아신다.

당신에게 만족이 없고 하나님이 멀게만 느껴질 때가 있다. 그분이 때로 그런 불만족과 거리감을 허락하시는 이유는 당신의 기쁨을 무시해서가 아니다. 오히려 당신을 만족하게 하시기로 매우 확고하게 마음을 먹으셨기 때문이다.

다시 말한다. 하나님이 숨어 계시는 이유는 바로 당신에게 가장 크고 깊은 만족과 기쁨을 주시기 위해서다. 하나님이 숨어 계시는 것과 당신의 영원한 행복은 서로 모순되지 않는다. 전자는 하나님이 후자를 이루시는 많은 주권적 수단 가운데 하나다. 하나님은 당신이 행복할 때 행복하시며습 3:17, 스스로도 행복하실 수밖에 없는 분이다. 그래서 당신에게 무한한 행복을 주시려는 그분께 실패란 있을 수 없다. 전지하신 하나님은 정확히 '무엇'이 당신을 행복하게 할지를 아신다. 바로 그분 자신이다. 정확히 '언제' 당신이 그분에게서 가장 큰 행복을 얻을지도 아신다. 바로 당신이 끝없이 갈급할 때다. 눅눅한 과자는 하나님의 대용품인 죄를 상징한다. 죄와 만족은 서로 완전히 거리가 멀다는 것을 당신에게 정확히 어떻게 깨우쳐 주셔야 할지도 그분은 아신다.

마침내 우리는 결론에 도달한다. 하나님은 우리를 행복하게 하시려고 숨어 계신다. 그분이 주시는 행복을 뇌의 쾌락 수용 기관에서 잠깐 분출되는 도파민과 혼동하지 않도록 조심해야 한다. 하나님은 우리의 일시적 불만족을 통해 영원한 만족을 이루실 수 있고 실제로 그렇게 하신다. 이 사실을 알기에 우리는 불만스러운 상황에서도 만족할 수 있다. 존 파이퍼가 내린 결론도 비슷하다.

> 하나님은 우리가 그분께 갈급할 때나 그분으로 잔치할 때나 똑같이 예배와 영광을 받으신다. 결국 우리의 양식은 그분이기 때문이다. 갈급함은 하나님이 멀리 계실 때의 예배 형태고, 잔치는 그분이 가까이 계실 때의 예배 형태다. 다른 무엇보다도 하나님을 음미하는 심령은 그분의 모습이 멀어지고 희미해지면, 갈급하고 주리고 목말라서 갈망하고 기다리게 마련이다. 그러

다 그분의 모습이 가깝고 또렷해지면, 잔치와 만족을 경험한다.[2]

10. 내 마음을 따를수록 소멸되는 기쁨

지금 우리는 우리의 기쁨이 되시는 하나님을 공부하는 중이다. 내 생각에 우리 시대에 그분을 즐거워하지 못하게 막는 거대한 장애물이 있는데, 아무래도 그 문제를 짚지 않고서는 이 공부를 끝낼 수가 없다.[1]

여러 해째 나는 네 자녀와 함께 '거짓말 찾기'라는 게임을 했다. 뭔가를 시청하다가 아이들이 잘못된 개념을 찾아내 그게 왜 잘못됐는지 설명하면 나한테서 1달러를 받는 것이다. 딸 홀랜드(줄여서 '더치')가 아홉 살 때 신나게 계단을 뛰어 내려오며 말했다. "아빠, 1달러 또 주세요!"

"이번에는 뭘 찾았는데?"

딸은 분홍색 요정 공주인 신제품 유니콘 인형 광고를 보았다고 했다. "광고에서 그러는데 내 마음을 따라야 한대요."

"거기서 거짓말이 뭐지?"라는 내 물음에 아이는 '부모의 한없는 보람'이라는 내 마음속 파일에 영원히 저장될 만한 대답을 들려주었다. 단어 하나까지 세세하게 기억난다. "아빠, 나는 내 마음을 따르고 싶지 않아요. 내 마음은 타락했거든요. 꼭 하나님의 마음을 따를래요. 그게 훨씬 나아요!" 딸아이가 너무나 대견해서 나는 눈물까지 흘렸다. 더치는 그날 단번에 5달러를 벌었다.

'쯧쯧, 창피한 줄도 모르고 애꿎은 어린 딸을 세뇌하다니.' 그렇게 생각할 이도 있을 것이다. 실은 정반대다. 나는 우리 아이를 '자아'를 신으로 섬기는 이 세대의 이단자로 키우는 중이다. 우리 시대를 지배하는 자아 숭배 교리에 우리 아이가 의문을 품고 반발했으면 좋겠다. 사실 한 세대 전체가 이 시대를 삼킨 자아 숭배교의 이단이 되어 성상을 파괴하고 배교해야 한다. 순한 소처럼 한목소리로 울며 떼 지어 다니기를 거부하는 이단자와 저항자가 돼야 한다. 광고업자, SNS 인플루언서, 애니메이션 속 노래하는 공주나 감자 인형, 인기 가수, 대학교수 등이 자아에 충실하고 자기 내면에서 답을 찾고 자신의 마음을 따르라고 아무리 말해도 그들은 "그런 교리라면 사양입니다!"라고 답하는 사람이다.

픽사Pixar 회장을 거쳐 애플Apple을 공동 창업했고 검은색 터틀넥 스웨터를 즐겨 입던 스티브 잡스Steve Jobs는 "내 마음을 따르지 않을 이유가 없습니다"라고 공공연히 말했다.[2] 거의 인류사 내내 인간의 감정은 수용과 저항, 무시, 예찬, 억제, 묵살, 수련, 도전의 대상이었다. 우리 선조는 자신의 감정에 그토록 다양하게 반응했다. 그런데 우리 시대의 "자유"는 훨씬 제한적이다. 마음에 관한 한 선택 가능한 길은 오로지 하나뿐이니 곧 자신의 마음에 따라야 한다는 것이다.

오늘날 미국인의 84퍼센트는 "삶의 최고 목표는 삶을 최대한 즐기는 것"이라 믿는다.[3] 86퍼센트가 만족을 얻으려면 "자신이 가장 갈망하는 것들을 추구해야" 한다고 밝혔으며, 91퍼센트가 "자아를 발견하는 최선의 방법은 내면을 들여다보는 것"이라는 말에 동의했다. 이렇게 자신의 마음을 따르는 풍조는 그동안 어떤 결과를 낳았을까? 표현적 개인주의 교리는 정말 우리에게 유익할까?

자신의 마음을 따라야 한다는 교리에 세뇌당하며 자란 세대인 13~18세 청소년 가운데 무려 3분의 1이 현재 불안 장애에 시달리고 있다.[4] 심리학자 데이비드 마이어스David Myers가 *The American Paradox*미국의 모순에서 그 증거를 구체적으로 제시했듯이, 미국에 표현적 개인주의가 확산된 1960년부터 21세기 벽두까지 미국에서 이혼율은 2배, 청소년 자살률은 3배, 폭력 범죄율은 4배, 교도소 수감자는 5배, 사생아 출산은 6배, 결혼 아닌 동거(궁극적 이혼의 유의미한 전조)는 7배로 늘었다.[5] 자신의 마음을 따르면 오히려 불행해진다. 자신의 마음을 따르지 않을 이유가 없다던 스티브 잡스에게 들려줄 답이 여기 있다. 바로 자신의 마음에 복종하는 사람이 아주 역설적으로 불행해지는 다섯 가지 이유다.

#1. 사람의 마음은 너무 우둔하다

모든 감정에 정당성을 부여하는 게 일단 처음에는 신나 보여도, 결국 우리는 자신의 정신적 구성 개념 안에 갇히고 만다. 데이비드 포스터 월리스David Foster Wallace의 표현으로 "자신의 두개골 크기인 소국의 영주가 되어 그 세상의 중심에 홀로 남는" 것이다.[6] 마음속을 들여다봐서 얻는 것은 무한한 자유라기보다 지독한 폐소 공포증이다. 오해하지는 말라. 사람의 마음이 오묘하다는 데는 의심의 여지가 없다. 그러나 하나님의 마음을 따르는 데 비하면 우리 마음은 아무리 전율에 휩싸인다 해도 이끼 낀 어항에 불과하다.

#2. 사람의 마음은 너무 변덕스럽다

그리스 철학자 헤라클레이토스Heraclitus는 물은 늘 흐르는지라 똑같은 강물에 두 번 들어갈 수 없다는 명언을 남겼다. 우리 마음도 이처럼 늘 출렁인다. 우기의 갠지스강처럼 휘몰아치며 흐르는 마음이 있는가 하면 추운 날의 당밀처럼 이동이 더딘 마음도 있겠지만, 마음이 이리저리 흔들리는 것만은 누구나 동일하다.

시시각각 변하는 타락한 감정의 말보다 하나님이 말씀하시는 당신의 실상이 실제로 영원토록 신빙성 있다. 만성 정체성 위기에 빠지고 싶지 않다면, 당신이 믿어야 할 것은 덧없는 감정이 아닌 하나님의 말씀이다. 당신에게 내리는 그분의 즐거운 판정은 견고한 반석처럼 믿을 만하다.

#3. 사람의 마음은 너무 나뉘어 있다

마음을 따르라는 교리는 순진하게도 우리 마음이 합창단 같다고 전제한다. 각기 나른 감정이 다른 모든 김정과 조화를 이룬다는 것이다. 사실 마음은 합창단보다 악기점의 시연장에 더 가깝다. 고객 50명이 각기 다른 기타와 앰프로 일제히 서로 더 크게 연주하려는 것처럼 말이다. 《인간 폐지*The Abolition of Man*》에서 C. S. 루이스는 "본능"이란 단어를 써서 그 사실을 잘 담아냈다. "본능에 복종하라는 말은 여러 사람에게 복종하라는 말과 같다. 사람의 말이 서로 다르듯이 본능의 말도 제각각이다. …… 잘 들어 보면 각각의 본능마다 다른 모든 본능을 제치고 제 뜻을 이루려 아우성이다."[7]

영화 〈인크레더블The Incredibles〉에서 악당 중의 악당으로 나오는 버디 파인[일명 '신드롬']도 그 사실을 알았다. 파인은 자신의 우상이었던 미스터 인크레더블에게 "당신은 늘 자아에 충실하라고만 하지, 자아의 어느 부분에 충실할지는 말해 주지 않네요!"라고 투덜거린다.[8]

#4. 사람의 마음은 너무 타락했다

마음에 복종하라는 말이 옳다면 우리는 "인간의 마음에 본래 악이란 없다"[9]라는 프랑스 혁명가 장 자크 루소Jean Jacques Rousseau의 교리나, "자신의 마음을 따르면 잘못될 일이 없어요"[10]라는 대단한 철학자 셀린 디온Celine Dion의 신념, "마음이 옳다"[11]라는 조엘 오스틴Joel Osteen의 가르침을 따라야만 한다.

그러나 성경은 현실 감각을 일깨워 우리를 겸손하게 한다. 유대인 선지자는 "만물보다 거짓되고 심히 부패한 것은 마음이라 누가 능히 이를 알리요"라고 했고렘 17:9, 유대인 철학자는 "인생의 마음에는 악이 가득하여 그들의 평생에 미친 마음을 품고 있다"라고 했으며전 9:3, 예수님은 "마음에서 나오는 것은 악한 생각과 살인과 간음과 음란과 도둑질과 거짓 증언과 비방이니"마 15:19-20라고 말씀하셨다. 잠언 28장 26절에는 이를 단적으로 이렇게 요약했다. "자기의 마음을 믿는 자는 미련한 자요."

#5. 사람의 마음은 너무 편향돼 있다

사회과학의 가장 탄탄한 검증 결과 중 하나는 "이기적 편향"이라는 현상이다. 심리학자 데이비드 마이어스에 따르면 대다수 미국인은 자신이 이웃과 동료보다 똑똑하고 윤리적이며 편견이 적다고 생각한다.[12] 과학이 성경을 따라잡고 있는 것이다. "사람의 행위가 자기 보기에는 모두 정직하여도."잠 21:2 마음을 따르라는 말이 실제로 터무니없는데도 우리에게 그래 보이지 않는 이유가 이기적 편향으로 설명된다. 그러나 증거는 우리에게 불리하다.

1961년에 스탠리 밀그램Stanley Milgram이 예일대학교Yale University 지하실에서 실험한 결과, 과반에 해당하는 보통 사람은 낯선 타인의 몸에 치사량의 전기 충격을 기꺼이 가했다. 물론 전기 충격 피해자는 모두 배우였고 전기 충격 장치도 가짜였다. 그로부터 10년 후, 논란의 스탠포드 감옥 실험이 이루어졌다. 필립 짐바르도Philip Zimbardo는 심리적으로 건강한 젊은 남자 24명을 선발해 2주 동안 가상 감옥 환경에서 그들의 행동을 연구했다. 24시간도 채 안 되어 '교도관들'이 소화기를 분사하며 '수감자들'의 옷을 죄다 벗기고 매트리스를 빼앗았다. 반항하면 독방에 가두기까지 했다. 날이 갈수록 어찌나 더 잔혹해지던지 주최 측에서 개입하여 실험을 종료해야 했다.

인간이 얼마나 포악해질 수 있는지 아직도 믿어지지 않거든 추수감사절 자정에 블랙 프라이데이 폭탄 세일 현장에 가 보라. 인간의 마음은 눈 깜짝할 사이에 감사에서 탐욕으로 홱 돌아설 수 있다. 그래도 미심쩍은가? 리얼리티 쇼 〈댄스 맘스Dance Moms〉를 한 회만 시청해 보라. 아니면 교회에서 주최하는 부활절 달걀 찾기 행사라도 참석해 보라. 10초만이라도 정직하게 자신의 속을 들여다보라.

이단자가 되어 오늘날의 풍조인 자아 숭배와 표현적 개인주의에 맞서라.[13] 불행해지고 싶은가? 우둔하고 변덕스럽고 나뉘어 있고 타락했고 편향된 당신의 마음을 따르라. 진정한 기쁨을 누리고 싶은가? 아홉 살 아이의 지혜로운 조언대로 하나님의 마음을 따르라.

존 퍼킨스가 증언하는 기쁨이 되시는 하나님

존 퍼킨스(John M. Perkins)는 민권 운동의 선구자이자, 존·베라 메이 퍼킨스 재단(John and Vera Mae Perkins Foundation)의 명예 총재이며, 3부작 *One Blood*(한 핏줄), *He Calls Me Friend*(나를 친구라 하시는 그분), *Count It All Joy*(온전히 기쁘게 여기라)의 저자다. 무엇보다 그는 하나님을 경외하는 사람이다. 다음 이야기는 기쁨이 되시는 하나님이 퍼킨스의 삶에 어떤 영향을 미치셨는지를 보여 준다.[1]

인종 차별의 합법화가 한창 이뤄지던 대공황 시절, 우리 집은 미시시피주 시골에 살던 소작 농가였다. 어머니는 내가 생후 8개월 됐을 때 아사餓死하셨다. 열여섯 살 때 내가 형과 함께 극장에서 나오는데 인종 차별주의자 경찰관이 형을 총살했다. 큰누나는 남자 친구에게 살해되었다. 사랑하는 내 아들 둘은 내가 떠나보낼 준비도 하기 전에 일찍 세상을 떠났다.

1970년에 민권 시위에 가담한 나는 투걸루대학교Tougaloo College 재학생 19명과 함께 랜킨카운티 감옥에서 고문과 구타를 당해 죽을 뻔했다. 격분한 경찰관들이 대거 몰려와 내 머리를 가격하고 곤봉으로 때려 피를 보고야 말았다. 하나님이 나를 고문의 감옥에서 건져 내셨으나 이는 단지 그분이 내게 주시려던 해방의 시작에 불과했다.

어려서부터 백인을 증오하는 것이 몸에 뱄던 나는 용서와 사랑을 배우는 데 오래 걸렸다. 그러나 하나님이 나를 거기로 데려가셨다. 원수가 끝내 달라지지 않더라도 우리는 하나님께 받은 새로운 성품으로 사랑하고 용서할 수 있다. 아파하는 영혼을 위해 함께 고난당하며 그리스도의 마음을 본으로 보일 수 있다. 그렇게 본능적인 복수의 욕구를 물리치고 우리 안에 계신 성령께 순종하여 사랑하면, 그것이 바로 기쁨이다!

아흔세 살의 나이에 암이 세 번째 발병하다 보니 이런 의문이 들 때도 있다. '하나님은 왜 이토록 많은 고난을 허락하실까?' 어쩌면 당신의 의문일 수도 있다. "하나님, 이 끔찍한 일이 왜 저한테 벌어졌나요? 이유가 뭔가요?" 감사하게도 하나님은 이유를 묻는 우리를 받아 주신다. 고난 중에 거할 때 우리는 듣기 좋게 기도하지 않아도 된다. 그러잖아도 괴로운데 자기 검열까지 할 필요까지는 없다. 그냥, 부르짖으면 된다! 고통이 심할 때면 나는 "하나님, 저를 불쌍히 여겨 주소서!"라고 부르짖는다.

그러면 그분은 자신을 기꺼이 내주신다. 함께하시고 임재하신다. 고난을 아시는 하나님이 위로해 주신다. 나를 사랑하시는 하나님이 붙들어 주신다. 내 아버지이신 그분이 놀라운 능력으로 나를 지켜 주신다. 내 신음 소리까지도 들으신다. 애통이란 그런 것이다. 하나님께 부르짖는 것이다. 하나님의 자녀가 부르짖으면 하늘 아버지께서 귀를 기울이신다. 우리 기도를 늘 들어 주시는 사랑의 아버지가 계시다는 것, 그것이 바로 기쁨이다!

어떤 고난은 너무 흉측하고 가혹해서 입에 담기도 힘들다. "그걸 다 겪고도 내게 여전히 기쁨이 있다"고 말할 수 있다는 건 정말이지 보통 일이 아니다. 그러나 당신도 그렇게 고백할 수 있기를 기도한다. 이는 신실하고 선하신 하나님을 알리는 간증이다. 하나님은 우리의 고난을 구속救贖하여 그분의 뜻대로 사용하신다. 내 선조들이 노예 생활의 고통과 해악과 수모를 견딜 수 있었음은 하나님의 주권을 신뢰했기 때문이다. 그들은 "그날에는 알게 되리", "천천히 흔들리며 내려오라, 아름다운 병거여, 날 본향으로 인도하리" 같은 가사의 노래를 불렀다. 고난과 고통 가운데에서도 전능하신 하나님의 주권을 신뢰한 데서 태동한 영혼의 노래다.

하나님은 삶 전체를 통해 우리를 독특한 존재로 구별하신다. 우리를 준비시켜 그분이 우리를 위해 예비하신 일을 하게 하신다. 특히 그분은 우리의 망가진 부분을 쓰신다. 상처로 인해 사랑이 많아져 우리처럼 고난 중에 있는 이들을 섬기게 하신다. 이 또한 내 기쁨이다. 우리의 눈물과 고난은 결코 허비되지 않는다. 하나님은 우리를 지극히 사랑하시기에 모든 것을 합력하여 그분의 뜻을 이루신다. 모든 눈물이 중요하며, 현세에서 그 사실을 아는 것보다 더 큰 기쁨은 없다. 놀랍게도 하나님은 모든 것을 합력하여 그분의 큰 계획대로 잿더미 가운데서 아름다움을 창조하신다. 그것이 바로 기쁨이다!

우리가 심히 절망하는 순간에 하나님은 지극히 영광스럽게 임하신다. 지금껏 우리가 제정신을 잃지 않고, 스스로를 파괴하거나 완전히 포기하지 않았다는 사실은 그분이 놀라운 능력으로 우리를 지켜 주셨다는 증거다! 우리가 섬기는 하나님은 죽은 신이 아니라 살아 계신다. 세상 속에 살아 계시고 내 영혼 안에 살아서 거하신다. 아흔세 살인 나도 마침내 다윗과 사도 바울처럼 말할 수 있다. "주님, 제게 허락하신 고난으로 인해 감사합니다. 풍랑을 지나오게 하셨으니 감사하고, 여태 흘린 모든 눈물까지도 감사합니다. 제가 어디까지 감당할 수 있는지를 정확히 아시고 늘 살펴 주시니 감사합니다. 모두 주님이 행하신 일이니 저는 기쁩니다. 주님, 제 아픔마저 감사합니다."

오래 사는 복을 누리다 보니 일생을 돌아보며 깨닫는 게 있다. 마귀는 어떻게든 나를 하나님 나라에 쓸모없는 존재로 주저앉히려 했으나 주님은 연약한 나를 쓰셨다. 끝났어야 할 내게 섬김의 문을 열어 주시고 신앙을 굳건하게 하셨다. 내 평생 그분이 열어 주신 귀한 문들을 생각하면 감탄하지 않을 수 없다! 힘이 달리고 인맥이 좁아도 우리는 거기에 구애받지 않는다. 그분으로 충분하고도 남으니 그것이 바로 기쁨이다!

친구여, 그리하여 나는 온전히 기쁘게 여긴다! 나이가 나이인지라 언제라도 내 마지막 날일 수 있음을 알지만, 천국의 문턱에서 기쁨에 에워싸여 살아간다. 내 마음에 이 기쁨으로 인한 감사가 넘쳐흐른다. 기쁨은 시간이 지나도 줄지 않고, 약속된 천국이 눈앞으로 다가올수록 날마다 더 찬란해진다. 이를 아주 잘 담아낸 찬송가가 있다.

주님의 얼굴 나 뵙기 원하네
구원의 은혜 영원히 찬양하리
영광의 본향에서 목소리 높여
시름을 벗고 영원히 기뻐하리.[2]

나도 어서 주님을 뵙고 싶다! 이제 거의 다 왔다. 그분의 얼굴이 거의 보일 듯하다. 그분이 바로 기쁨이시다!

기쁨이 되시는 하나님을 경외하는 기도

아버지 하나님, 삶의 모든 진정한 기쁨은 궁극적으로 하나님께로부터 옵니다. 주님은 우리에게 주님을 기뻐하라 하십니다. 권고가 아니라 명령이지요. 그런데 우리 마음은 너무 산만하고 무력하고 냉담하여, 마땅히 기뻐해야 할 주님을 기뻐하지 못할 때가 많습니다. 죄는 달콤해 보이는데 주님은 무미건조해 보일 때가 많아요. 주님이 최고의 만족을 주지 않으셔서가 아니라 우리의 감정이 현실 감각을 잃었기 때문입니다.

우리 마음을 변화시켜 주소서. 주님을 더 즐거워하게 하시고, 죄에는 더 혐오감이 들게 하소서. 우리는 자멸을 부르는 쾌락에 중독되어 있으니 그런 중독을 꺾어 주소서. 생명을 주시는 주님의 임재로 차고 넘쳐서 아예 우리 마음에 죄가 들어설 자리가 없게 하소서.

점점 더 주님 안에서 만족하게 하셔서 주님이 우리 안에서 영광을 받으소서.

예수님의 이름으로 기도합니다. 아멘.

내 삶 돌아보기

개인 성경 공부, 소그룹 모임에서 다음 질문을 깊이 생각해 보라.

1. 우리 문화에서 사람들은 하나님 대신 어디서 궁극적 기쁨을 얻으려 하는가? 가장 대표적인 것들을 꼽아 보라. 당신은 어떤가? 기쁨을 얻고자 하나님의 대용품으로 삼는 가장 주된 것들은 무엇인가?
2. 하나님이 숨어 계시는 이유를 몇 가지 살펴보았다. 그중 최소한 세 가지를 자신의 말로 표현해 보라. 숨어 계시는 하나님과 우리에게 영원한 행복을 주시겠다는 그분의 약속이 왜 서로 모순되지 않는지 설명해 보라.
3. 하나님이 당신의 아버지시라서 누릴 수 있는 복을 네 가지 이상 말해 보라. 우주의 창조주께 자녀로 입양된 신분의 특권을 더 인식하며 살기 위해 당신이 기를 수 있는 매일의 습관은 무엇인가?

회개하기

다음 표의 왼쪽 칸에 궁극적인 기쁨이 되시는 하나님을 당신이 어떻게 경외하고 있는지 기록해 보라. 오른쪽 칸에는 당신의 삶에서 어떻게 그분을 경외하지 않고 있는지를 쭉 써 보라. 자신을 성찰할 때면 우리는 대체로 좋은 쪽으로만 보려 한다. 그러므로 시편 기자처럼 기도하라. "하나님이여 나를 살피사 내 마음을 아시며 나를 시험하사 내 뜻을 아옵소서 내게 무슨 악한 행위가 있나 보시고 나를 영원한 길로 인도하소서."시 139:23-24

자신에게 솔직히 물어보라. "나는 하나님을 즐거워하는가? 그분은 인간에게 만족을 주시는 궁극적 근원이신 분인데, 그 부분이 내 삶에 어떻게 나타나고 있는가? 내가 기쁨의 주된 근원으로 의지하는 다른 것들이 있는가?"

나는 이렇게 하나님을 경외하고 있다	나는 이렇게 하나님을 경외하지 않고 있다

왼쪽 칸에 적은 내용을 훑어 내려가며 기도하라. 궁극적인 기쁨이 되시는 하나님을 삶에서 실제로 누리고 있는 부분을 구체적으로 짚으며 감사하라. 하나님을 경외하는 마음이 당신의 의지력에서 나온 게 아니라 그분의 은혜로 말미암았음을 인식하고, 찬송과 감사를 드리라. 이어서 오른쪽 칸에 적은 내용으로 기도하라. 마땅히 기뻐해야 할 하나님을 기뻐하지 못하고 있는 부분을 고백하고 회개하는 시간을 가지라. 당신의 감정에 질서를 잡아 주셔서, 당신에게 참을 수 없이 그분이 달콤해지고, 죄는 역겨워 구역질이 나게 해 달라고 기도하라.

참고 도서

다음은 기쁨이 되시는 하나님을 경외하는 데 도움이 될 훌륭한 신학 자원이다.

Uche Anizor, *Overcoming Apathy: Gospel Hope for Those Who Struggle* (Crossway, 2022).

Augustine, *Confessions* (Word on Fire Classics, 2017). 아우구스티누스, 《고백록》.

Boethius, *Consolation of Philosophy* (Penguin Classics, 1999). 보에티우스, 《철학의 위안》(현대지성 역간).

Jonathan Edwards, *The End for which God Created the World* (CreateSpace, 2014).

C. S. Lewis, *Surprised by Joy: The Shape of My Early Life* (HarperOne, 2017). C. S. 루이스, 《예기치 못한 기쁨》(홍성사 역간).

C. S. Lewis, *The Weight of Glory* (HarperOne, 2001). C. S. 루이스, 《영광의 무게》(홍성사 역간).

John Piper, *Desiring God: Meditations of a Christian Hedonist* (Multnomah, 1996). 존 파이퍼, 《하나님을 기뻐하라》(생명의말씀사 역간).

R. C. Sproul, *Enjoying God: Finding Hope in God's Attributes* (Baker, 2017).

Joni Eareckson Tada, *When God Weeps: Why Our Suffering Matters to the Almighty* (Zondervan, 1997). 조니 에릭슨 타다 외, 《하나님의 눈물》(CLC 역간).

Philip Yancey, *Disappointment with God: Three Questions No One Asks Aloud* (Zondervan, 1997). 필립 얀시, 《하나님, 당신께 실망했습니다》(IVP 역간).

✦ Part 3

승리하신 하나님

Victorious

그분은 통치하신다

3부에서는 승리하시는 하나님의 능력과 주권, 그리고 그것이 우리 모두의 행동에 미치는 영향을 살펴볼 것이다. 여기서 우리가 던지고 답하려는 질문은 다음과 같다.

- 우주에 하나님의 주권의 범위를 벗어나는 것이 있다면 무엇인가?
- 하나님의 주권은 삶의 작고 세세한 일에 머물까, 아니면 인류사 전체의 보다 큰 이야기까지 아우를까?
- 하나님은 악과 고난의 창시자인가?
- 하나님의 주권이라는 진리를 받아들이면 어떻게 불안과 탈진과 절망에서 벗어나 자유로워질까?
- 하늘이 무너지는 것 같고 다 망했다고 느껴질 때 어떻게 하나님의 주권적 통치와 승리를 인정할 수 있을까?

당신의 영혼이 준비된 상태에서 3부를 읽기 위해, 잠시 시간을 내어 승리하시는 하나님의 능력과 주권을 보여 주는 다음 말씀을 읽으라. 천천히, 기도하는 마음으로, 깊이 생각하며 읽으라. 하나님이 친히 자신에 대해 밝히시는 말씀에 마음과 생각을 열어 달라고 기도하라. 그 진리에 경외함으로 어떻게 합당하게 반응할 수 있을지 보여 달라고 구하라. 그리고 다음 말씀 중 하나를 골라 이번 주에 암송해 보라.

욥기 42장 1-2절

욥이 여호와께 대답하여 이르되
주께서는 못 하실 일이 없사오며
무슨 계획이든지 못 이루실 것이 없는 줄 아오니.

이사야 14장 27절

만군의 여호와께서 경영하셨은즉
누가 능히 그것을 폐하며
그의 손을 펴셨은즉
누가 능히 그것을 돌이키랴.

이사야 46장 8-10절

너희 패역한 자들아 이 일을 기억하고 장부가 되라

이 일을 마음에 두라

너희는 옛적 일을 기억하라

나는 하나님이라 나 외에 다른 이가 없느니라

나는 하나님이라 나 같은 이가 없느니라

내가 시초부터 종말을 알리며

아직 이루지 아니한 일을 옛적부터 보이고

이르기를 나의 뜻이 설 것이니

내가 나의 모든 기뻐하는 것을 이루리라 하였노라.

시편 135편 6절

여호와께서 그가 기뻐하시는 모든 일을

천지와 바다와

모든 깊은 데서 다 행하셨도다.

사도행전 4장 24-28절

그들이 …… 이르되 대주재여 천지와 바다와 그 가운데 만물을 지은 이시요 또 주의 종 우리 조상 다윗의 입을 통하여 성령으로 말씀하시기를

어찌하여 열방이 분노하며

족속들이 허사를 경영하였는고
세상의 군왕들이 나서며
관리들이 함께 모여
주와 그의 그리스도를 대적하도다

하신 이로소이다 과연 헤롯과 본디오 빌라도는 이방인과 이스라엘 백성과 합세하여 하나님께서 기름 부으신 거룩한 종 예수를 거슬러 하나님의 권능과 뜻대로 이루려고 예정하신 그것을 행하려고 이 성에 모였나이다.

에베소서 1장 11-12절

모든 일을 그의 뜻의 결정대로 일하시는 이의 계획을 따라 우리가 예정을 입어 그 안에서 기업이 되었으니 이는 우리가 그리스도 안에서 전부터 바라던 그의 영광의 찬송이 되게 하려 하심이라.

하나님을 경외하는 경건한 습관 기르기

하나님을 경외하는 것은 단순히 머릿속에 새로운 정보를 채워 넣는 것만으로 이루어지지 않는다. 경건한 습관도 함께 길러야 한다. 아래 제안 중 두 가지 이상을 선택하여 이번 주에 실천해 보라.

하나님의 주권적 승리를 일상 속에서 한층 더 깊이 체험하게 될 것이다.

1. 고대 근동의 느부갓네살왕은 자신이 주권자라는 망상에 빠져 고생했다. 심지어 제정신을 잃기까지 했다. 다니엘 4장 28-37절에서 그가 어떻게 하나님의 주권을 인정하게 되었는지 읽어 보라. 하나님의 영원한 권세를 깨달은 그의 고백처럼 34-35절 말씀으로 기도하라.
2. 당신의 삶에서 가장 큰 고통을 세 가지만 꼽아 보라. 하나님의 주권적 손에 하나씩 올려 드리라.
3. 성령께 당신의 마음을 살피셔서 속에 도사리는 불안이 있다면 보여 달라고 기도하라. 15분간 침묵하며 성령께 전적으로 의탁하라.

11. 과연 어디까지 하나님이 다스리실까?

지금까지 우리는 신뢰할 만하고 기쁨이 되시는 하나님을 조금이나마 살펴보았다. 그런데 하나님은 생각하고 느끼기만 하시지 않고, 행하신다. 행동의 하나님, 능력의 하나님이시다. 내가 아직 당신의 심기를 거스르지 않았다면 지금부터 각오하라. 이제 우리는 성경 전체에서 가장 거슬리는 진리 가운데 하나로 넘어간다.

신학 역사에서 일부 최고의 지성도 이 진리에 거부감을 가졌다. "최초이자 최고의 미국 본토 출신 철학자"[1]로 불리는 조나단 에드워즈는 이것을 "끔찍한 교리"라 칭했다.[2] 그의 제자 데이비드 브레이너드는 "마음 가득 지독한 반감을 품고" 이것에 접근했다.[3] R. C. 스프로울은 이것을 "불쾌한 생각"이라 칭하며 "완강히 맞서 싸웠다."[4] 나는 신자가 되고 나서 처음 7년간 이 개념 자체에 신경이 곤

두셨다. 그래서 성경이 정말 그렇게 가르친다면 성경과 영원히 결별하겠노라고 대학 시절에 다짐했다.

그런데 에드워즈가 "놀라운 변화"를 경험했다. 끔찍해 보이던 이것이 "즐거운 확신", "한없이 유쾌하고 찬란하고 달콤한" 교리로 바뀐 것이다.[5] 브레이너드도 한때 반감을 품었던 교리가 "무한한 지혜와 지당한 탁월성"의 근원임을 깨달았다.[6] 스프로울은 자신을 "괴롭히던" 이 교리가 결국 "내 영혼에 불쑥 다가와" "하나님의 깊고 풍성한 자비를 드러내 주었다"라고 말했다.[7]

나는 대학 시절의 어리석은 다짐을 어겼다. 이 교리 때문에 잠을 설치고 답을 찾지 못해 정신적으로 지쳐 있었음에도, 졸업한 직후 비행기를 타고 네덜란드로 유학길에 올랐다. 한 친구가 대서양을 건너는 긴 비행시간에 도움이 되라고 조나단 에드워즈의 책《자유 의지*Freedom of the Will*》를 주었다. 청록색 표지의 닳고 닳은 책이었다. 로스앤젤레스 공항에서 이륙할 때는 이 교리에 반발심이 일어나 속으로 씩씩거리던 내가 암스테르담 공항에 착륙할 때는 무릎을 꿇었다. 상상도 못 했던 기쁨과 안전감과 경외심이 내 영적 삶의 한가운데로 밀물처럼 밀려왔다.

그 어렵고도 즐거운 교리는 바로 하나님의 주권이다. 3부를 읽으면서 당신도 반발심이 들거나 얼굴을 찡그리거나 이 책을 믹서에 갈아 버리고 싶을 수 있다. 당신만 그런 게 아니다. 당신은 여태 경험한 무엇보다도 더 "유쾌하고 찬란하고 달콤한" 무언가에 눈뜨기 직전일 수도 있다.

바이올라대학교에서 신학개론 과목을 가르칠 때 나는 처음 몇 주 동안 칠판에 큰 원을 그리고 큰 글씨로 '주권의 원'이라고 쓴 다음 학생들에게 묻는다. "하나님의 능력을 가리키는 이 원 안쪽에 들어가는 것과 바깥쪽에 남는 것은 각각 무엇일까요?" 이 질문은 팔꿈치에 헝겊을 덧댄 정장 차림의 신학자들이 상아탑에서 사유하는 질문이 아니다. 생각보다 많이 우리 모두의 삶과 맞닿아 있는 질문이다. 마르틴 루터가 말한 그대로다. "하나님의 활동과 능력을 모른다면 나는 하나님 자신을 모르는 것이고, 하나님을 모른다면 그분을 예배하고 찬송하고 섬기고 그분께 감사할 수 없다. 내 본분이 어디까지고 하나님의 공로가 어디까지인지를 모르기 때문이다."[8]

그렇다면 주권의 원 안에 들어가는 것은 무엇일까? 초신성과 블랙홀과 북극광과 백상아리일까? 시편 135편 6절을 보자. "여호와께서 그가 기뻐하시는 모든 일을 천지와 바다와 모든 깊은 데서 다 행하셨도다."욥 38-39장 참조 폭발하는 별과 상어를 주권의 원 안에 그려 넣으라.

소위 모든 우연한 현상은? 잠언 16장 33절을 보자. "제비는 사람이 뽑으나 모든 일을 작정하기는 여호와께 있느니라."행 1:24 참조 주사위 굴리기와 동전 던지기도 주권의 원 안에 그려 넣으라.

나라의 흥망은 어떨까? 욥기 12장 23절을 보자. "민족들을 커지게도 하시고 다시 멸하기도 하시며."스 1:1; 6:22; 잠 21:1; 행 14:16; 17:26 참조 불타는 국기를 원 안에 그려 넣으라.

전혀 무의미해 보이는 고난은 어떨까? 마태복음 10장 29절을 보자. "너희 아버지께서 허락하지 아니하시면 그 〔참새〕 하나도 땅에 떨어지지 아니하리라."사 45:7 참조 예수님은 "하나님께서 정하신 뜻과 미리 아신 대로" 처형당하셨다.행 2:23 죽은 새와 십자가를 원 안에 그려 넣으라.

인간의 마음은 어떨까? "또 새 영을 너희 속에 두고 새 마음을 너희에게 주되."겔 36:26 인간의 재능은? "네게 있는 것 중에 받지 아니한 것이 무엇이냐."고전 4:7 인간의 계획은? "사람이 마음으로 자기의 길을 계획할지라도 그의 걸음을 인도하시는 이는 여호와시니라."잠 16:9 원 안에 당신 자신을 그려 넣으라.

인간의 정치는? "왕의 마음이 여호와의 손에 있음이 마치 봇물과 같아서 그가 임의로 인도하시느니라."잠 21:1 인간의 구원은? 로마서 9장 16절을 보자. "그런즉 원하는 자로 말미암음도 아니요 달음박질하는 자로 말미암음도 아니요 오직 긍휼히 여기시는 하나님으로 말미암음이니라."요 6:37-44; 롬 8:30; 엡 1:3-10 참조

우리의 심장 박동은? 모든 호흡은? 다음번 동작은? 사도행전 17장 28절을 보자. "우리가 그를 힘입어 살며 기동하며 존재하느니라." 이 역시 다 주권의 원에 채워 넣으라.

주권의 원 바깥쪽에는 무엇이 남을까? 답은 유니콘이 꾸는 꿈과 다를 바 없다. 아무것도 없다. 폭발하는 별부터 아원자 입자까지, 참새의 죽음부터 그분이 사랑하시는 아들의 죽음까지, 슬픔에서 구원까지 하나님은 보좌에 앉아 온 우주를 다스리시는 왕이다. 그분은 늘 자신의 거룩한 성품에 따라 자신이 기뻐하시는 일을 자

신이 기뻐하시는 방식으로 자신이 기뻐하시는 때에 자신이 기뻐하시는 대상에게 행하신다.

그분께는 깜짝 놀라실 일이 없다. 그분의 주권적 뜻은 결코 꺾이지 않는다. 바람개비로 토네이도를 막을 수 없고 모래성으로 쓰나미를 막을 수 없듯이 그 무엇도 그분의 뜻을 막을 수 없다. 하나님은 승리하신다. 성공하신다. 다스리신다. 통치하신다. 고난의 수렁부터 구원의 봉우리까지 아무것도 그분의 주권적 통치의 범위를 벗어나지 못한다. 하나님은 승리의 하나님이다.

하나님이 하나님이신 데는 그런 의미도 포함된다. 그분은 "모든 일을 그의 뜻의 결정대로 일하"신다.엡 1:11 그분은 "나의 뜻이 설 것이니 내가 나의 모든 기뻐하는 것을 이루리라"라고 선포하셨다.사 46:10 욥은 "주께서는 못 하실 일이 없사오며 무슨 계획이든지 못 이루실 것이 없는 줄 아오니"라고 말했다.욥 42:2 이사야는 "만군의 여호와께서 경영하셨은즉 누가 능히 그것을 폐하며 그의 손을 펴셨은즉 누가 능히 그것을 돌이키랴"라고 고백했다.사 14:27 시편 기자는 "오직 우리 하나님은 하늘에 계셔서 원하시는 모든 것을 행하셨나이다"라고 노래했다.시 115:3

경고했듯이 하나님의 주권은 쉬운 교리가 아니다. 그러나 절대 주권자만이 경외받기에 합당하신 신이다. A. W. 핑크Pink가 말했듯이 "'신'의 뜻이 저지되고 계획이 꺾이고 목적이 무산된다면, 신으로 불릴 자격도 없다. 예배의 대상이기는커녕 당연히 멸시밖에 받을 게 없다."[9]

12. 고난과 악이 판칠 때 그분은 어디 계시는가

피조물의 고난과 악행까지도 하나님 주권의 원 안쪽에 둔다면 무리일까? 1세기로 거슬러 올라가 초기 그리스도인이 이 질문에 어떻게 답했는지 보자. 걱정 많은 그리스도인들이 예루살렘의 어느 집에 모여서 드린 기도가 사도행전 4장 24-28절에 이렇게 기록되어 있다.

> 대주재여 천지와 바다와 그 가운데 만물을 지은 이시요 …… 과연 헤롯과 본디오 빌라도는 이방인과 이스라엘 백성과 합세하여 하나님께서 기름 부으신 거룩한 종 예수를 거슬러 하나님의 권능과 뜻대로 이루려고 예정하신 그것을 행하려고 이 성에 모였나이다.

어떤 정황에서 드린 기도일까? 얼마 전에 사도 베드로와 요한은 한 장애인을 만났다. 성전 미문美門에 날마다 모이는 환자들 틈에 늘 끼어 있던 사람이었다. 베드로가 나사렛 예수 그리스도의 이름으로 그에게 일어나 걸으라고 말하자 그는 난생처음 벌떡 일어나 기뻐 뛰었다. 베드로와 요한은 자신들의 공로가 아니라며 부활하신 주 예수님의 권능을 공공연히 선포했고, 이에 그리스도를 새로 믿은 사람이 5,000명이나 되었다. 그러나 예루살렘의 종교와 정치 실세는 이 경이로운 설교의 파급력을 "싫어"했다.행 4:2 그래서 베드로와 요한을 구금하고 엄명을 내렸다. "앞으로 예수에 대해 입도 뻥긋하지 마. 그렇지 않으면 너희를 없애 버리겠다!"라고 말한 셈이다. 누가가 기록한 역사에서 분명히 보듯이, 두 사도를 죽이겠다고 위협한 일당은 실제로 공모하여 예수님을 처형한 장본인들이다.[1] 다시 말해서 이 위협은 빈말이 아니었다.

풀려난 베드로와 요한은 모여 있던 성도들에게 나쁜 소식을 알렸다. 그렇게 확실히 죽이겠다고 위협하면 누구나 두렵고 불안할 수밖에 없다. 그래서 초대 교회는 어떻게 했을까? 기도했다. 누구에게 기도했을까? 그들의 기도 첫 단어에서 능력에 대한 그들의 신학을 엿볼 수 있다. 그들은 "대주재"(헬라어로 "데스포타Despota")에게 기도했다.[2] 이 헬라어 단어에서 절대 권력을 뜻하는 영어 단어 "데스팟despot"이 나왔다.[3] 여러 영역본에 "주권자 주Sovereign Lord"로 잘 옮겨져 있다.

이 단어를 전후로 누가가 쓴 권력 호칭이 많이 나온다. 제사장들과 성전 맡은 자와 사두개인들행 4:1, 관리들과 장로들과 서기관들 5, 8, 23절, 대제사장과 모든 대제사장 문중6절, 공회15절, 군왕들과 관리들26절, 헤롯과 본디오 빌라도27절 등이다. 그러나 "대주재"라고 불리기에 합당하신 분은 오직 하나님뿐이다. 상황을 주관하신 분은 공모자인 그 종교와 정치 실세가 아니라 "천지와 바다와 그 가운데 만물을 지은 이"시다.24절 우리의 운명은 인간 권력자 손안에 있지 않고 하나님의 손안에 있다.

이어 초대 교회의 기도는 예수님이 처형당한 십자가 사건으로 넘어간다. 언뜻 악이 선을 이기고 피조물이 창조주를 이긴 듯 보였지만, 그리스도인들의 기도를 통해 깜짝 놀랄 만한 신학적 선언이 이루어졌다. 악한 인간들이 공모하여 예수님을 십자가에 못 박았지만, 그들은 "하나님의 권능(케이르)과 뜻(불레)대로 이루려고 예정하신 그것"을 행했을 뿐이다.28절 하나님의 "케이르cheir", 즉 "손"은 "그분의 권능을 은유하고 …… 주권적 지배를 상징한다."[4] 그 손으로 하나님은 유대 민족을 애굽의 노예 생활에서 해방하셨고,[5] 느부갓네살왕조차 아무도 그 손을 막을 수 없다고 고백했다.[6]

여기에 더하여 기도에 하나님의 "불레boulē", 곧 그분의 뜻과 목적과 계획을 덧붙인다. 사도행전 5장 38-39절에서 인간의 손으로 무너뜨릴 수 없는 것이 바로 하나님의 불레다.[7] 예수님이 처형되신 것은 우연이나 임기응변이 아니다. 실패나 예기치 못한 사건도 아니다. 모든 것은 하나님의 계획이었고, 예수님이 십자가에 달리시기 수백, 수천 년 전부터 약속된 일이었다.[8]

하나님의 손과 뜻이 하는 일은 무엇인가? 여기서 우리는 초대 교회의 짤막한 기도에 등장하는 네 번째 권력 용어를 만난다. 대주재[데스포타]의 손[케이르]과 뜻[불레]은 "예정한다[헬라어로 "프로오리센 proorisen"]." 성경에서 이 동사는 창조주께만 쓰이고 피조물의 행동에는 한 번도 쓰인 적이 없다.[9] 초대 그리스도인들에 따르면 하나님은 무엇을 예정하셨는가? 바로 예수님이 처형당하실 일을 예정하셨다. 다시 목숨을 위협해 오는 종교와 정치 실세 앞에서 초대 교회는 그 신학적 사실을 소환하여 용기를 얻었다. 예루살렘의 그리스도인들 위로 하늘이 무너지는 것 같았다. "하나님, 이제 우리는 산으로 달아날까요? 굴속에 숨을까요? 공포에 질려 침묵할까요? 하나님은 어디에 계신가요?"

그들이 떠올렸듯이 무서운 소식이 들리는 와중에도 하나님은 여전히 보좌에 앉아 계신다.[10] 대주재의 손과 뜻은 그분의 절대 선善을 전혀 타협하지 않고도 고난과 악을 예정하실 수 있다. 그들도 구약을 읽었으니 이 진리를 익히 알았을 것이다.[11] 이런 깊은 신학으로 하나님의 섭리를 볼 줄 알았기에 초대 그리스도인들은 계속 "담대히 하나님의 말씀을 전"했다.행 4:31

그 집에서 기도한 뒤로 전개되는 사도행전 내러티브를 보면, 하나님을 대적하는 인간과 마귀는 초대 교회의 불꽃 위에 비를 퍼부어 잿더미와 연기만 남기려 했다. 그러나 매번 하나님이 마치 주권의 손가락을 튕겨 빗물이 공중에서 휘발유로 변하기라도 한 듯, 기쁜 소식은 예루살렘에서 사마리아와 땅끝으로 들불처럼 번져 나갔다. 보좌에 앉으신 하나님을 우리도 초대 교회만큼 진지하게 대한다면 무슨 일이 벌어질까?

13. 불안의 해법, 신의 권좌에서 내려오기

고난과 악을 주관하시는 하나님의 주권을 1세기의 형제자매들 만큼 진지하게 대한다면, 우리는 훨씬 더 반문화의 주역으로 보일 것이다.

서구 문화는 신앙의 시대, 계몽의 시대, 과학의 시대 등을 거쳐 왔다. 현시대에 가장 잘 어울리는 명칭은 뭘까? 프린스턴대학교 Princeton University의 로버트 조지Robert George는 "감정의 시대"라 했다.[1] 그의 말이 옳다면 특별히 우리 시대를 가장 잘 규정하는 감정이 하나 있다. 바로 불안이다.

인디 록 밴드 아케이드 파이어Arcade Fire의 표현을 빌리자면, 우리는 "불안한 시대"에 들어서 있다. 13~18세 청소년 중에 무려 3분의 1이 현재 불안 장애를 겪고 있다.[2] 대학 상담실을 찾아간 학생 가운데 불안을 자신의 문제로 꼽은 비율이 2009년 이전에는 37퍼센트였는데 2016년에는 51퍼센트로 증가했고, 계속해서 높아지는 추세다.[3] 2020년에 미국 심리학회는 "국가 정신건강 위기"를 선포했다.[4] 채프먼대학교Chapman University에서 발표한 "2022년 미국인의 두려움 실태 조사"에 따르면, 미국인 다섯 명 중 네 명꼴로 부패한 정부 관료에 대한 두려움을 1위로 꼽았다. 미국인의 과반은 핵 공격, 환경오염, 화학전, 경제 붕괴, 제3차 세계 대전 등에 대한 만성적 두려움 속에서 살아간다.[5]

물론 불안을 야기하는 요인은 복합적이다. 끔찍한 지구촌 소식을 인류사 어느 때보다도 빠르게 쏟아 내 세상이 작아 보이게 하는 SNS, 정치 격변, 조너선 하이트가 역설했듯이[6] 인간이 나약하다는 잘못된 전제하에 자녀를 응석받이로 기르는 양육 방식 등 그 밖에도 많다. 그러나 나는 불안한 우리 시대의 배후에 깊은 신학적 요인이 있다고 본다.

이해를 돕기 위해 틸리Tilly라는 친구를 소개하고 싶다. 틸리는 하나님에 대한 반론이 넘쳐 났다.[7] 나와 인근 맥줏집에서 마주 앉은 그녀는 속사포처럼 반론을 쏟아 냈다. "진화는 어떤가요? 십자군 전쟁과 종교 재판은요? 세상의 모든 악과 고난은 괜찮은가요?" 그렇게 5분쯤 지난 뒤 내가 말했다. "틸리, 다 정당한 질문입니다. 나도 진지하게 받아들입니다. 답을 원한다면 기꺼이 답해 보지요. 하지만 먼저 뭘 좀 물어봐도 될까요?"

틸리는 고개를 끄덕였다.

"지금부터 몇 시간 동안 당신의 모든 질문에 납득할 만한 답을 말한다면 어떻게 될까요? 하나님의 존재에 대한 당신의 합리적 의심이 깨끗이 걷힌다면, 그때는 그분 앞에 무릎을 꿇겠어요? 하나님을 당신의 하나님으로 모시고 살아가겠습니까?"

"아니요!" 그녀는 곧바로 힘주어 답했다.

"좋습니다. 솔직해서 좋군요. 그렇다면 하나님을 믿을 만한 설득력 있는 이유를 내 나름대로 제시한다 해도 피차 시간 낭비일 겁니다. 하나님의 존재에 대한 의심이 사라져도 그분께 삶을 의탁하지는 않겠다는 말이잖아요. 왜죠?" 내가 물었다.

틸리는 잠시 생각하다가 말했다. "솔직히 말해서 하나님이 존재한다고 생각하면 내 기분이……" 여기까지 말한 뒤 그녀는 단어를 정확히 골라 말했다. "공황 상태가 되거든요." 정확히 그 단어였다. 불쾌한 공황 발작은 우리 시대에 아주 흔해졌다. 겪어 본 사람은 누구나 그 심정을 알리라. 완전히 통제력을 잃는 기분 말이다. '이제 망했구나' 싶은 극도의 무력감에 머리가 어질어질해진다. 하나님을 생각만 해도 틸리의 심정이 그랬다는 것이다.

"직접 통제할 수 있어야 기분이 더 좋다는 말이군요. 맞나요?"

내 물음에 틸리는 "맞아요"라고 답했다.

"삶의 운전대를 꽉 움켜쥐고 좌회전이나 우회전, 가속 또는 감속 모두를 당신이 원하는 대로 하고 싶다는 말이군요? 그런가요?"

"네."

일부러 그런 건 아닌데, 이어진 내 질문에 그녀는 '딱 걸리고' 말았다. "그렇게 살아 보니 어떻던가요?"

"별로예요." 딱 잘라 말하는 그녀의 뺨에 눈물과 뒤섞인 마스카라가 흘러내렸다.

우리의 대화는 이때부터 본격적으로 시작되었다.

우리 모두의 내면에 틸리가 있다. 우리도 직접 통제하고 싶은데 혼란스러운 우주가 으름장을 놓는다. 아무리 운전대를 꽉 움켜쥐고 더 밝은 미래로 나아가려 해도 가로수나 가로등, 낙석이나 돌담을 들이받기가 너무도 쉽다는 걸 알기에 불안하다. 우리의 통제 소관을 벗어나는 게 너무 많다. 그럴듯한 계획을 우리가 아무리 세워도 하나님은 웃고 계신다.시 2:4 아무리 방어하거나 계획하거나 궁리해도 우리가 바라는 물샐틈없는 안전은 요원하기만 하다.

불안한 우리 시대로 다시 돌아가 여기서 소개하고 싶은 이론이 있다. 우리 시대를 규정하는 한 가지 특징을 찰스 테일러Charles Taylor는 "내재적 틀"이라 칭한다. 그에 따르면 "이 틀은 **초자연적** 질서와 대비되는 **자연적** 질서, **초월적** 세계를 배제하는 **내재적** 세계다." 게다가 이것은 신념이라기보다 "신념을 낳는 주관적 전제", "무조건 정해져 있는 기본값"이다.[8]

물고기와 물의 관계처럼 우리는 내재적 틀 속에서 살면서 거기에 어떠한 의문도 제기하지 않는다. 물고기처럼 우리도 어항을 넘어서는 모든 실재를 모른 채 어항 속에서만 헤엄치며 산다. 마치 전기세 고지서와 속 쓰림, 햄버거, SNS 게시물, 불면증과 교통 체증과 화학 반응이 '진정한 삶'인 것처럼 살아간다. 하나님과 천사와 귀신과 기적, 우주를 구원하는 거대 담론은 진정성이 떨어지거나 대체로 일상의 실존과 무관하다고 여긴다.

내재적 틀에 갇힌 삶은 사실상 무신론이다. 그렇다고 무신론자에게만 국한된 것은 아니다. 우리는 《웨스트민스터 소요리문답 *Westminster Shorter Catechism*》을 외웠을 수 있고, "모든 피조물을 유지하고 다스리시는 지극히 거룩하고 지혜롭고 능하신" 하나님을 즐거이 고백할 수 있다. 그러나 실제로는 마치 자신이 비인격적 세력이나 자신의 의지력에 달린 것처럼 살 수 있다. 하나님의 주권 교리를 머리로 인정하는 것과 그것을 존재와 감정의 전제로 내면화하여 그대로 생활하는 것은 전혀 다른 문제다.

초월적 세계를 배제하며 살아도 속으로는 여전히 우리에게 초월자 하나님만이 주실 수 있는 것이 필요하다. 무한하신 그분의 자리를 우리는 나 자신이 대신하려 애쓴다. 하지만 스스로 주권자가 되려 하면 유일하신 참주권자를 신뢰하지 않는 것이다. 피조물인 우리는 창조주의 어깨로만 감당하실 수 있는 무게에 짓눌려 쓰러진다. 내재적 틀에 갇힌 삶의 뻔한 심리적 결과는 대개 비참한 두려움과 불안이다.

하나님의 주권을 부정하는 삶이 불안의 유일한 원인이라는 말은 아니다. 너무 활성화된 뇌 편도체, 과거의 트라우마, 진한 에스프레소, 하바네로 고추에 버무린 매운 치킨도 영향을 줄 수 있다.[9] 우리는 몸을 입은 영혼이므로 좋은 쪽으로든 나쁜 쪽으로든 몸이 심리 상태와 영적 상태에 지대한 영향을 미칠 수 있다. 믿어지지 않거든 무릎을 꿇거나 두 팔을 들고서 기도하는 습관을 들여 보라. 경외하는 몸의 자세가 영혼에 미치는 영향이 느껴질 것이다.

그러나 자신이 주권자라는 망상에 빠져 있는 한 아무리 세상의 신체 단련, 아로마테라피, 마사지, 선택적 세로토닌 재흡수 억제제〔대표적 항우울제〕를 다 동원해도 불안의 근원을 치유할 수 없다. 틸리처럼 우리도 하나님을 주권자로 신뢰하지 않는 정도만큼 스스로 주권자가 되려 한다. 발뺌하고 싶지만 나도 그럴 때가 아주 많다. 이것이야말로 정신적 탈진과 만성 불안에 이르는 지름길이다.

자꾸 신의 권좌를 넘보는 우리가 사실 얼마나 미미한 존재로 내재적 틀에 갇혀 있는지를 잠시만 생각해 보라. 암담한 병의 진단, 교통사고, 지진, 총기 난사, 정치가의 음모, 정부의 붕괴, 핵 확산, 경기 불황, 지구 온난화, 우주를 떠도는 운석 등은 일상사가 되었다. 조지 루카스George Lucas가 제작하는 속편 영화도 계속 나온다.

대주재가 계시지 않는다면, 실존적 두려움이야말로 논리적으로나 심리적으로나 삶에 대한 제대로 된 반응이다. 아르튀르 랭보Arthur Rimbaud 같은 시인, 아르투어 쇼펜하우어Arthur Schopenhauer 같은 철학자, 알베르 카뮈 같은 소설가, 프랜시스 베이컨Francis Bacon 같은 화가, 존 케이지John Cage 같은 작곡가, 스탠리 큐브릭Stanley Kubrick 같은 영화감독들은 이를 잘 알았다. 그런데 우리는 그들이 잘 알았던 것을 애써 외면하며 주의를 딴 데로 돌린다. 스마트폰에 파묻혀 살거나 뇌에 행복 자극제를 들이붓거나 닐 포스트먼Neil Postman의 유명한 말처럼 "죽도록 즐긴다."[10]

하지만 훨씬 나은 해법이 있다. 이제 내재적 틀을 깨고 나오라.

당신의 우주는 닫혀 있으니 그 상자의 뚜껑을 열라. 그러면 초월자 하나님이 모든 것에 새로운 빛을 비춰 주신다. 사도행전 4장의 초대 그리스도인 무리에 가담하라. 그들은 법을 빙자한 목숨의 위협과 십자가형이라는 암담한 현실이 "실재"의 전부라는 거짓말을 믿지 않았다. 초월자 하나님이 존재하시고 보좌에 앉아 계시는 그 실재 속으로 들어가라. 그분을 경외하라. 그렇지 않으면 사실상 모든 것이 두려워질 수 있다.[11]

14. 세상에 '어쩌다 일어난 일'은 없다

일부 신학자는 하나님의 주권이 대략적 의미라고 주장한다. 인류사의 전체 목적을 이루시고 어쩌면 이야기의 결정적 고비의 순간에 좀 더 직접 개입하시는 정도지, 그분이 세세한 일까지 다 주관하지는 않으신다는 것이다.[1]

할리우드의 영화감독 폴 토머스 앤더슨Paul Thomas Anderson이 그런 신학자보다 좀 더 올바로 알았다. 영화 〈매그놀리아Magnolia〉의 감독이자 각본을 맡은 그는 대부분 버몬트주의 한 오두막집에서 숨어서 그 영화의 각본을 썼다. 그는 집 바깥에서 뱀을 본 뒤로 무서워 외출하지 못했다. 그 뱀을 기억해 두라. 영화는 신학에서 '섭리'라 칭하는 공통된 주제의 일화 세 편을 소개하는 내레이션으로 시작된다.

첫 번째는 1911년에 에드먼드 윌리엄 갓프리 경을 살해한 세 사람이 교수형을 당한 기사다. 살인범의 이름은 조셉 그린, 스탠리 베리, 대니얼 힐. 성만 따면 그린Green, 베리Berry, 힐Hill인데 마침 그들이 살던 지역도 런던의 그린베리 힐Greenberry Hill이었다.

내레이션은 1983년에 스쿠버 장비를 장착한 델머 대리언이라는 다이버가 나무 꼭대기에서 죽은 채로 발견된 기사로 넘어간다. 타호 호수에서 그는 인근 산불을 끄던 소방 헬기에 빨려들어 가는 사고를 당했다. 불운의 헬기 조종사 크레이그 핸슨은 이틀 전 밤에 인근 리노의 카지노에서 대리언을 공격한 적이 있다. 스쿠버 마니아인 불운의 대리언이 블랙잭 딜러로 일하던 곳이었다. "무거운 죄책감과 기막힌 우연을 감당할 수 없어 핸슨은 자살했다."[2]

세 번째 사연은 1959년에 자살하려다 살인자가 된 17세 청소년 시드니 배린저의 기구한 죽음이다. 자신이 살고 있던 9층짜리 아파트 옥상에서 투신하기로 한 그는 유리창 청소 업자가 바닥에 안전그물을 쳐 놓은 것을 몰랐다. 차라리 바닥에까지 추락했다면 죽지 않았을 텐데, 6층을 지날 때 그는 복부에 총을 맞고 죽었다. 알고 보니 6층에서 시드니의 부모가 부부 싸움을 하던 중 엄마 페이가 아빠 아서를 위협하려고 쏜 총이었다. 평소에 장전되어 있지 않던 총인데, 엿새 전에 하필 시드니가 부모의 살기등등한 싸움이 지긋지긋해서 총알을 넣어 놓았던 것이다. 결국 시드니는 자신을 살해한 공범이 되었다.

앤더슨의 결론은 이렇다. "이 내레이터의 좁은 소견으로 보아 이 모두는 우발적 사건이 아니다. 어쩌다 그렇게 된 게 아니다. 결코 우연일 수 없다. …… 단순한 우연이 아니다."[3]

2021년에 존 파이퍼는 탁월한 신학 서적 《섭리*Providence*》를 출간했다. 오디오북으로 들으면 꼬박 하루가 넘게 걸리는, 26시간 분량의 내용이다. 폴 토머스 앤더슨은 신학자는커녕 그리스도인도 아니지만 파이퍼가 지면에 설파한 깊은 진리를 단 6분간의 영화 화면에 담아냈다. 성경 전체를 오디오북으로 듣는 데는 75시간이 걸리지만, 사실 성경의 모든 순간은 단 군데의 예외도 없이 앤더슨의 말처럼 이렇게 표현할 수 있다.

"이 모두는 우발적 사건이 아니다."

예수님을 믿고 개종한 최초의 아프리카인이 사도행전에 나온다. 사실 이 에디오피아인은 사도행전 전체에서 유대 민족이 아닌 사람이 예수님 안에서 구원받은 최초의 사례다. 교회사 초기에 아프리카는 옥토와도 같아서 아타나시우스Athanasius, 아우구스티누스, 클레멘스Clemens, 키프리아누스Cyprianus, 테르툴리아누스Tertullianus 같은 신학의 선각자를 위시한 아름다운 기독교가 그곳에서 풍성한 싹을 틔웠다. 누가가 기록으로 남긴 역사를 생각해 보라.[4]

천사가 빌립을 불러 예루살렘에서 옛 가사로 가는 길을 걷게 했다. 지시 사항치고는 이상했다. 당시 가사에는 사람이 살지 않아 이 고대 유령 도시로 가는 길은 사실상 황무지였기 때문이다. 로마 제국의 사통팔달한 도로망은 전체 길이가 40만 킬로미터에 달했지만, 빌립은 하필 이 80킬로미터 남짓한 인적 드문 광야 길을 걷게 되었고, 때마침 그곳을 지나던 한 에디오피아인과 마주쳤다. "우발적 사건"이 아니다.

이 에디오피아 사람은 아프리카 여왕 간다게의 모든 국고를 맡은 관리였으니행 8:27 권력과 위세가 대단한 인물이었다. 형편상 예루살렘을 왕래할 수 있고, 수레로 이동할 경비를 감당할 재력이 있으며, 당시 구하기 힘든(인쇄술이 발명된 것은 1,500년 후의 일이다) 이사야서 두루마리를 소유할 수 있는 사람은 0.0000001퍼센트에 불과한데, 그가 바로 그중 한 사람이었다. 게다가 이 부유한 에디오피아인은 그 두루마리를 마침 소리 내서, 그것도 빌립에게 들릴 만한 거리에서, 심지어 에디오피아나 다른 나라 말이 아닌 빌립이 알아들을 수 있는 공용어로 읽었다.

그가 헬라어로 소리 내서 읽은 책과 장은 지금의 이사야 53장이다. 그 본문의 주제는 너무나 명백하게 예수님의 기쁜 소식이다. 그래서 찰스 스펄전은 이 본문을 "축소판 성경이요 복음의 진수"라 표현했다.[5] 구약학자 프란츠 델리취Franz Delitzsch도 이사야 53장을 "마치 골고다의 십자가 아래서 쓴 것 같다"라는 유명한 말을 남겼다.[6] 사실은 그로부터 수백 년 전에 쓴 예언이다.

에디오피아인은 《플라톤의 국가론*Republic*》, 《이집트 사자의 서*The Egyptian Book of the Dead*》 등 다른 두루마리를 읽을 수도 있었다. 그런데 구약 성경을 읽었다. 구약 성경 중에서도 민수기의 인구 조사 명단, 이를테면 "시므온 지파에서는 수리삿대의 아들 슬루미엘이요" 같은 구절이나 레위기의 가옥 곰팡이 처리 규정을 읽을 수도 있었다.[7] 그런데 구약의 총 929장 가운데서 단연 가장 기독론적인 장을 읽었다. "결단코 어쩌다 그렇게 된 게 아니다."

에디오피아인은 빌립을 자기 수레로 청하여 이사야의 말을 설명해 달라고 했다. 이사야 53장의 고난당하는 종이 실제로 예수님임을 명확히 설명할 수 있던 사람은 많지 않은데, 마침 빌립이 그중 한 사람이었다. 에디오피아인이 "도수장으로 끌려가는 어린양"7절 예수님의 기쁜 소식을 깨닫던 순간 수레가 물가를 지나갔는데, 중동의 메마른 광야 구간에 그런 곳은 드물었다. 거기서 그는 빌립에게 세례를 받고 계속 "기쁘게" 길을 가서 우주 최고의 기쁜 소식을 아프리카 대륙에 전했다.행 8:26-39 그 결과 훗날 이사야 53장의 고난당하는 종 예수님 안에서 기뻐하는 아프리카인이 무수히 많아진다.

이 내레이터의 좁은 소견으로 보아 이 모두는 "우발적 사건"이 아니다. "어쩌다 그렇게 된" 게 아니다. 결코 우연일 수 없다. 단순한 우연이 아니다. 세상에 우연이란 없다.

앤더슨이 〈매그놀리아〉 각본을 쓴 버몬트주 오두막집 바깥에 있던 뱀을 다시 생각해 보라. 그 징그러운 뱀이 없었다면 그는 안에 틀어박혀 각본을 쓰는 데 매달리지 않았을 것이다. 좋은 이야기 정도가 아니라 역대 최고의 이야기가 기록되는 데 관여된 다른 뱀이 있다. 부디 내 말에 오해가 없기를 바란다. 모든 진리와 선과 아름다움을 파괴하려는 일념뿐인 그 간교한 뱀에게 감사해야 한다는 말이 아니다. '타락후예정론' 대 '타락전예정론'의 해묵은 논쟁이나 사탄과 인류 시조의 정확한 타락 경위를 논하려는 것도 아니다.

역사의 위대한 각본가이신 하나님이 쓰시는 현실의 이야기에는 그 무엇 하나도 단순한 우연이 없다. 광야, 값비싼 두루마리, 사막의 물, 뱀은 전혀 우연이 아니다. 사실 당신이 평생 겪을 모든 고난과 평생 맛볼 모든 기쁨도 "결코 우연일 수 없다."

15. 인생 구덩이에서 전능하신 아버지를 부르라

하나님이 주권자이기만 하다면 마음의 평화가 모두 무너질 수 있다. 하나님이 전능한데 선하지 않고 데카르트의 우려대로 "기만하는 신"이라서 자신의 무한한 능력으로 우리를 속이고 멸한다면 어떻게 될까? 하나님의 주권에 대한 우리의 간략한 공부를 마치기 전에 꼭 짚고 넘어가야 할 게 있다. 보좌에 계신 그분은 폭군이나 소시오패스, 우리의 흥을 깨는 심술쟁이가 아니다. 그분은 사랑으로 다스리시는 아버지시다. 그분의 통치는 공포가 아닌 기쁨을 낳는다.

하나님이 아버지시라는 사실이 왜 그렇게 중요할까? 일곱 살 난 내 아들 헨드릭Hendrik은 내가 자기를 공중에 던졌다가 받을 때마다 공포에 질려 소리치지 않는다. 자신에게 제어할 힘이 전혀 없는데도 숨넘어갈 듯 웃는다. "또 해 줘, 아빠, 또!" 둘이 레슬링을 할 때면 헨드릭은 내가 무슨 기술을 쓸지를 모른다. 아들이 신나게 소리를 지르는 건 바로 내가 자기를 둘러메칠지 위에서 덮칠지 옷을 잡고 늘어질지를 짐작하지 못하기 때문이다.

속수무책인 상태를 아들은 공포가 아닌 자유와 행복감으로 경험한다. 왜일까? 생판 모르는 남이 그 아이를 거머쥐고 공중으로 던지거나 레슬링 기술로 공격한다면 아들은 내가 상대를 제압할 때까지 겁에 질릴 것이다. 차이는 빤하다. 헨드릭은 나를 알고 신뢰한다. 아빠가 자기보다 힘이 세다는 것도 알지만, 더 중요하게 아빠가 자기를 사랑하기에 그 우월한 힘을 자기를 위해 쓴다는 것도 안다.

성경이 말하는 주권자 하나님은 무서운 남이 아니므로 우리는 힘이 약해도 겁낼 필요가 없다. 그분은 사랑이 많으신 내 아버지시다. 구약의 하나님은 자신을 입법자, 재판관, 신랑, 치유자, 용사, 토기장이, 방패, 복수하시는 분, 건축가, 의사, 빛, 불, 연인, 반석, 망대, 왕, 목자, 사자, 독수리, 별, 그늘, 샘, 어머니[1]로 계시하신다. 아울러 아버지라는 표현도 간혹 쓰셨는데 정확히 열다섯 번이다.[2] 그런데 신약으로 넘어오면 떠돌이 유대인 랍비가 거리낌 없이 하나님을 자주 아버지라 칭한다. 그 횟수가 사복음서에서 자그마치 168회에 달한다. 심지어 그분은 우리를 불러 "우리 아버지"께 기도하라 하신다.마 6:9 예수님은 하나님이 아버지이심을 극구 강조하다가 죽을 뻔하신 적도 있다.요 5:18-20

J. I. 패커는 "그리스도인이란 누구인가?"라고 물은 뒤 이렇게 답했다. "그리스도인은 하나님을 아버지로 아는 사람이다. 그것이

내가 아는 가장 풍성한 답이다."[3] "신약 성경 전체를 한마디로 요약하자면 하나님을 거룩하신 아버지로 아는 신앙이라 할 수 있다. 자신이 하나님의 자녀이고 하나님이 자신의 아버지라는 생각을 얼마나 중요하게 여기는지를 보면 그 사람이 기독교를 얼마나 잘 알고 있는지를 판가름할 수 있다."[4]

이 신학적 진리는 깊은 실존적 갈망을 채워 준다. 선하고 강한 아버지를 바라는 마음은 인간 보편의 욕구다. 이 욕구가 충족되지 않으면 많은 문제가 발생한다. 버락 오바마Barack Obama는 "통계에 나와 있듯이 아버지 없이 자라는 자녀는 빈곤하게 살며 범죄를 저지를 확률이 5배, 학교를 중퇴할 확률이 9배, 교도소에 갈 확률은 20배나 높습니다. 행동 문제를 일으키거나 가출하거나 10대 때 아기를 낳을 소지도 더 큽니다"라고 말했다.[5] 폴 비츠Paul Vitz가 매혹적인 책 《무신론의 심리학*Faith of the Fatherless*》에서 인증했듯이 역사상 가장 큰 영향을 미친 무신론자들은 아버지가 죽어서 없었거나(예를 들면, 니체, 흄, 러셀, 사르트르, 카뮈, 쇼펜하우어) 나약한 아버지에게 학대당했다(예를 들면, 홉스, 볼테르, 포이어바흐, 프로이트, 스탈린, 히틀러, 마오쩌둥).[6]

놀이터를 지배하는 영원한 도발을 생각해 보라. "우리 아빠가 니네 아빠를 이길 수 있어!" 내 아버지가 마침 쿵후 9단 검은 띠 사범이라서 나는 이 도발을 언제고 환영했다. 당신의 아버지는 선하고 강했을 수도 있고 그렇지 않았을 수도 있다. 당신이 예수님을 신뢰한다면 실제로 당신의 아버지는 우주에서 가장 강하고 선하신 분이다. 우리는 그분을 "아바"라 부를 수 있고 그분은 우리를 아들딸로 부르며 사랑하시고, 먹이시고, 입히시고, 경청하시고, 이해하시고, 용서하시고, 아끼시고, 원하시고, 붙드시고, 지원하시고, 기뻐하신다. 주권자 하나님이 아버지시기에 우리는 삶이 뜻대로 풀리지 않을 때도 공포 대신 기쁨을 마음껏 누릴 수 있다.[7]

귀도 드 브레Guido de Bres는 가톨릭 신자였던 왕 필리프 2세Philip II에게 개신교도는 폭력 혁명주의자가 아니니 그들을 검거해서 교수대로 보내서는 안 된다고 설득하기 위해 1561년에 *Belgic Confession of Faith*벨직 신앙고백서를 썼다. 그 결과 1567년에 종교 재판관에게 체포되어 투옥되었다. "어두운 구덩이"라 불리던 악명 높은 지하 감옥이었다. 드 브레는 아내에게 쓴 편지에 "아주 스산하고 어두컴컴한 데다 공기도 탁하고 냄새가 심하구려. 내 손과 발에는 크고 무거운 쇠고랑이 채워져 있소"라고 썼다.[8]

드 브레가 어두운 구덩이에서 쓴 편지에 대해 어느 학자는 "아무도 모르지만 가장 감동적이고 믿음 충만하고 가슴 시리고 하나님을 영화롭게 하는 글 가운데 하나"라 표현했다.[9] 드 브레는 사랑하는 아내 캐서린Catherine에게 하나님의 주권에 대해 이렇게 썼다. "인간의 이성은 이 교리에 최대한 반발하고 저항하는 게 사실이고, 나 또한 그런 마음이 아주 강했소." 우리도 대부분 거기에 공감할 수 있다. 이어 그는 "체포되었을 때 내 입에서 나온 말은 …… '우리가 체포되면 안 되는데'였다오. 그런 생각에 짓눌렸지요"라고 털어놓았다.

그때 드 브레에게 돌파구가 열렸다.

문득 마음이 아주 평안해지면서 그때부터 이런 기도가 나오더군요. "나의 하나님이여, …… 주님의 뜻이 이루어지기 원합니다. 저는 주님 손에서 벗어날 수 없고, 벗어날 수 있다 해도 원치 않습니다. 주님 뜻에 맞추는 것이 제 행복이니까요." 그런 생각 덕분에 마음이 다시 즐거워졌소. …… 내가 사랑하는 신실한 동반자인 당신도 하나님이 하시는 일에 함께 감사하기를 기도한다오.[10]

12일 후인 1567년 5월 31일, 귀도 드 브레는 프랑스 북부 발랑시엔 마을에서 교수형에 처해졌다. 그는 아내에게 이런 말을 남겼다. "내가 원수의 손에 넘어간 것은 단순한 우연이 아니라 크고 작은 모든 일을 주관하고 다스리시는 내 하나님의 섭리임을 잊지 마시오. …… 그러니 하나님의 명령과 섭리가 없고서야 어찌 내게 해악이 닥칠 수 있겠소? 하나님을 하나님이 아니라고 우기지 않는 한 그런 일은 있을 수 없소."[11] 자기 연민에 빠져 있던 드 브레가 어떻게 당당히 교수대를 받아들일 수 있었을까? 자신의 표현으로 "가난한 고아들의 아버지"이신 하나님의 주권을 신뢰했기 때문이다.[12]

지금, 당신은 두려운가? 길을 잃은 심정인가? 외로운가? 마음을 가누기 힘든가? 자신이 외톨이나 쓸모없는 존재인 것 같은가? 수치심이 드는가? 주권자이신 당신의 아버지께로 달려가라. 예수님이 들려주신 탕자의 비유 속 아버지처럼 그분은 이미 당신을 향해 달려오시는 중이다.[13]

마이클 호튼이 증언하는 승리하신 하나님

마이클 호튼(Michael Horton)은 작가이자, 강사, 널리 알려진 탁월한 조직 신학자다. 또한 웨스트민스터신학교 캘리포니아의 J. 그레셤 메이첸 신학 및 변증학 교수이자, 〈모던 리포메이션〉(*Modern Reformation*) 잡지 편집장이며, 미국 전역에 송출되는 라디오 방송 〈화이트 호스 인〉(The White Horse Inn) 대표 겸 진행자다. 무엇보다 그는 하나님을 경외하는 사람이다. 다음 이야기는 승리하신 주권자 하나님이 호튼의 삶에 어떤 영향을 미쳤는지를 보여 준다.

"우리가 얼마나 잘했는지 평점을 남겨 주세요." 판매 업체에서 이런 이메일을 받으면 참으로 성가시다. 제품을 구입한 것도 모자라 이제 시험까지 쳐야 하니 말이다. 그런데 솔직히 나도 일상생활에서 그 못마땅한 관행을 똑같이 따를 때가 너무도 많다. '나는 얼마나 잘했을까?' 성과를 중시하는 문화다 보니 내 성과도 중요하게 눈에 보이면 참 좋겠다. 이러한 잘못된 내 마음이 다른 사람에게 베푸는 일까지도 상대방 중심이기보다 나 중심으로 변질시킬 수 있다.

500년 전의 마르틴 루터처럼 우리도 자신을 증명해 보이려다 미치기 직전까지 갈 수 있다. '나는 얼마나 잘하고 있을까?'에 집착하면, 하나님을 경외하고 즐거워하기보다 늘 나 자신에 대한 걱정에 사로잡힌다.

이렇게 완전히 안전감을 잃고 자아에 몰두하는 우리에게 주권자 하나님의 승리는 한없이 소중하다. 많은 사람이 그러하듯 나도 처음에는 하나님의 주권 교리가 무서웠다. 내 자유가 사라지고 내 정체성이 지워질 것만 같았다. 하지만 성경을 통해 이러한 사실을 점차 깨닫고 보니 하나님의 주권이야말로 내가 자유와 정체성을 누릴 수 있는 유일한 근거다. 시소처럼 인간의 책임을 희생하여 하나님의 주권을 높이거나 또는 그 반대가 아니다. 그보다 하나님의 주도적이고 유효하고 온전한 은혜가 우리를 의지의 굴레에서 해방하여 그리스도 안의 자유에 이르게 하는 것이다.

이것은 행위를 중시하는 우리의 사고방식에 정면으로 배치된다. 하나님은 우리가 열심히 노력하고 자유 의지를 제대로 구사하여 그분께 성과를 내놓을 때까지 기다리시는 게 아니다. 주권자이신 우리 아버지는 "기약대로" 아들 예수님을 통해 우리를 구원하셨다. "우리가 아직 연약할 때에 …… 그리스도께서 경건하지 않은 자를 위하여 죽으셨도다 …… 우리가 아직 죄인 되었을 때에 그리스도께서 우리를 위하여 죽으심으로 …… 우리가 원수 되었을 때에 그의 아들의 죽으심으로 말미암아 하나님과 화목하게 되었은즉."롬 5:6-10

그분이 우리를 구원하신 시점은 우리가 어떻게든 자신의 가치를 증명해 보였을 때가 아니라 오히려 누가 봐도 전혀 경건하지 않은 죄인에다 그분의 원수일 때였다. '나는 얼마나 잘했을까?'의 답이 성경에 분명히 나와 있다. "의인은 없나니 하나도 없으며."롬 3:10 내

행위의 결과는 마땅히 죽음이며 당신도 마찬가지다.롬 6:23

나 마이클 호튼은 얼마나 잘했을까? 정말 누구에게도 알리고 싶지 않다. 죄로 물든 내 이력을 하나님은 아신다. 그분은 나를 아시면서도 자신의 귀한 아들로 받아 주셨다. 모든 설교, 기도, 전도 대화, 가정 예배, 개인 경건의 시간에서 중요한 질문은 "하나님이 어떻게 하셨는가?"다. 그분이 과거에 하셨고 현재 하시고 미래에 하실 일 덕분에 내게 영생이 보장된다. "그런즉 원하는 자로 말미암음도 아니요 달음박질하는 자로 말미암음도 아니요 오직 긍휼히 여기시는 하나님으로 말미암음이니라."롬 9:16

"나는 얼마나 잘했을까?"는 우리를 만성적 자책과 절망의 길로 떠미는 잘못된 질문이다. 좀 더 경외심에 찬 올바른 질문은 이것이다. "주권자 하나님이 그리스도인인 내게 해 주신 일은 무엇인가? 그분이 나를 위해 이루신 승리는 무엇인가?"

바울의 답은 우리가 허물과 죄로 죽어 하나님 쪽으로 조금도 움직일 수 없던 그때에 그분이 다음과 같이 해 주셨다는 것이다.

> 긍휼이 풍성하신 하나님이 우리를 사랑하신 그 큰 사랑을 인하여 허물로 죽은 우리를 그리스도와 함께 살리셨고 (너희는 은혜로 구원을 받은 것이라) 또 함께 일으키사 그리스도 예수 안에서 함께 하늘에 앉히시니 이는 그리스도 예수 안에서 우리에게 자비하심으로써 그 은혜의 지극히 풍성함을 오는 여러 세대에 나타내려 하심이라 너희는 그 은혜에 의하여 믿음으로 말미암아 구원

을 받았으니 이것은 너희에게서 난 것이 아니요 하나님의 선물이라 행위에서 난 것이 아니니 이는 누구든지 자랑하지 못하게 함이라.

에베소서 2장 4-9절

여기 하나님이 주권적으로 은혜를 베푸신다는 기쁜 소식이 있다. 그렇다면 이제 우리의 선행은 필요가 없을까? 전혀 아니다. 바울의 말은 이렇게 이어진다. "우리는 그가 만드신 바라 그리스도 예수 안에서 선한 일을 위하여 지으심을 받은 자니 이 일은 하나님이 전에 예비하사 우리로 그 가운데서 행하게 하려 하심이니라."엡 2:10 우리가 하나님을 위해 선을 행하는 이유는 그분께 보상을 받아 내거나 자신의 가치를 증명하기 위해서가 아니다. 전능하신 하나님이 그리스도를 통해 죄와 정죄를 이기셨기에 그 어떠한 죄책감과 두려움 없이 우리는 감사하며 자유롭게 살 수 있다. 늘 자신에 대해 걱정하는 대신 "믿음의 주요 또 온전하게 하시는 이인 예수를 바라보"면 된다.히 12:2

한때 나는 로마서 9장을 읽고 나서 하나님의 주권 교리 때문에 성경책을 집어던진 적도 있다. 그러나 40년 넘게 예수님을 바라보면서, 스스로 창조하고 스스로 지탱하고 스스로 구원해야 하는 행위의 율법에 얽매여 살던 내게 이 교리가 참으로 깊고 소중한 해방을 가져다주었음을 깨닫곤 한다. 이제 "나는 얼마나 잘하고 있을까?"를 묻는 절망의 쳇바퀴에서 내려와, 하나님이 이루신 일 안에서 참된 안식을 취할 수 있다. 그분의 은혜로 당신에게도 똑같이 가능한 일이다. 우리를 위해 그분은 그리스도의 성육신, 순종하신 삶, 우리를 대신하신 죽음, 몸의 부활, 영광스러운 승천을 통해 주권적 승리를 이루셨다.

승리하신 하나님을 경외하는 기도

아버지 하나님, 하나님께서는 전능하십니다. 그 무한한 능력으로 삶의 고통과 비통한 모든 일에 이르기까지 모든 것을 합력하여 우리의 유익을 이루십니다. 세상의 모든 막연한 공포, 모든 나쁜 소식, 모든 숨 막히는 공황도 우리를 아버지의 사랑에서 끊을 수 없습니다. 주님의 주권 안에는 허비되는 고통이나 지나친 고난이란 없습니다. 악과 고난이 이기는 것 같을 때도 결국은 주님이 이기십니다. 주님이 주권적으로 승리하셨기에 우리도 "넉넉히 이기느니라" 하신 말씀대로 승리할 수 있습니다. 이 불안한 시대에 우리가 용감한 반문화의 주역이 되게 하소서.

예수님의 이름으로 기도합니다. 아멘.

내 삶 돌아보기

개인 성경 공부, 소그룹 모임에서 다음 질문을 깊이 생각해 보라.

1. 실험적인 브리티시 록 밴드 라디오헤드Radiohead의 리드 싱어 톰 요크Thom Yorke는 처음 세 앨범(〈Pablo Honey〉, 〈The Bends〉, 〈OK Computer〉)을 제작할 때 자신의 마음 상태가 어땠는지를 이렇게 회고했다. 우리도 다 공감할 수 있는 말이다. "나중에야 알았지만 솔직히 내 문제는 한시도 손을 떼지 않고 운전대만 꽉 움켜쥐고 있느라 과정을 즐기지 못했다는 것이다. 실수하고 싶지 않았다. 실수할까 봐 두려웠다." 그가 고백하기를, 그는 그렇게 "통제광"으로 행동하다가 "기피 인물"이 되었다. 당신은 삶의 어느 영역에서 통제광으로 행동하다가 기피 인물이 되기가 가장 쉬운가? 그렇게 행동할 때 어떠한 결과가 따르는가?
2. 하나님이 주권적으로 우리의 고난까지도 주관하신다는 사실은 고난을 통해 그분이 하시려는 일을 우리가 현세에 늘 보고 이해할 수 있다는 뜻일까? 만일 그렇지 않다면(이것이 정답이다) 때로 하나님이 우리 고통의 내막을 명확히 설명해 주지 않으시는 이유는 무엇일까?
3. 귀도 드 브레가 체포되어 처형당할 때 보인 태도에서 당신의 삶과 기도에 적용할 수 있는 신학적 진리는 무엇인가?

회개하기

다음 표의 왼쪽 칸에 온전히 승리하신 하나님을 당신이 어떻게 경외하고 있는지 기록하라. 오른쪽 칸에는 당신의 삶에서 어떻게 그분을 경외하지 않고 있는지를 쭉 써 보라. 자신을 성찰할 때면 우리는 대체로 좋은 쪽으로만 보려 한다. 그러므로 시편 기자처럼 기도하라. "하나님이여 나를 살피사 내 마음을 아시며 나를 시험하사 내 뜻을 아옵소서 내게 무슨 악한 행위가 있나 보시고 나를 영원한 길로 인도하소서."시 139:23-24

자신에게 솔직히 물어보라. "나는 하나님의 주권 안에서 참된 안식을 취하고 있는가? 나 스스로 주권자처럼 행세하여 쓸데없이 과도한 스트레스와 불안을 자초하지는 않는가?"

나는 이렇게 하나님을 경외하고 있다	나는 이렇게 하나님을 경외하지 않고 있다

왼쪽 칸에 적은 내용을 훑어 내려가며 기도하라. 하나님의 주권을 삶에서 실제로 누리고 있는 부분을 구체적으로 짚으며 감사하라. 그분을 경외하는 마음이 당신의 의지력에서 나온 게 아니라 그분의 은혜로 말미암았음을 인식하고, 찬송과 감사를 드리라. 이어서 오른쪽 칸에 적은 내용으로 기도하라. 삶에서 하나님의 주권을 인정하지 못하는 부분을 고백하고 회개하는 시간을 가지라. 초자연적 믿음을 부어 달라고 기도하라.

참고 도서

다음은 주권자 하나님을 경외하는 데 도움이 될 훌륭한 신학 자원이다.

John Calvin, *The Secret Providence of God* (Crossway, 2010).

D. A. Carson, *Divine Sovereignty and Human Responsibility* (Wipf and Stock, 2002).

Anthony Carter, *Black and Reformed: Seeing God's Sovereignty in the African-American Christian Experience* (P&R, 2006).

Stephen Charnock, *The Existence and Attributes of God* (Crossway, 2022). 스티븐 차녹, 《하나님의 존재와 속성》(부흥과개혁사 역간).

Jonathan Edwards, *Freedom of the Will* (CreateSpace, 2012). 조나단 에드워즈, 《자유 의지》(새물결플러스 역간).

John Frame, *The Doctrine of God: A Theology of Lordship* (P&R, 2002). 존 M. 프레임, 《신론》(개혁주의신학사 역간).

J. I. Packer, *Evangelism and the Sovereignty of God* (IVP, 2012). 제임스 패커, 《제임스 패커의 복음 전도란 무엇인가》(생명의말씀사 역간).

John Piper, *Providence* (Crossway, 2021). 존 파이퍼, 《섭리》(생명의말씀사 역간).

Thaddeus Williams, *God Reforms Hearts: Rethinking Free Will and the Problem of Evil* (Lexham Academic, 2022).

R. K. McGregor Wright, *No Place for Sovereignty: What's Wrong with Freewill Theism* (IVP Academic, 1996).

✦ Part 4

영원히 사랑하시는 하나님

Eternally Loving

그분은 성부 성자 성령이시다

4부에서는 삼위일체 하나님의 영원한 사랑과 그것이 우리 모두의 관계적 삶에 미치는 영향을 살펴볼 것이다. 여기서 우리가 던지고 답하려는 질문은 다음과 같다.

+ 성경의 하나님이 예컨대 모르몬교나 이슬람교의 신과는 대조적으로, 영원히 사랑하실 수 있는 이유는 무엇인가?
+ 열심히 자신의 영광을 추구하시는 하나님은 자아에 도취된 이기적인 존재인가?
+ 삼위일체 교리란 무엇이며, 그것이 왜 그토록 귀하고 성경적이며 사랑을 자아내는가?
+ 양보 운전은 옳고 난폭 운전은 그르다는 사실로부터 삼위일체 하나님의 존재를 논증할 수 있을까?
+ 적敵삼위일체란 무엇이며, 우리는 그 악한 계략을 어떻게 물리칠 수 있는가?

당신의 영혼이 준비된 상태에서 4부를 읽기 위해, 잠시 시간을 내어 삼위일체 하나님의 영원한 사랑을 보여 주는 다음 말씀을 읽으라. 천천히, 기도하는 마음으로, 깊이 생각하며 읽으라. 하나님이 친히 자신에 대해 밝히시는 말씀에 마음과 생각을 열어 달라고 기도하라. 그 진리에 경외함으로 어떻게 합당하게 반응할 수 있을지 보여 달라고 구하라. 그리고 다음 말씀 중 하나를 골라 이번 주에 암송해 보라.

마태복음 28장 18-20절

예수께서 나아와 말씀하여 이르시되 하늘과 땅의 모든 권세를 내게 주셨으니 그러므로 너희는 가서 모든 민족을 제자로 삼아 아버지와 아들과 성령의 이름으로 세례를 베풀고 내가 너희에게 분부한 모든 것을 가르쳐 지키게 하라 볼지어다 내가 세상 끝 날까지 너희와 항상 함께 있으리라 하시니라.

누가복음 3장 21-22절

백성이 다 세례를 받을새 예수도 세례를 받으시고 기도하실 때에 하늘이 열리며 성령이 비둘기 같은 형체로 그의 위에 강림하시더니 하늘로부터 소리가 나기를 너는 내 사랑하는 아들이라 내가 너를 기뻐하노라 하시니라.

요한복음 6장 37-40절

아버지께서 내게 주시는 자는 다 내게로 올 것이요 내게 오는 자는 내가 결코 내쫓지 아니하리라 내가 하늘에서 내려온 것은 내 뜻을 행하려 함이 아니요 나를 보내신 이의 뜻을 행하려 함이니라 나를 보내신 이의 뜻은 내게 주신 자 중에 내가 하나도 잃어버리지 아니하고 마지막 날에 다시 살리는 이것이니라 내 아버지의 뜻은 아들을 보고 믿는 자마다 영생을 얻는 이것이니 마지막 날에 내가 이를 다시 살리리라 하시니라.

요한복음 17장 20-26절

내가 비옵는 것은 이 사람들만 위함이 아니요 또 그들의 말로 말미암아 나를 믿는 사람들도 위함이니 아버지여, 아버지께서 내 안에, 내가 아버지 안에 있는 것같이 그들도 다 하나가 되어 우리 안에 있게 하사 세상으로 아버지께서 나를 보내신 것을 믿게 하옵소서 내게 주신 영광을 내가 그들에게 주었사오니 이는 우리가 하나가 된 것같이 그들도 하나가 되게 하려 함이니이다 곧 내가 그들 안에 있고 아버지께서 내 안에 계시어 그들로 온전함을 이루어 하나가 되게 하려 함은 아버지께서 나를 보내신 것과 또 나를 사랑하심같이 그들도 사랑하신 것을 세상으로 알게 하려 함이로소이다 아버지여 내게 주신 자도 나 있는 곳에 나와 함께 있어 아버지께서 창세전부터 나를 사랑하시므로 내게 주신 나의 영광을 그들로 보게 하시기를 원하옵나이다 의로우신 아버지여 세상이 아버지를 알지 못하여도 나는 아버지를 알았사옵고 그들도 아버지께서 나를 보내신 줄 알았사옵나이다 내가 아버지의 이름을 그들에게 알게 하였고 또 알게 하리니 이는 나를 사랑하신 사랑이 그들 안에 있고 나도 그들 안에 있게 하려 함이니이다.

요한일서 4장 7-11절

사랑하는 자들아 우리가 서로 사랑하자 사랑은 하나님께 속한 것이니 사랑하는 자마다 하나님으로부터 나서 하나님을 알고 사랑하지 아니하는 자는 하나님을 알지 못하나니 이는 하나님은 사랑이심이라 하나님의 사랑이 우리에게 이렇게 나타난 바 되었으니 하나님이 자기의 독생자를 세상에 보내심은 그로 말미암아 우리를 살리려 하심이라 사랑은 여기 있으니 우리가 하나님을 사랑한 것이 아니요 하나님이 우리를 사랑하사 우리 죄를 속하기 위하여 화목 제물로 그 아들을 보내셨음이라 사랑하는 자들아 하나님이 이같이 우리를 사랑하셨은즉 우리도 서로 사랑하는 것이 마땅하도다.

하나님을 경외하는 경건한 습관 기르기

하나님을 경외하는 것은 단순히 머릿속에 새로운 정보를 채워 넣는 것만으로 이루어지지 않는다. 경건한 습관도 함께 길러야 한다. 아래 제안 중 두 가지 이상을 선택하여 이번 주에 실천해 보라. 삼위일체 하나님의 영원한 사랑을 일상 속에서 한층 더 깊이 체험하게 될 것이다.

1. 아침에 가족이나 친구, 이웃에게 사랑으로 행할 수 있는 일 세 가지를 정하고, 그대로 실천하라. 이를 통해 삼위일체 하나님의 사랑이 더 잘 알려지게 해 달라고 기도하라.
2. 성격 특성, 국적, 정치 성향, 재능 등 당신의 정체성을 이루는 요소를 열거해 보라. 그러고 나서 맨 위에 '삼위일체 하나님 사이에 무한하고 영원한 사랑으로 주고받으시는 사랑의 선물'이라고 쓰라. 당신이 바로 그 선물이며, 이 말이 당신을 규정하는 가장 고귀한 정체성이다. 당신을 당신으로 빚으신 성부와 성자와 성령께 감사하라.
3. 신약에서 사랑을 표현하는 가장 보편적인 방법 가운데 하나는 어려운 이들을 재정적으로 돕는 것이다. 당신이 도울 만한 사람을 찾아보라. 한 주 동안 개인적인 씀씀이를 줄여서 모은 돈을 즐거운 마음으로 베풀라. 이러한 베풂으로 하나님의 사랑이 피부로 와닿도록 표현해 보라.

16. 시간과 공간에 매이지 않는 창조주

이제 하나님의 영원한 사랑으로 넘어가, 우선 영원성을 생각해 보자. 영원성이란 하나님이 시간을 창조하셨으므로 시간에 매이지 않으신다는 신학적 사실이다.

샌클레멘티 부두의 날씨는 화창했다. 서퍼들은 부서지는 파도 속에서 한껏 서핑을 즐겼고, 비키니 차림의 사람들이 느긋하게 선탠을 즐겼다. 파란색과 은색이 어우러진 앰트랙 열차가 해안선을 따라 지나갈 때마다 철도 건널목에서 열차 진입 신호음이 울렸다. 나는 부두 벤치에 앉아 모르몬교 장로 둘과 대화를 시작했다. 둘 다 10대 후반으로 지정복인 검은색 바지와 잘 다려진 흰색 셔츠 차림이었다(모르몬교에서는 연령과 관계없이 남자 선교사를 장로라고 부른다-옮긴이). 캘리포니아주 해안 도시인 샌클레멘티라는 선망의 임지에 배정된 두 선교사는 내게 모르몬교의 영원한 진보eternal progression 교리를 소개했다.

그들은 모르몬교의 '선지자' 로렌조 스노우Lorenzo Snow의 말을 인용했다. "하나님도 한때 지금의 인간과 같았고, 인간도 장차 하나님이 될 수 있다."[1] 또 그들은 모르몬교의 창시자인 조셉 스미스Joseph Smith의 다음 말을 조금 다른 표현으로 바꿔 전하기도 했다.

> 하나님도 한때는 지금의 우리와 같았는데 이제 승귀昇貴; 높아지심된 인간으로서 드높은 하늘 보좌에 앉아 계신다. 이것은 위대한 비밀이다. …… 하나님이 어떻게 신이 되셨는지 말해 주겠다. 우리는 하나님이 영원 전부터 신이셨다고 막연히 생각하지만 내가 그 생각을 논박하겠다. …… 너희도 신이 되는 법을 배워 하나님께 모두 왕과 제사장이 되어야 한다. 이전의 모든 신도 똑같이 했다. 영광이 점차 커지고 능력이 점차 많아졌다. 은혜에서 은혜로, 승귀에서 승귀로 나아갔다.[2]

나는 단순한 질문을 던졌다. "그럼 두 분의 하나님인 하늘 아버지께도 본래 인간이었다가 먼저 신으로 진보한 하늘 아버지가 계시다는 뜻입니까?"

"맞습니다."

"하늘 아버지의 하늘 아버지, 그러니까 두 분의 하늘 할아버지께도 하늘 아버지가 계셨습니까?"

역시 그들은 "맞습니다"라고 답했다. 창시자이자 선지자인 조셉 스미스의 다음 논리를 충실히 계승한 것이다. "예수 그리스도는 하나님의 아들이시고, 요한이 깨달은 대로 예수 그리스도의 아버지 하나님께도 아버지가 계신다. 그렇다면 그 아버지께도 아버지가 계셨다고 볼 수 있다. 자고로 아버지 없는 아들이 있던가? 또 먼저 아들이 아니었던 아버지가 있던가? …… 그러므로 예수께 아버지가 계셨다면 그 아버지께도 아버지가 계셨다고 믿을 수 있지 않은가?"[3]

그러면 당연히 이런 의문이 든다. "하늘 아버지의 하늘 아버지의 하늘 아버지께도 하늘 아버지가 계신가요?"

"맞습니다."

"그렇게 어디까지 거슬러 올라갑니까?"

시간을 시작도 끝도 없는 고리에 비유한 조셉 스미스처럼 그들도 영원히 거슬러 올라간다고 답했다. 인간이 신이 되는 과정에 시작점이 없었다는 것이다.

"좋습니다." 나는 다음 질문으로 넘어갔다. "인간이 일단 신이 되면 선善의 최대치에 이른 겁니까, 아니면 계속 진보하여 점점 더 선해지나요?"

"이 교리를 괜히 영원한 진보 교리라 칭하는 게 아닙니다. 우리는 늘 더 선해지고 더 진보합니다." 스미스의 표현으로 "영광이 점차 커지고 …… 은혜에서 은혜로, 승귀에서 승귀로" 나아간다.

"그렇겠군요. 그럼 두 분의 하늘 할아버지는 하늘 아버지보다 조금 더 진보했다는 뜻인가요?" 내 말에 그들은 당황하는 기색이었다. "영원한 진보 교리에 따르면, 두 분의 하늘 아버지의 하늘 아버

지의 하늘 아버지는 두 분이 현재 예배하는 하나님보다도 더 진보한 상태입니다. 두 분의 말대로 인간이 신이 되어 계속 진보하는 과정이 영원한 과거부터 진행되어 왔다면, 그게 무슨 의미인지 아십니까?"

"무슨 의미인가요?"

"두 분의 하늘 아버지보다 더 진보하여 더 선한 신이 된 인간이 그야말로 무수히 많다는 뜻입니다. 논리적으로 보면, 이는 곧 〔일부러 매몰차게 말하거나, 허를 찌르려는 의도는 전혀 없었지만〕 두 분의 하늘 아버지가 온 우주에서 말 그대로 무한히 최악인 신이라는 뜻이 됩니다." 가까이서 부서지는 파도가 마치 상징적인 의미를 띠는 듯했다.

모르몬교 신자들이 믿는 하늘 아버지를 우리가 성경에서 만나는 만왕의 왕, 만주의 주와 비교해 보라.

> 그런즉 주 여호와여 이러므로 주는 위대하시니 이는 우리 귀로 들은 대로는 주와 같은 이가 없고 주 외에는 신이 없음이니이다.
>
> 사무엘하 7장 22절

> 영원부터 영원까지 주는 하나님이시니이다.
>
> 시편 90편 2절

> 나의 전에 지음을 받은 신이 없었느니라 나의 후에도 없으리라.
>
> 이사야 43장 10절

나 여호와는 변하지 아니하나니.

말라기 3장 6절

예수 그리스도는 어제나 오늘이나 영원토록 동일하시니라.

히브리서 13장 8절

온갖 좋은 은사와 온전한 선물이 다 위로부터 빛들의 아버지께로부터 내려오나니 그는 변함도 없으시고 회전하는 그림자도 없으시니라.

야고보서 1장 17절

주 하나님이 이르시되 나는 알파와 오메가라 이제도 있고 전에도 있었고 장차 올 자요 전능한 자라 하시더라〔헬라어 알파벳에서 알파를 앞서는 것은 무엇인가? 아무것도 없다. 하나님을 앞서는 것은 무엇인가? 아무것도 없다〕.

요한계시록 1장 8절

조셉 스미스의 하늘 아버지와 그 위의 모든 조상처럼 우리도 시간에 매여 있다. 완전체가 아닌 우리는 지금도 공사 진행 중이다. 외부 환경이 우리를 빚고 다시 빚는다. 우리의 계획은 바뀌고, 정체성도, 갈망도 달라진다. 피조물인 우리에게 대부분의 과거는 모르는 데다 망각되기 일쑤고, 현재는 애매한 것투성이이며, 미래는 무수한 물음표 덩어리다. 우리는 창조주가 아니라 피조물이며, 피조물이라서 의존적인 존재다. 찰스 옥테이비어스 부스의 말대로 인간은 "약 4초에 한 번씩 공기를 들이마셔야만 목숨의 가녀린 불씨가 꺼지지 않는다. 인간의 생명은 자신에게 있지 않다. 하지만 하나님은 다르시다. 그분은 모든 생명의 근원이시다."[4]

스스로 존재하시는 하나님은 공간을 창조하셨기에 공간에 매이지 않으신다. 시간을 창조하셨기에 시간에도 매이지 않으신다. 물론 하나님은 시간 속에서 행동하시지만, 친히 창조하신 시간을 벗어나 존재하시므로 우리의 과거, 현재, 미래를 훤히 다 내다보신다. 하나님이 온전히 하나님이 아니신 때는 이전에도 없었고 이후에도 없다. A. W. 핑크의 말대로 "그분은 이미 완전하시니 더 나아지실 수 없고, 완전하신 분이 퇴보하실 리도 없다."[5] 헤르만 바빙크도 똑같이 말했다. "하나님이 불변하신다는 교리야말로 신앙에 가장 중요하다. 완전체와 가변성의 차이가 곧 창조주와 피조물의 차이다. 모든 피조물은 늘 진행 중이다. 가변적이고, 늘 수고하고, 안식과 만족을 구하고, 오직 하나님 안에서만 안식을 얻는다. 그분만이 진행 중이 아닌 완전체시기 때문이다."[6]

하나님이 우리를 사랑하실 뿐 아니라 영원히 사랑하신다고 확신할 만한 근거는 이렇듯 탄탄하다. 감정이 요동치고 친구가 배반하고 연인이 떠나고 가정이 깨지고 심전도 모니터가 직선을 그리는 세상에서, 영원한 사랑이야말로 우리 모두가 갈구하는 것이다.

17. 모든 영광을 독점하는 이기적인 신일까?

'하나님의 영원한 사랑' 중에서 이제 '영원성'에서 '사랑' 쪽으로 넘어가 보자. 즉시 부딪치는 반론이 있다. 매우 이기적인 듯한 하나님이 어떻게 사랑하실 수 있단 말인가? 하나님은 왜 우주를 창조하여 오랜 세월 우주의 작은 구석에 자신의 형상을 지닌 인간 수천억 명을 거주하게 하셨을까? 당신도 나도, 매일 세상에 새로 태어나는 385,000명도 그 안에 포함된다.창 1:26-31; 민 14:21; 사 43:7

이스라엘은 왜 창조되고, 하나님의 백성으로 선택되었을까?창 2:1-2; 사 43:6-7; 49:1-3; 렘 13:11 왜 애굽의 노예 생활에서 해방되었을까?출 14:4, 18; 시 106:6-8; 겔 20:5-9 왜 율법을 받고출 20:3-5, 광야에서 방황하고겔 20:13-14, 21-22, 가나안 족속을 무찌르고수 24:12-14; 삼하 7:23, 왕을 세우고삼상 12:19-23, 성전을 짓고왕상 8:41-45, 포로 생활에서 귀환하고왕하 19:34; 20:6; 사 48:9-11; 겔 36:22-23, 32, 선지자의 말을 들어야 했을까?슥 2:5; 학 1:8; 말 2:2

신약으로 넘어와서, 하나님은 왜 아들을 보내셨을까?요 4:34; 7:8; 17:4; 롬 15:9 예수님은 왜 죽으시고 무덤에서 몸으로 부활하셨을까?요 12:27-28; 롬 3:25; 벧전 1:3 왜 장차 다시 오실까?요 17:24; 살후 1:9-10; 계 21:23 하나님은 왜 우리를 복 주시고, 택하시고, 예정하시고, 입양하시며, 속량하시고, 용서하시며, 인치실까?엡 1:3-14 그리스도인의 삶의 궁극적인 목적은 무엇일까?마 5:16; 고전 10:31; 벧전 4:11

신구약을 막론하고 답은 똑같이 하나님의 영광을 위해서다. 하나님의 영광이란 모든 면에서 완전하신 그분의 위엄과 광채가 밝히 드러나는 상태를 말한다. 성경이 노래라면 하나님의 영광은 후렴구다. 성경은 번번이 거기로 돌아가다가 마지막 페이지에서 "하나님께 경배하라"계 22:9라는 명령으로 끝난다.

이 성경적 진리에 심한 반감을 느끼는 이들도 있다. 왜 그런지 보다 잘 이해하기 위해 '하나님God'에서 글자 하나만 바뀐 '타드Tod'라는 사람이 있다고 가정해 보자. 한낱 인간인 타드가 스스로 영광을 얻고자 잔뜩 열을 올린다면 당신은 어떻게 생각하겠는가? 우주의 중심이 되어 세상 무엇보다도 자신의 영광을 추구하는 그가 고상해 보이지는 않을 것이다. 슈퍼스타나 이단 교주 또는 파시스트 독재자나 '좋아요'에 중독된 SNS 인플루언서처럼 그도 여지없이 이기적이라 콧대가 확실히 꺾여야 할 것이다. 하나님이 자신의 영광을 구하시면 찬양받으실 일인데 왜 타드가 하면 거북하거나 어긋나 보일까?

미국 바이블벨트(복음주의 영향이 강한 남부 지역-옮긴이)에서 남침례

교인으로 자란 영화배우 브래드 피트Brad Pitt가 바로 이 문제 때문에 신앙을 등졌다. 다음은 그가 〈퍼레이드*Parade*〉지와의 인터뷰에서 한 말이다. "내가 이해할 수 없었던 것은 하나님이 이렇게 말씀하신다는 개념입니다. '너는 나를 인정하고 내가 최고라고 말해야 된다. 그러면 내가 네게 영원한 행복을 주겠다. 그러기 싫다면 네가 받을 것도 없다!' 자존심 문제 같았거든요. 신이 자존심에 떠밀린다는 게 말이 안 됐고, 그래서 내게는 설득력이 없었던 겁니다."[1]

하나님이 이기적이라며 반론을 제기하는 세상의 모든 브래드 피트에게 우리는 어떻게 답해야 할까?

하나님과 달리 타드의 문제는 유한한 피조물인 그가 자신을 과대평가한다는 것이다. 피조물의 가치를 저마다 점수로 표시할 수 있다 하자. 예컨대 흙더미는 5점, 골드바는 100점, 케일 한 그릇은 -10점이다. 만일 타드의 가치가 5,000점인데 스스로 500만 점이라 생각하고 행동한다면, 이 괴리 때문에 그는 엄연히 망상에 빠진 이기주의자다. 그의 자화자찬에 우리는 동조하지 않을 것이다. 최대한 그의 결점을 두루 알려 그의 사회적 서열을 적절히 낮출 것이다.

유한한 피조물이 자신을 과대평가할 수 있는 이유는 바로 그가 유한하기 때문이다. 우리에게 가능한 일이 이상하게 하나님께는 불가능한 이유도 바로 그분이 하나님이시기 때문이다. 예컨대 그분은 거짓말하거나 몰랐던 것을 새로 아실 수 없다. 무한한 존재의 가치를 과대평가하기란 불가능하다. 무한하신 창조주께는 아무리 영광을 돌려도 도가 지나칠 수 없다. 지나간 영원을 헤아리거나 네모난

원을 그릴 수 없는 것과 마찬가지다. 논리적으로나 형이상학적으로나 하나님께 너무 많은 영광을 돌리기란 불가능하다.

자신의 영광을 구하시는 하나님이 이기적이라고 어떤 이들이 착각하는 이유는 창조주와 피조물의 너무도 중요한 구분을 지워 버렸기 때문이다. 우리가 자신의 영광을 최고로 추구한다면, 이는 잘못된 일이다. 본래 우리는 최고가 아니기 때문이다. 그러나 하나님이 추구하시는 것이나 우리가 추구하는 것이 그분의 지고한 영광보다 못하다면, 그것 또한 잘못된 일이다. 본래 그분은 지고하신 분이기 때문이다. 신학자 레뮤얼 헤인즈도 비슷하게 말했다. "상상 가능한 그 무엇도 하나님의 영광에는 전혀 견줄 바가 못 된다. 하나님의 목적이 그분 자신의 영광이 아니라 그보다 못한 것이라면, 그것은 완전하신 그분께 합당하지 못하다."[2]

나아가 존 파이퍼가 즐겨 일깨워 주듯이 "우리가 하나님 안에서 가장 만족할 때 그분은 우리 안에서 가장 크게 영광을 얻으신다."[3] 자신의 영광을 구하시는 하나님의 열심은 우리의 기쁨과 충돌하지 않는다. 이오시프 스탈린Joseph Stalin이나 《반지의 제왕》의 사우론 또는 〈스타워즈Star Wars〉의 팰퍼틴 황제가 자신의 영광을 구하는 데 혈안인 것과는 다르다. 그들이 행사한 권력은 제로섬 게임[모든 사람의 득실을 합하면 늘 총합이 0이 되는 구조-옮긴이]이어서, 그들의 폭정이 퍼져 나갈수록 지구나 가운데땅, 머나먼 은하계의 나머지 모두는 불행해진다. 이와 달리 하나님은 그분의 영광에 온 힘을 기울이는 것만큼이나 우리의 기쁨에도 온 마음을 다하신다. 하나님의 영광에 우리가 그분을 즐거워하는 것도 포함되기 때문이다.

고전 《조나단 에드워즈가 본 천지창조의 목적*The End for Which God Created the World*》에서 에드워즈가 내린 결론은 이렇다. "하나님은 선한 피조물을 존중하시고 또 자신을 존중하시는데, 이 둘은 나뉘어 있지 않다. …… 하나님은 자신을 최고로 여기신다. 그래서 …… 피조물도 하나님을 최고로 여기며 그분의 영광을 바라보고 존중하고 사랑하고 즐거워한다."[4] C. S. 루이스도 "《웨스트민스터 요리문답》에 '하나님을 영화롭게 하고 영원히 즐거워하는 것'이 사람의 제일가는 목적이라 했는데, 알고 보면 그 둘은 하나다. 그분을 온전히 즐거워하는 것이 곧 그분을 영화롭게 하는 것이다. 그분을 영화롭게 하라는 하나님의 명령은 그분을 즐거워하라는 초대다"라고 말했다.[5]

한없이 자상하고 창의적이신 하나님은 우리가 즐거워하도록 폭포의 물안개, 달고 상큼한 과즙이 가득한 망고, 반짝이는 반딧불이, 파도의 물거품, 조화롭게 지저귀는 새소리, 졸졸거리는 시냇물, 지축을 뒤흔드는 우레를 지으셨다. 만일 하나님이 우리가 존재하는 제일가는 목적을 폭포와 망고 등 모든 피조물을 즐거워하는 데 두신다면, 가장 좋은 선물을 우리에게서 거두시는 것이다. 그런 유한한 즐거움을 전부 다 합해도 무한한 세계를 사모하는 우리의 갈망은 채워질 수 없다. 만일 하나님이 그분이 아닌 다른 것을 우리가 누릴 수 있는 최고의 기쁨으로 주신다면, 우리 영혼은 영원히 불안하고 굶주려 환멸에 빠질 것이다. "주의 앞에는 충만한 기쁨이 있고 주의 오른쪽에는 영원한 즐거움이 있나이다."시 16:11

자신의 영광을 구하는 것이 이기적인 쪽은 하나님이 아니라 타드다. 거기에는 지금까지 살펴본 것보다 더 깊은 이유가 있다. 바로 삼위일체 하나님이다. 자, 이제 그 소중한 교리로 넘어가 보자.

18. 삼위 하나님의 사랑의 춤에 동참하기

하나님이 '극단적 이기주의자egomaniac'일 수 없는 또 다른 이유가 있다. 이 이유는 우리를 실재의 근간으로 이끌며, 그 기초는 형이상학적으로 너무 깊어, 그 어떤 말로도 더 이상의 깊이를 표현할 수 없다. 우리가 도달할 수 있는 가장 깊은 곳이다. 나는 바로 '삼위일체 하나님'을 이야기하려는 것이다.

실재의 기반이 단일성에서 시작된다고 본다면, 결국 그 단일성이 아름다운 다양성을 모두 삼켜 버린다. 힌두교의 브라흐만(우주의 근본 원리-옮긴이), 플라톤Plato의 "선善", 스티븐 호킹Stephen Hawking의 무한한 밀도의 특이점 등이 그에 해당한다. 반대로 실재가 다양성에서 시작된다면, 결국 그것이 소중한 단일성을 모두 지워 버린다. 엠페도클레스Empedocles의 흙과 공기와 불과 물, 아낙사고라스Anaxagoras의 무한한 물질 원소, 로빈 디앤젤로Robin DiAngelo의 충돌하는 집단 정체성 등이 그에 해당한다. 이는 하나와 다수 중 어느 쪽이 맞는지를 묻는 해묵은 문제다.

탈레스Thales, 아낙사고라스, 헤라클레이토스, 데모크리토스Democritus 같은 고대 철학자가 이 문제로 씨름했다. 다양성을 삼키지 않는 단일성, 단일성을 무너뜨리지 않는 다양성은 과연 어디에 있을까? 성경의 하나님을 떠나서는 풀 수 없는 문제며, 결국 피를 부르기까지 한다.

기독교에서는 만물이 하나이자 다수이신 하나님으로 시작된다. 유일하신 하나님이 서로 사랑하시는 세 위격으로 존재하시니, 곧 성부, 성자, 성령이다. 여기서는 단일성이 다양성을 삼키지 않고 그 반대도 마찬가지다. 개인을 말살하는 전체주의도, 외로운 개인주의도 아니다. 연인, 가정, 공동체, 국가 등에서 개개인이 참으로 조화롭게 공존한다. 인간도 삼위일체 하나님을 닮았기 때문이다. 그분은 우리를 자신의 형상대로 지으셨다.

타드와 삼위일체 하나님의 차이를 잘 보라. 타드가 이기적인 이유는 단일한 인격체이기 때문이다. 성품의 주체가 하나다. 타드가 구하는 영광은 단일한 인격체인 자신에게 돌아가므로 자기중심적일 수밖에 없다. 그러나 하나님은 단일한 인격체가 아니라 세 위격이시다. 성품의 주체가 하나가 아니다. 유일하신 하나님은 과거에도, 현재에도, 미래에도 늘 성부, 성자, 성령으로 존재하신다. 세 위격의 신이 영원히 서로 사랑하신다.

간혹 주위의 친절한 이단자가 성경 66권 어디에도 "삼위일체"

라는 단어가 나오지 않는다고 지적한다. 맞는 말이지만 설득력은 없다. "절대선"이란 단어도 성경에 없지만, 골수 이단자라도 하나님이 온전히 선하시다는 데는 이의가 없다. 중요한 것은 특정 단어가 성경에 나오는지 여부가 아니라 그 단어로 전달되는 의미가 성경에 부합하는지 여부다.

삼위일체Trinity의 라틴어 원어 "트리니타스Trinitas"를 처음 지어낸 사람은 테르툴리아누스165-220다. 단순히 성경에 나오는 세 가지 명백한 가르침을 하나로 통칭하기 위한 단어였다. 이 교리의 근간은 다음 세 가지 탄탄한 기둥에 있다.

기둥 1 | 하나님은 오직 유일하신 분이다. 신 6:4; 사 43:10

기둥 2 | 성부도 하나님요 20:17, 성자도 하나님사 9:6; 요 5:18-20; 8:58; 20:27-29; 롬 9:5; 골 1:15, 성령도 하나님이시다. 행 5:3-5; 고후 3:17-18

기둥 3 | 성부는 성자가 아니고, 성자는 성부가 아니며, 성령은 성부와 성자가 아니다. 성부와 성자와 성령은 구별되는 세 위격으로서 서로 사랑하신다. 눅 3:21-22; 요 17:20-26

하나님이 오직 한 분뿐이라는 첫 번째 기둥을 부정하면 남는 것은 삼신론tritheism이다. 이것이 조셉 스미스와 모르몬교의 관점이다. 스미스는 이렇게 말했다. "내가 늘 선포했듯이, 하나님은 구별된 위격이시고, 예수 그리스도도 성부 하나님과 구별된 별개의 위격이시며, 성령도 구별된 위격이자 영이시다. 이렇게 세 분의 하나님이 구별된 세 위격으로 존재하신다. 신약에도 실제로 그렇게 기록되어 있으니, 이보다 더 명백할 수 없다! 어쨌든 세 분의 하나님이 복수複數로 존재하신다. 그 누가 이것을 부정할 수 있겠는가?"[1]

스미스의 질문에 답하자면 모세신 4:35; 6:4; 32:39와 느헤미야느 9:6와 다윗시 86:10과 이사야사 43:10와 바울고전 8:4; 10:19-20이 반박할 수 있다. 예수님도 반박하실 수 있다.막 12:29 뜻밖이겠지만 《모르몬경》〔앨마서 11:26-29; 모사이야서 1:6; 2:3-7〕과 《교리와 성약》〔20:17, 19, 28; 조셉 스미스가 쓴 모르몬교의 다른 경전-옮긴이〕도 반박할 수 있다. 이 모두가 하나님은 오직 한 분뿐이라고 증언한다.

두 번째 기둥을 부정하면 오늘날 여호와의증인에서 취하는 관점인 유니테리언주의Unitarianism가 남는다. 4세기 이집트 알렉산드리아의 이단 아리우스Arius의 이름을 따서 아리우스주의Arianism라고도 한다. 이 관점에 따르면 성부만 하나님이시고, 성자는 하나님보다 못한 피조물이며, 성령은 비인격적 힘이다. 문제는 성경이 스스럼없이 예수님을 "전능하신 하나님"사 9:6, "하나님과 동등"하신 분요 5:18, "내가 있느니라"요 8:58, "나의 주님이시요 나의 하나님"요 20:28, "만물 위에 계〔신〕…… 하나님"롬 9:5, "하나님의 본체"빌 2:6, "보이지 아니하는 하나님의 형상"골 1:15, "하나님의 영광의 광채시요 그 본체의 형상"히 1:3이라 칭한다는 것이다. 예수님의 온전한 신성이 아직도 미심쩍다면 단순한 삼단 논법이 도움이 될 것이다.

1. 예수님은 창조주시다. 요 1:3; 골 1:16; 히 1:8-10
2. 유일하신 참하나님 여호와는 창조주시다. 사 44:24
3. 그러므로 예수님은 유일하신 참하나님이시다.

세 번째 기둥을 부정하면 결과는 오늘날 단일오순절교Oneness Pentecostals와 오직예수파Jesus Only 단체에서 표방하는 양태론Modalism이다. 3세기 리비아의 이단 사벨리우스Sabellius의 이름을 따서 사벨리우스주의Sabellianism라고도 한다. 이 관점에 따르면 성부, 성자, 성령은 단일한 위격으로 존재하시는 유일신인데, 존재 양태가 차례로 달라질 뿐이다. 처음에 성부였다가 다음에 성자를 거쳐 다음에 성령이 되신다는 것이다. 내가 오후 3시에 교수였다가 5시에 인간 정글짐으로 변하고 7시에 형편없는 요리사가 되듯이, 하나님도 단일한 위격이시지만 우주를 창조하실 때와 세상을 구원하실 때와 교회에 능력을 주실 때 각각 다른 역할을 수행하시는 셈이다.

그러나 예수님이 세례를 받으실 때 세 가지 양태가 차례로 나타난 것이 아니라 신이신 세 위격이 동시에 등장하신다. 성자는 요단강에 들어가시고, 성령은 비둘기처럼 강림하시고, 성부는 하늘로부터 "너는 내 사랑하는 아들이라 내가 너를 기뻐하노라"라고 선포하신다. 눅 3:21-22 "사랑하는"이라는 단어가 양태론에 치명타를 날린다. 양태는 서로 사랑할 수 없다. 인격체만이 서로 사랑할 수 있다.

다시 우리는 타드 같은 이기주의자와 삼위일체 하나님의 차이로 돌아온다. 성부는 영광을 독점하지 않으신다. "아버지께서 아들을 사랑하사 만물을 다 그의 손에 주셨으니."요 3:35; 13:3 참조 예수님은 "무릇 아버지께 있는 것은 다 내 것이라"라고 말씀하셨고요 16:15, 또 "내가 내게 영광을 돌리면 내 영광이 아무것도 아니거니와 내게 영광을 돌리시는 이는 내 아버지시니"라고 선포하셨다.요 8:54 십자가에 달리시기 전날 밤에는 "아버지여 때가 이르렀사오니 아들을 영화롭게 하사 아들로 아버지를 영화롭게 하게 하옵소서"라고 기도하셨다.요 17:1

성부와 마찬가지로 예수님도 자신에게 도취된 분이 아니다. 그분은 "나는 내 아버지를 공경하고 사랑한다"고 고백하셨다.요 8:49; 14:31 우리가 그분의 이름으로 무엇을 구하든지 예수님이 행하시는 이유는 자신을 위해서가 아니라 "아버지로 하여금 아들로 말미암아 영광을 받으시게 하려 함"이다.요 14:13 이것이야말로 이기심이 아니라 사랑이다. 성부는 성자를 영화롭게 하시고 성자는 성부를 영화롭게 하신다. 삼위일체 하나님은 자아에 도취된 존재이기는커녕 예나 지금이나 자아도취와는 거리가 멀다. 그래서 예수님은 "아버지여 창세전에 내가 아버지와 함께 가졌던 영화로써 지금도 아버지와 함께 나를 영화롭게 하옵소서"라고 기도하셨다.요 17:5

삼위일체 하나님의 제3위격이신 성령에 대해서도 예수님은 "내가 아버지께로부터 너희에게 보낼 보혜사 곧 아버지께로부터 나오시는 진리의 성령이 오실 때에 그가 나를 증언하실 것이요"라고 말씀하셨다.요 15:26 성부와 성자가 무대에서 다른 사람을 밀어내고 스포트라이트와 박수갈채를 독차지하는 분이 아니듯, 우리에게 계시되신 성령도 마찬가지다. 성령의 사명은 성부와 성자께 순종하여 두 분을 영화롭게 하는 것이다.

유한한 인간의 "제일가는 목적"대로 하나님을 영화롭게 할 때, 우리는 극단적인 이기주의자를 영화롭게 하는 게 아니다. 우리가 영화롭게 하는 하나님은 속성 자체가 희생적 공동체시다. 성부는 성자를, 성자는 성부를, 성령은 성부와 성자를 영화롭게 하신다.[2] 삼위일체 하나님은 이기심과는 정반대다. 살아 계시며 서로 사랑하신다.

그렇다고 모든 영광을 셋이서 독점하는 속물적 삼인조 도당이냐 하면 그것도 아니다. 당찮은 말이다. 성삼위 하나님이 함께 추시는 사랑의 춤을 신학에서는 "페리코레시스perichoresis"라고 하는데, 이는 물이 내려가는 변기나 우주의 블랙홀처럼 안으로 빨려 들어가는 구심력의 춤이 아니라 밖으로 퍼져 나가는 원심력의 춤이다. 이 춤은 우리에게까지 미쳐, 우리도 사뿐히 들어 올려져 하나님의 희생적 사랑의 안무에 동참할 수 있게 한다. 예수님은 우리도 그분과 함께 있어, 성부 하나님이 창세전부터 성자 예수님을 사랑하시므로 그분에게 주신 그분의 영광을 우리로 보게 하시기를 원하셨다.요 17:24

성삼위 하나님의 영원한 사랑에 우리도 동참할 수 있다니, 이 얼마나 놀라운 일인가!

19. 객관적 도덕 속에서 만나는 사랑의 하나님

지금까지 살펴보았듯이 삼위일체 교리는 성경적이며 이기심과는 정반대다. 하지만 합리적이기도 할까?

20년 전에 나는 캘리포니아 남부의 어느 이단 퇴치 변증 기관에서 책상에 앉아 연구 요원으로 일했다. 몇 달째 내 머릿속을 장악하다시피 한 끈질긴 한 가지 의문이 있었다. 창조주 하나님, 설계자 하나님, 도덕법 입법자 하나님 등을 증명하는 논증은 여럿 있다. 논리적으로 사고하면 아퀴나스의 유명한 다섯 가지 논증을 통해 부동의 원동자, 최초의 원인, 필연적 존재, 절대 선, 최고의 지성에 도달할 수 있다. 그런데 하나님은 찬송가에 "성삼위일체 우리 주로다"라고 표현된 분이기도 하다[우리말 새찬송가 8장-옮긴이]. 과연 삼위일체 교리에까지 도달할 만한 좋은 논증이 있을까?

어느 날 퍼뜩 깨달음이 찾아왔다. 덩치 큰 구닥다리 컴퓨터의 자판을 두드리는 내 손가락이 따라가기 힘들 정도였다. 엉뚱해 보이겠지만 우선 그 논증을 그대로 옮겨 보자.

> 당신의 차 앞으로 끼어드는 난폭 운전이 그릇된 일이라 믿는다면 당신은 삼위일체 교리도 믿어야 한다.

난폭 운전 대신 사실상 모든 도덕 행위를 대입해도 결론은 동일하다. 옳든 그르든, 크든 작든 상관없다. 인터넷 상에서 일부러 사람들을 자극해 분란을 일으키고, 보이스 피싱으로 괴롭히고, 신분을 도용해 해킹하는 것, 정치가가 거짓말을 하는 것, 유부남·유부녀가 바람을 피우는 것, 가장이 가족을 구타하는 것, 인종을 차별해 혐오하는 것, 테러리스트가 자폭하는 것, 노예 무역상이 사람을 납치하는 것, 게슈타포가 유태인을 체포하는 것 등은 다 그릇된 일이다. 운전할 때 양보하는 것, 남매가 마지막 한 조각을 나눠 먹는 것, 내부 고발자가 비리를 폭로하는 것, 다른 사람을 살리기 위해 자신을 희생하는 것, 교회가 빈민을 섬기는 것, 노예 제도 폐지론자가 노예를 해방하는 것 등은 다 옳은 일이다. 그 밖에도 옳거나 그른 어떤 행위든 다 좋다.

이번에는 우리가 '옳다' 또는 '그르다'라고 하는 말이 실제로 어떤 뜻인지 생각해 보라. "나는 개인적으로 외도, 아동 학대, 테러 행위, 인종 차별, 인신매매, 대량 학살을 싫어한다"는 뜻 이상이다. 커피에 프림을 넣거나 핫도그에 머스터드 소스를 바르는 게 싫다고 말할 때와는 다르다. 또 그 말은 "노예 제도와 인종 차별과 대량 학살이 그르다는 게 다수 의견이니 나도 여론을 따라간다"는 뜻 이상이다.

설령 윌리엄 윌버포스William Wilberforce와 프레더릭 더글러스Frederick Douglass, 해리엇 터브먼Harriet Tubman과 에이브러햄 링컨Abraham Lincoln이 노예 제도를 폐지하려다 실패했고, 백인 우월주의 단체인 KKK단이 미국을 점령했고, 독일 제3제국이 연합군을 무찔렀다 해도, 우리 모두가 알다시피 노예 제도, 인종 차별, 대량 학살은 여론과 무관하게 언제나 악한 일이다. 절대적 도덕은 투표로 정할 수 있는 문제가 아니다.

우리가 말하는 옳고 그름은 뇌세포의 작동이나 오작동을 뜻하지도 않는다. 연쇄 살인의 범행이 그의 뇌의 편도체에서 C 신경 섬유가 지나치게 활성화된 탓이라고 말한다면, 이는 악을 설명하는 게 아니라 악의 존재 자체를 부정하는 것이다. 그러면 죄를 책임져야 할 가해자가 뇌 화학 작용에 의한 죄 없는 피해자로 둔갑한다. 도덕을 분자의 활동으로 환원하면 유사 이래로 인간을 혐오한 모든 사람에게 더할 나위 없이 좋은 구실이 생긴다. "마귀가 시켜서 그랬다"는 종교적 구실이 아니라 "신경 세포가 시켜서 그랬다"는 세속적 버전이다.

객관적 도덕은 우리가 논박하려 애쓸수록 더 빠르게 우리를 논박한다. 강도가 내 재산을 훔쳐 가고, 억울하게 내 평판이 더럽혀지고, 개가 내 잔디밭에 똥을 싸도 견주가 모른 체한다면, 아무리 강경한 도덕적 상대주의자라도 "이런들 어떠하리 저런들 어떠하리"의 태도를 버리게 마련이다.

실존주의 문학가 장 폴 사르트르Jean-Paul Sartre는 옳고 그름의 초월적 범주를 일절 완강히 부정하며 "허용되지 못할 일이 없다"[1]라고 주장했지만, 많은 시간과 에너지를 들여 프랑스 식민주의의 해악과 알제리에서 자행된 '인종 살상'에 항거했다. 프리드리히 니체는 "선악을 초월하는" 용감한 초인을 자처했지만, 국수주의와 반유대주의의 악에 맞설 때는 침례교 설교자만큼이나 도덕적 열정을 보였다. 무신론자 마이클 루스Michael Ruse는 윤리란 "유전자가 우리를 속이는 망상"[2]이라 주장했지만, "아동 강간을 도덕적으로 용인해야 한다는 사람은 2+2=5라고 우기는 사람만큼이나 틀려먹었다"라고 토로할 수밖에 없었다.[3] 한 입으로 두 말을 한 것이다.

무신론자 아서 레프Arthur Leff는 신 없이 도덕을 설명하려는 시도가 왜 다 허사인지를 공들여 자세히 예증한 뒤에 이렇게 결론지었다.

> 그럼에도 불구하고
> 아기에게 네이팜탄을 던지는 것은 나쁘고
> 가난한 자를 굶게 두는 것은 악하며
> 히틀러, 스탈린, 이디 아민, 폴 포트, 커스터 장군(아메리카 원주민을 잔혹하게 학살했다-옮긴이)에게 맞서다 죽은 이들은 구원받았다.
> 동조한 이들은 저주받아 마땅하다.

세상에는 악이라는 게 존재한다.

〔모두가 묻는다.〕 누가 그래?

신이여, 우리를 도우소서.[4]

옳고 그름의 객관적 존재가 우리에게 가리켜 보이는 것은 비인격체인 도덕률만이 아니라 도덕률을 정하신 인격체다. 레프의 말마따나 "기준을 정하는 역할을 수행하려면 심판받지 않을 심판자, 지배받지 않을 입법자, 전제에 의존하지 않는 전제 설정자, 창조되지 않은 가치 창조자가 있어야만 한다. 그런 존재가 실제로 있다면 뭐라고 부르겠는가? '그것'이 아니라 '그'라고 부를 것이다."[5]

다음 사실을 잠시만 생각해 보면 요점은 분명해진다. 제대로 된 도덕이라면 거기에 사랑이 녹아들어 있어야만 한다. 옳고 그름을 보는 시각에서 사랑을 제하면 도덕도 사라져 버린다. 피 없이는 쿠엔틴 타란티노Quentin Tarantino의 영화도 없는 것처럼 말이다. 본질상 사랑은 "그것", 즉 비인격적 힘일 수 없다. 플라톤이 궁극적 실재라 말한 "선"에는 그런 문제가 있었다. 플라톤의 "선"은 인격체가 아니라 힘이므로 사랑할 수 없다. 전기나 자력磁力이나 중력이 사랑할 수 없는 것과 마찬가지다. 결국 도덕이 우리에게 가리켜 보이는 선의 궁극적 기준은 사랑 없는 그것이 아니라 사랑의 인격체다.

아프리카의 주교 아우구스티누스는 한 걸음 더 나아간다. "그렇다면 사랑이란 무엇인가? 사랑하는 쪽과 사랑받는 쪽, 이 두 존재를 서로 결합시키는 또는 결합시키려 하는 어떤 생명이 아니고 무엇이겠는가?"[6] 참사랑은 단일 인격체만으로는 성립하지 않는다. 최소한 사랑하는 이와 사랑받는 이, 복수의 인격체가 필요하다. 그렇다면 우리는 어떻게 삼위일체 교리에까지 도달할 수 있을까?[7]

안셀무스가 열쇠를 제시했다. "그러므로 모든 선의 근원이자 궁극의 선이신 주님께 무슨 선이 부족하겠습니까? 그러므로 주님은 의로우시고 진실하시며 복되십니다. 주님은 존재하지 않는 것보다 존재하는 것이 더 나은 모든 것 그 자체이십니다. 의롭지 않은 것보다 의로운 것이 더 낫고, 복되지 않은 것보다 복된 것이 더 낫기 때문입니다."[8]

여기서부터 열쇠가 조금씩 들어맞아 간다. "궁극의 선"이라면, 아무도 누리지 못하게 사랑을 표현하지 않거나 나누지 않는 것보다 인류에게 자신을 드러내는 것이 더 낫다〔그것이 더 큰 사랑이다〕. 시간과 공간의 역사 속에서 자신을 계시하고 사랑을 표현하는 존재는 마치 굴속에 틀어박힌 용처럼 세상을 등지고 하늘에 숨어서 사랑을 묵혀두는 존재보다 훨씬 낫다.

그래서 우리는 소위 계시 종교 중에서 완전한 사랑의 기준에 부합하는 후보가 있는지 살펴봐야 한다. 불교는 무신론이고, 힌두교의 중심은 비인격체인 브라흐만이다. 존재하지 않거나 비인격체인 것보다 인격체로 존재하는 것이 더 낫다. 따라서 우리는 탐색을 계속 이어 가야 한다. 이슬람교에 따르면 알라는 인격신으로 존재한다. 그러나 자신의 사랑을 받을 다른 존재를 창조하지 않는 한, 사랑하는 이는 있으나 사랑받는 이는 없다. 지고한 사랑은 인격체와 인격체 사이에 이루어지므로 사랑하는 이와 사랑받는 이가 공존해야 한다.

알라의 사랑은 다른 존재에 의존하므로 영원히 지속될 수 없다. "주님은 존재하지 않는 것보다 존재하는 것이 더 나은 모든 것 그 자체이십니다"라는 안셀무스의 통찰로 다시 돌아가 보면, 다른 존재를 창조해야만 가능한 사랑보다 그 자체로 영원한 사랑이 더 나은 것이다. 다시 말해서 인격체 간의 사랑은 알라의 신성에서 본질적 속성이 될 수 없다.

여호와의증인에서 말하는 여호와도 예수님을 창조할 때까지는 혼자였으므로 동일한 문제에 걸린다. 우리의 탐색은 아직 더 계속되어야 한다.

어쩌면 다신론은 완전한 사랑에 부합할지 모른다. 다신론자는 다수의 인격신이 존재한다고 믿는다. 그러나 그들도 지고한 사랑의 후보로는 실격이다. 제우스(그리스 신화에 나오는 최고의 신)는 헤라를 사랑하고, 오시리스(이집트 신화에 나오는 대지의 신)는 이시스를 사랑하고, 모르몬교의 하늘 아버지는 예수님을 사랑한다 하자. 이때의 사랑은 사과의 붉은색과 같다. 붉은색은 사과와는 별개로 존재하는 속성이라서 사과를 통해 표현될 수도 있고 그렇지 않을 수도 있다. 실제로 초록색과 노란색, 심지어 흰색 사과도 있다. 제우스나 오시리스나 모르몬교의 하늘 아버지가 사랑을 표현하기로 선택한다면, 자신이 사랑의 궁극적 기원이나 기준이 아니라 자신과는 별개로 존재하는 뭔가를 표현하는 것뿐이다.

그러나 다시 말하거니와 사랑은 붉은색과는 달라서 뭔가가 아니라 인격체다. 인격신 자신이다. 그래서 사도 요한은 "하나님은 사랑이시라"라고 말했다.요일 4:16 제우스, 오시리스, 모르몬교의 하늘 아버지에 대해 할 수 있는 말은 그들이 사랑을 표현한다는 것뿐이다. "그 자신이 사랑이라"고 말할 수 있으려면 전혀 다른 종류의 존재가 필요하며, 수많은 신 가운데 하나여서는 안 된다. 안셀무스에 힘입어, 자신과는 별개로 존재하는 사랑을 표현하는 것보다 자신이 곧 사랑인 게 더 낫다고 말할 수 있다.

이제 탐색의 폭이 좁혀졌다. 나는 10년 가까이 비교 종교학을 가르쳤다. 나는 무수히 많은 시간을 들여 여러 경전을 공부하고 무슬림, 힌두교도, 모르몬교, 여호와의증인 신도들과 대화를 나누었다. 그런데 성경에서 만나는 하나님은 완전히 독특하신 데가 있다.[9] "하나님은 사랑이시라"라는 사도 요한의 말은 다른 어떤 신에게도 해당될 수 없다. 성경의 하나님은 완전한 사랑의 신이며, 그래서 모든 선의 근원이자 기준이시다. 인격신으로 존재하는 그분은 자신을 계시하실 뿐 아니라 세 위격으로 존재하시기 때문이다. 하나님은 성부 성자 성령이시므로, 자신과는 별개로 존재하는 사랑을 표현하기 위해 외부에 의존하실 필요가 없다. 인격체와 인격체 사이의 사랑을 주고받기 위해 우주를 창조하고 거기에 다른 존재를 살게 하실 필요도 없다.

예수님이 친히 "아버지여 …… 아버지께서 창세전부터 나를 사랑하시므로"라고 말씀하셨다.요 17:24 완전한 사랑을 찾으려는 우리의 탐색은 이렇게 종착지에 이르고, 우리는 성부와 성자와 성령 앞에 무릎을 꿇는다. 난폭 운전과 아동 학대, 노예 제도, 혐오와 대량 학살이 참으로 그릇된 일이라 믿는다면, 서로 나누고, 희생하고, 보호하고, 해방하고, 구조하는 것이 참으로 옳은 일이라 믿는다면, 당신은 삼위일체 교리도 믿어야 한다. 믿는 정도가 아니라 "사랑이신" 그분 앞에 엎드려 경배해야 한다. "성삼위일체 우리 주로다."

20. 적삼위일체의 간교한 계략에 맞서라

임마누엘 칸트는 "삼위일체 교리에서 실생활에 유익한 것은 정말 하나도 얻을 수 없다"고 보았다.[1] 성경과 경험에 비추어 확신하거니와 이 위대한 독일 철학자도 이 부분에서는 완전히 틀렸다. 세 위격으로 존재하시며 서로 사랑하시는 한 분 하나님은 우리 일상생활의 모든 면과 관계된다. 사랑에 어긋나는 우리 마음의 악순환을 깨뜨리는 법, 기도하는 법, 예배하는 법, 교회를 운영하는 법, 관계를 가꾸는 법 등을 모두 삼위일체 하나님이 빚어내신다.

칸트가 그렇게 평가한 데에는 18세기 유럽 교회가 삼위일체의 실재를 의도적으로 삶에서 구현하지 못한 탓도 있을 것이다. J. 스캇 호렐Scott Horrell이 개탄했듯이, "우리는 삼위일체를 믿는 믿음을 일상생활과 교회 공동체와 사명에 의식적으로 접목하고자 그다지 애쓰지 않았다."[2] 다시 말해서 우리에게 삼위일체에 대한 정통 교리만 있어서는 안 되고, 세 위격으로 존재하시며 서로 사랑하시는 한 분 하나님을 정확히 드러낼 올바른 실천이 필요하다. 예수님은 그분의 교회가 그분을 보여 주는 거울이 되기를 기도하셨다.[3]

우리가 사랑으로 온전히 연합되어 있어서, 세상의 시선이 위로 향해 삼위일체 하나님의 사랑을 바라보게 되어야 한다.요 17:11-24 예수님은 세상이 삼위일체 하나님을 통해 사랑의 실체를 보기를 원하셨고, 그 바람을 요한복음에서 여덟 번이나 말로 표현하셨다.요 3:35; 5:20; 10:17; 14:31; 15:10; 17:23, 24, 26 우리의 교회는 위로부터 오는 빛을 제대로 굴절하지 못하는 금이 간 거울인가, 아니면 삼위일체 하나님을 선명하게 보여 주고 있는가?

교회가 삼위일체의 실재를 세상에 선명하게 보여 주지 못하는 이유를 꼽자면 적지 않을 것이다. 여기서는 그중 흔히 간과되는 한 이유에 집중하려 한다. 우리가 종종 삼위일체 하나님을 보여 주지 못하는 이유는 적敵삼위일체anti-Trinity에 대한 우리의 교리가 충분히 견고하지 못하기 때문이다. 내 코르덴 재킷에 '이단heretic'의 머리글자 H를 주홍 글씨로 꿰매기 전에 '적삼위일체'에 대한 정의부터 들어 보라.

적삼위일체		삼위일체	
거짓의 아비		빛들의 아버지	
요 8:44 벧전 5:8 요 17:15 엡 6:12 요 10:10 약 4:7	마귀는 악하며, 그의 사명은 자신의 영광을 위해 멸망시키는 것이다. 이 진리에 편협하게 집중하면 우리의 악을 마귀 탓으로 돌리면서 해롭게 귀신에게 집착하게 된다.	성부는 하나님이시며, 그분의 사명은 자신의 영광을 위해 구원하시는 것이다. 이 진리에 편협하게 집중하면 아리우스주의에 빠져 성자와 성령을 예배하지 않게 된다.	약 1:17 엡 4:6 벧전 1:3 마 5:45 요 4:23 요 10:29
육신		육신이 되신 하나님	
롬 8:13 갈 5:19-20 시 51:1-12 벧전 2:11 골 3:5-10 마 15:8-20	죄성은 악하며, 하나님을 떠나 죽음으로 향하는 내면의 추동력이다. 이 진리에 편협하게 집중하면 병적인 내성內省에 빠지고 영적 전투를 무시하게 된다.	성자는 하나님이시며, 흠없이 사시고 우리 대신 죽으시고 몸으로 부활하셨다. 이 진리에 편협하게 집중하면 소위 오직예수파 신학에 빠져 성부와 성령을 예배하지 않게 된다.	요 1:1,14 사 9:6-7 히 1:3-13 골 1:15-17 롬 9:5 요 20:28
세상의 영		진리의 영	
고전 2:12 롬 12:2 약 4:4 딛 2:12 요일 2:16 엡 2:1-5	세상은 악하며, 사람들을 자신이 신이라는 망상 속으로 더 깊숙이 떠민다. 이 진리에 편협하게 집중하면 '우리 대 그들' 구도의 혐오와 문화 전쟁으로 치닫게 된다.	성령은 하나님이시며, 그리스도인 안에 내주하여 삶에 능력을 주신다. 이 진리에 편협하게 집중하면 '카리스마 열광'에 빠져 성부와 성자를 예배하지 않게 된다.	요 14:16 겔 36:26 행 5:3-9 벧후 1:21 갈 5:22-23 요 16:8-14

삼위일체와 관련된 여러 이단은 하나님의 어느 한 위격에 집중하고 다른 둘을 평가 절하하는 경향이 있다. 4세기의 아리우스는 성부의 신성을 떠받든 반면, 성자와 성령을 격하했다. 오늘날 오직 예수파 운동에 가담하는 많은 사람은 성부와 성령을 희생하여 성자를 높인다. 다른 예도 더 있다. 그러나 삼위일체를 보는 성경적 관점대로 하자면, 우리의 신학은 성부, 성자, 성령 중 어느 한 분만 강조하는 식이어서는 안 된다. 성경적 관점은 성부, 성자, 성령으로 존재하시는 한 분 하나님을 높인다. 세 위격 모두 동등하신 하나님이시므로 똑같이 예배와 사랑과 경외를 받기에 합당하시다.

그런데 성경에는 신성하지 못한 적삼위일체도 계시되어 있다. 삼위일체 창조주의 사명을 대적하는 세 가지 파괴적 세력이다. 마르틴 루터를 비롯한 개신교 종교개혁가들은 이 세 가지 세력을 세상, 육신, 마귀로 정확히 짚어 냈다. 내가 이 셋을 '적삼위일체'라 칭하는 이유는 세 위격으로 존재하시는 한 분 하나님의 속성과 유사한 면이 있어서가 아니라(전혀 유사하지 않다) 세상, 육신, 마귀가 삼위일체 하나님의 사명인 '구원'에 정면으로 맞서기 때문이다. 삼위일체 하나님의 사명에 동참하려면 이 세 가지 악한 세력 중 어느 하나의 실체도 가볍게 여겨서는 안 된다. 그렇다면 적삼위일체는 성경에 각각 어떤 존재로 그려져 있을까?

마귀

마귀를 영화 속 다스 베이더나 조커 같은 가공의 악당으로 치부해서는 안 된다. 성경에서 사탄과 그의 일당은 실존하며 매 순간 하나님께 싸움을 건다. 성삼위일체의 제1위격이신 성부 하나님은 우리를 온전히 "의롭다 하"여 무죄를 선고하시는 분이시고롬 3:26 "거짓이 없으신" 하나님이시며딛 1:2 "생명[을] …… 주시는 이"행 17:25 시다. 적삼위일체의 제1요소인 사탄은 지독히도 "참소하던 자"이자계 12:10 "처음부터 살인한 …… 거짓의 아비"요 8:44였다.

그러므로 우리는 믿음과 진리와 복음의 전신 갑주를 입고 기도와 말씀의 능력으로 사탄의 세력을 물리쳐야 한다.엡 6:10-18 적삼위일체의 제1요소를 무시하면 우리는 모순적인 "그리스도인 자연주의자"로 살게 된다. 보이지 않는 전투를 인식하지 못한 채 싸움터에 맨몸으로 서서, 자신이 존재하지 않는다고 세상을 속이려는 마귀의 음흉한 간계에 속는 것이다.

그러나 거짓의 아비에서 멈춘다면 우리는 적삼위일체 버전의 아리우스주의자가 된다. 아리우스주의는 하나님을 성부로 제한하여, 마땅히 예배해야 할 성자와 성령을 예배하지 못하게 한다. 마찬가지로 악의 개념을 마귀로 제한하면 마땅히 물리쳐야 할 육신과 세상을 물리칠 수 없다.

이처럼 적삼위일체를 보는 관점이 부실하면, 결국 우리는 보이지 않는 세계에 미신적으로 집착하여 해를 자초한다. 감기만 걸려도 사탄을 들먹이고, 캄캄한 데를 지나갈 때마다 귀신을 겁내고, 자신이 실수해 놓고 바알세불을 탓하는 것이다. 사실은 "내가 어리석고 죄의 쾌감에 중독되어서 그랬다"가 맞는데 "마귀가 시켜서 그랬다"고 말하기 쉽다. 결국 우리는 온갖 좋은 선물을 주시는 "빛들의 아버지"약 1:17를 경외하기보다 "거짓의 아비"요 8:44에게 사로잡힌다.

육신

성경에서 적삼위일체의 제2요소는 "육신"이다. 바울이 자주 쓴 "육신"이란 표현은 주로 탄소와 산소로 이루어진 인체를 가리키는 게 아니라 우리의 죄성을 뜻한다. 우리 모두 안에 있는 이 충동은 매사를 내 방식대로, 내 힘으로, 내 영광을 위해 하려 한다. 보이지 않는 거대한 자석처럼 당신을 끌어당겨 똑같은 자멸의 죄를 답습하게 하는 내면의 세력이다.

"우리 모두의 속에 마귀가 있지"[4]라고 노래한 록 밴드 인엑시스INXS의 가사는 성경의 가르침과 크게 다르지 않았다. 창 6:5; 렘 17:9; 전 9:3; 마 15:19; 엡 2:1-3 악을 저 바깥의 마귀로 좁혀서 보면 이 안의 "마귀", 즉 자신의 마음속에 있는 악한 성향을 놓친다. 우리는 다 바울이 "육신"이라 칭한 악한 세력에 "씌어" 있다. 갈 5:19-20; 골 3:5-10; 롬 8:13

적삼위일체의 제2요소를 어찌할 텐가? 이번에도 바울은 전투 용어를 써서 우리에게 기도와 성령의 능력으로 육신을 죽이라고 명한다.롬 8:13 청교도들은 이 신성한 의무를 "죄 죽이기"라 칭하곤 했다. 그러나 적삼위일체를 보는 우리의 관점이 부실하여 악의 개념을 육신으로 제한한다면, 우리는 자아에 매몰되어 병적인 내성에 빠질 수 있다. 바깥의 마귀에 맞서야 할 영적 싸움터를 맨몸으로 헤매는 것이다.

세상

태양을 공전하는 질량 5.97×10^{24}킬로그램의 지구는 성경에 따르면 악한 세력이 아니다. 하나님이 지으신 세상은 그분이 보시기에 좋았다. 적삼위일체의 한 요소인 "세상"은 지구가 아니라 "세상의 영"을 가리킨다. 탐욕스러운 소비, 무분별한 성생활 등 영혼을 멸하는 악을 미덕으로 칭송하는 시스템이다.엡 4:17-20; 벧후 2:12-14; 요일 2:16 세상이 인간의 지위를 측정하는 기준은 명품 구두나 섹스 파트너, 인스타그램 팔로워 등을 얼마나 보유했느냐다. 세상은 무한하신 하나님 대신 유한한 대상을 예배하게 하는 문화적 공모 세력의 주축이다. 세상과 벗이 되면 하나님의 "원수"가 된다.약 4:4 그분이 자신의 피조물에게 주시려는 것은 훨씬 그 이상이다.

하나님은 우리에게 격리 구역을 만들고, 무기를 쟁이고, 철조망을 쳐 그야말로 세상과 담을 쌓고 살도록 명하지 않으셨다. 오히려 세상 안에 살되 철저한 반문화와 구원을 보여 주도록 부르셨다.

바울처럼 우리도 자신을 "세상에 대하여" "십자가에 못 박"힌 자로 여겨야 한다.갈 6:14 자멸의 쾌락을 탐닉하려는 우리의 욕망은 십자가에서 죽어 이내 무력해졌다. 우리는 세상을 본받을 게 아니라롬 12:2 자만심에 젖은 문화를 불가항력의 희생적 사랑으로 뒤집어엎어야 한다.

그러나 악의 개념을 적삼위일체의 제3요소로 제한하면 우리는 균형을 잃어 해를 자초한다. 매사에 과민한 저 바깥의 좌파, 크리스마스를 없애려는 저 바깥의 세속주의자, 사고에 허점이 많은 저 바깥의 진화론자 등 문화의 모든 악한 세력에 맞서 독선적 성전聖戰을 벌인다. 그러느라 이 안의 악, 즉 자신의 타락한 마음을 간과한다. 거울 속의 자신을 직시하기보다 믿지 않는 세상을 탓하기가 훨씬 쉬운 법이다.

이처럼 적삼위일체를 보는 관점이 부실하면, 문화의 악을 가장 큰 목소리로 성토하는 이들일수록 자신의 악한 치부가 드러나 뉴스 헤드라인을 장식할 때가 많다. 어쩌면 당연한 일이다. 외부의 악과만 싸우면 내면의 악은 제멋대로 방치된다. 정치적 문화 전쟁에 매몰된 나머지 영적 전투의 실체를 인식하지 못하고 기도에도 소홀해진다. 적삼위일체를 성경적으로 인식하지 못하는 사람은 자신이 맞서 싸우는 악한 존재와 같아진다.

✲

이번 장 서두에 제시한 명제를 다시 떠올려 보자. 우리가 삼위일체 하나님을 제대로 보여 주지 못하는 이유는 적삼위일체에 대한 우리의 교리가 충분히 견고하지 못하기 때문이다. 이는 우리가 악을 세상이나 육신, 마귀 중에서 어느 하나로 축소하는 것이다. 사실 이 셋이 날마다 함께 우리를 대적하여 하나님을 기뻐하지 못하게 하고 열방의 기쁨을 앗아 가려 하는데 말이다. 적삼위일체의 세 가지 요소 가운데 당신이 가장 자주 간과하는 것은 무엇인가? 당신의 영혼이 무방비 상태인 부분은 어디인가? 부디 겁먹거나 주눅 들거나 낙심하지 말라. 적삼위일체는 영원한 사랑의 삼위일체 하나님께 맞수조차 못 된다.

프레드 샌더스가 증언하는 영원히 사랑하시는 하나님

프레드 샌더스(Fred Sanders)는 삼위일체 교리를 전공하는 세계 유수의 조직 신학자 가운데 한 사람으로, 바이올라대학교의 토리아너스칼리지(Torrey Honors College)에서 교수로 재직 중이다. 무엇보다 그는 하나님을 경외하는 사람이다. 다음 이야기는 삼위일체 하나님의 영원한 사랑이 샌더스의 삶에 어떤 영향을 미쳤는지를 보여 준다.

그리스도인이 되던 해에 나는 10대의 나이다운 여러 가지 아주 빤한 문제가 있었다. 불확실한 미래가 두려웠고, 사랑받을 만하다는 확신이 없어 몹시 외로웠고, 내 두드러진 단점이 창피했다. 많은 청소년에게 이와 비슷한 감정이 있을 것이다. 조금은 지루하고, 조금은 두렵고, 조금은 창피한 그런 감정……. 교회에 다니고 성경을 읽기 시작하면서 나는 점차 이 문제를 더 잘 이해하게 되었다.

알고 보니 내 주관적 욕구 배후에 정말 필요한 게 있었다. 죄를 용서받아 하나님과 화목해져야 했고, 그리스도를 위해 살아갈 능력도 필요했다. 하나님은 나를 있는 그대로 받아 주시고 더 좋은 삶으로 인도하셨다. 문제인지도 몰랐던 문제(내가 하나님께 영광 돌리기를 거부한 것)가 풀리자, 알고 있던 많은 문제(불면증, 방어적 태도, 위험한 행동]도 덤으로 풀렸다.

하나님이 어떤 분인지를 이해하는 면에서도 비슷한 변화가 나타났다. 바로 이 부분에서 신학이 큰 도움이 된다. 하나님이 내 삶에 들어오셔서 영적 문제를 근본적으로 해결해 주신 덕분에 나는 그분의 은혜가 내게 얼마나 유익한지를 깨달았다. 그러다 보니 모든 일에 그분을 내 문제를 해결해 주시고, 내 필요를 채우시고, 내게 교훈을 주시는 분으로 대했다. 어떤 면에서는 그것도 괜찮았다. 우리는 유한하고 타락한 피조물인지라 늘 부족하며 결코 스스로의 힘으로는 만족을 얻을 수 없다. 그러니 우리의 필요를 채워 주시는 하나님께 주목하며 감사하는 것도 당연하다.

그러나 몇 달간 그분의 신기한 도우심을 맛보며 기도와 성경 공부를 지속하다 보니 뭔가 잘못되었음이 느껴졌다. 삶의 중심은 여전히 나였고 하나님은 내 필요를 중심으로 돌아가는 은혜로운 위성과 같았던 것이다. 그게 옳을 수는 없었다. 사실 나는 자아에서 벗어나 나보다 큰 삶으로 부름받고 싶었다. 성경을 읽고 또 읽으면서 분명해졌듯이, 나는 내 인생 이야기와 상황의 중심에서 내려와야 했다. 하나님이 중심이 되셔야 했다.

당시에 나는 필기를 하곤 했는데, '나보다 큰 복음'이라는 제목 밑에 관련 성경 본문을 적어 내려간 글도 있다. 그 제목이 의미하는 바는, 그때 내가 비록 어둠 속을 더듬느라 정확한 표현은 몰랐어도 하나님이 중심이 되셔야 함을 알았다는 것이다. 나는 하나님을 나 중심이 아니라 그분 중심으로 대해야 했고, 그러려면 하나님 자신의 삶이 주축을 이루어야 했다. 신이신 그분의 삶은 애초에 나와 무관하며 내 이해를 초월한다. 물론 나는 하나님이 결국 나와 관계가 있기를 바랐지만, 그분의 영원한 삶과 생명력이 나와는 별개로 존재한다는 사실을 어떻게든 깨닫고 싶었다.

성경에서든 C. S. 루이스와 J. I. 패커 등의 경건 서적에서든 하나님 삶의 깊이와 독립성을 보여 주는 본문을 만날 때마다 나는 그 내용을 '나보다 큰 복음'이라는 제목 밑에 적었다. 점차 그런 본문이 모여 여러 페이지를 이루었다. 서서히 깨닫고 보니 그중 가장 풍부한 여러 표현에 몇 가지 공통점이 있었다.

으레 아버지와 아들이 언급되었던 것이다. "아버지여 창세 전에 내가 아버지와 함께 가졌던 영화로써 지금도 아버지와 함께 나를 영화롭게 하옵소서."요 17:5 성령이 함께 언급될 때도 있었다. "예수께서 성령으로 기뻐하시며 이르시되 …… 아버지여 …… 감사하나이다."눅 10:21 "이는 내 사랑하는 아들이요 내 기뻐하는 자라."마 3:17 하나님이라는 개념이 얼마나 큰지 서서히 깨달아졌다. 성부와 성자와 성령의 관계는 원대하여 내 지식의 지평을 벗어났다.

그때 이런 일이 있었다. 친구의 권유로 어떤 기독교 서적을 읽었는데 정말 안 좋은 책이었다. 제목과 저자는 잊었지만, 나를 위한 하나님의 사랑이 우주의 중심이라던 단호한 메시지만은 기억난다. 나, 나, 나를 위한 하나님의 사랑보다 더 깊은 것은 없다고 아주 대놓고 말하는 책이었다. 잊어도 되는 그 책이 내게 촉매제가 되었다. 그 거짓말 앞에서 오히려 진리가 식별되었다.

나를 향한 하나님의 사랑이 중심이 아니었다. 하나님의 사랑 그 자체가 위대한 것이었으며, 그 사랑의 기초는 스스로 견고했다. 그 기초가 없이는 나를 부르시고 구원하시는 사랑도 있을 수 없었다. 더욱이 스스로 충족하시는 하나님의 절대 주권을 이해하려면, 내 노트에 적은 대로 아버지께서 성령 안에서 아들을 사랑하신다는 구체적 사실이 내게 필요했다. 삼위일체 하나님이야말로 내게 꼭 필요한 신이셨으며, 그분의 존재 이유는 단지 내 필요를 채워 주시는 것 이상이었다. 이것이 복음의 기초다. 물론 복음이 낮은 데로 임하여 나를 구원했지만, 복음의 견고한 닻은 완전히 나와는 별개로 존재한다.

그 후로도 수십 년을 삼위일체 하나님이 누구신지 더욱 많이 배웠고, 이 교리를 주제로 책과 기사도 여러 편 썼다. 교회와 학교에서 이를 아무리 가르쳐도 질리지 않는다. 성령으로 연합하시는 성부와 성자의 사랑은 여전히 내 생명 줄이고 닻이다. 공부할수록 더 확신하게 되거니와, 나를 온통 변화시킨 복음의 원천은 참으로 광대하고 심오한 실재다. 그 실재는 완전히 내 바깥에 있으면서 나를 점점 더 깊이 안으로 끌어당긴다.

영원히 사랑하시는 하나님을 경외하는 기도

하나님, 하나님만이 참신이십니다. 주님은 우리에게 자신을 서로 동등하고 영원하신 세 위격, 곧 성부와 성자와 성령으로 계시하십니다. 하나님이 사랑이시라는 우리의 고백은 참된 진리입니다.

삼위일체 하나님의 무한한 사랑의 춤 속으로 우리를 이끌어 주소서. 우리의 참된 기원과 정체성과 운명이 삼위일체 하나님 사이의 사랑으로 든든히 싸여 있음을 보게 하소서. 요한복음 6, 10, 17장에 나와 있듯이, 우리는 성부 하나님께서 성자 하나님께 주시는 살아 숨 쉬는 사랑의 선물입니다. 이 얼마나 놀라운 정체성인지요! 거기에 걸맞게 우리도 비범한 사랑을 베풀며 살아가게 하소서. 주님을, 그리스도 안의 형제자매를, 믿지 않는 이웃을 진정으로 깊이 사랑하게 하소서. 그리하여 더 많은 이들이 복되신 삼위일체 하나님께로 이끌리게 하소서.

예수님의 이름으로 기도합니다. 아멘.

내 삶 돌아보기

개인 성경 공부, 소그룹 모임에서 다음 질문을 깊이 생각해 보라.

1. 삼위일체 교리의 세 가지 탄탄한 성경적 기둥을 자신의 말로 표

현해 보라.

2. 요한처럼 "하나님은 사랑이시라"라고 참으로 고백하려면 그분이 반드시 삼위일체여야 한다. 왜 그런지 최대한 자신의 말로 설명해 보라.
3. 4부에서 보았듯이 삼위일체에 대한 정통 교리에는 그 교리를 실천하는 바른 삶이 뒤따라야 한다. 교회가 삼위일체 하나님의 영원한 사랑을 더 잘 실천할 수 있는 방법 네다섯 가지를 생각나는 대로 나누어 보라.

회개하기

다음 표의 왼쪽 칸에 영원히 사랑하시는 삼위일체 하나님을 당신이 어떻게 경외하고 있는지 기록해 보라. 오른쪽 칸에는 당신의 삶에서 어떻게 그분을 경외하지 않고 있는지를 쭉 써 보라. 자신을 성찰할 때면 우리는 대체로 좋은 쪽으로만 보려 한다. 그러므로 시편 기자처럼 기도하라. "하나님이여 나를 살피사 내 마음을 아시며 나를 시험하사 내 뜻을 아옵소서 내게 무슨 악한 행위가 있나 보시고 나를 영원한 길로 인도하소서."시 139:23-24

자신에게 솔직히 물어보라. "나는 하나님이 내게 베푸시는 영원한 사랑을 진지하게 받아들이는가, 아니면 내가 사랑받을 만하지 못하다는 생각과 감정으로 괴로워하는가?"

나는 이렇게 하나님을 경외하고 있다	나는 이렇게 하나님을 경외하지 않고 있다

왼쪽 칸에 적은 내용을 훑어 내려가며 기도하라. 하나님의 영원한 사랑을 삶에서 실제로 누리고 있는 부분을 구체적으로 짚으며 감사하라. 하나님을 경외하는 마음이 당신의 의지력에서 나온 게 아니라 그분의 은혜로 말미암았음을 인식하고, 찬송과 감사를 드리라. 이어

서 오른쪽 칸에 적은 내용으로 기도하라. 하나님의 영원한 사랑을 누리지 못하는 부분을 고백하고 회개하는 시간을 가지라. 초자연적 믿음을 부어 달라고 기도하라.

참고 도서

다음은 영원히 사랑하시는 삼위일체 하나님을 경외하는 데 도움이 될 훌륭한 신학 자원이다.

Augustine, *On the Trinity* (New City, 2012). 아우구스티누스, 《삼위일체론》.

Matthew Barrett, *Simply Trinity: The Unmanipulated Father, Son, and Holy Spirit* (Baker, 2021). 매튜 바렛, 《정통 삼위일체 교리》(생명의말씀사 역간).

John Owen, *Communion with the Triune God* (Crossway, 2007).

Vern Poythress, *The Mystery of the Trinity: A Trinitarian Approach to the Attributes of God* (P&R, 2020).

Michael Reeves, *Delighting in the Trinity: An Introduction to the Christian Faith* (IVP, 2022).

Fred Sanders, *The Deep Things of God: How the Trinity Changes Everything* (Crossway, 2010). 프레드 샌더스, 《삼위일체 하나님이 복음이다》(부흥과개혁사 역간).

Fred Sanders, *The Triune God* (Zondervan Academic, 2016).

Scott Swain, *The Trinity: An Introduction* (Crossway, 2020).

Carl Trueman & Brandon Crowe 편집, *The Essential Trinity: New Testament Foundations and Practical Relevance* (P&R, 2017). 리처드 보컴 외, 《삼위일체》(이레서원 역간).

James White, *The Forgotten Trinity: Recovering the Heart of Christian Belief* (Bethany House, 1998).

✦ Part 5

구원의 하나님

Redemptive

그분은 죄인을 구원하신다

5부에서는 구원하시는 하나님의 은혜와 그것이 우리 모두의 도덕적 삶에 미치는 영향을 살펴볼 것이다. 여기서 우리가 던지고 답하려는 질문은 다음과 같다.

+ 죄와 하나님의 진노를 이야기하는 것은 시대에 뒤떨어진 껄끄러운 화제가 아닐까?
+ 그리스도의 잔혹한 십자가를 하나님 사랑의 지고한 표현이라고 말하면, 왜 비신자에게 복음이 허튼소리로 들릴까?
+ 이사야, 바울, 마르틴 루터를 절망에 빠뜨린 것은 무엇이며, 그들을 자유케 한 기독교 세계관 고유의 진리는 무엇인가?
+ 영국인 펠라기우스Pelagius, 로마인 카시아누스Cassianus, 네덜란드인 아르미니우스Arminius, 아프리카인 아우구스티누스 중에서 하나님의 은혜를 보는 관점이 성경에 가장 가까운 사람은 누구인가?

당신의 영혼이 준비된 상태에서 5부를 읽기 위해, 잠시 시간을 내어 구원하시는 하나님의 은혜를 보여 주는 다음 말씀을 읽으라. 천천히, 기도하는 마음으로, 깊이 생각하며 읽으라. 하나님이 친히 자신에 대해 밝히시는 말씀에 마음과 생각을 열어 달라고 기도하라. 그 진리에 경외함으로 어떻게 합당하게 반응할 수 있을지 보여 달라고 구하라. 그리고 다음 말씀 중 하나를 골라 이번 주에 암송해 보라.

요엘 2장 13절

너희는 옷을 찢지 말고 마음을 찢고
너희 하나님 여호와께로 돌아올지어다
그는 은혜로우시며 자비로우시며
노하기를 더디 하시며 인애가 크시사
뜻을 돌이켜 재앙을 내리지 아니하시나니.

에베소서 2장 1-5, 8-10절

그는 허물과 죄로 죽었던 너희를 살리셨도다 그때에 너희는 그 가운데서 행하여 이 세상 풍조를 따르고 공중의 권세 잡은 자를 따랐으니 곧 지금 불순종의 아들들 가운데서 역사하는 영이라 전에는 우리도 다 그 가운데서 우리 육체의 욕심을 따라 지내며 육체와 마음의 원하는 것을 하여 다른 이들과 같이 본질상 진노의 자녀이었더니 긍휼이 풍성하신 하나님이 우리를 사랑하신 그 큰 사랑을 인하여 허물로 죽은 우리를 그리스도와 함께 살리셨고 …… 너희는 그 은혜에 의하여 믿음으로 말미암아 구원을 받았으니 이것은 너희에게서 난 것이 아니요 하나님의 선물이라 행위에서 난 것이 아니니 이는 누구든지 자랑하지 못하게 함이라 우리는 그가 만드신 바라 그리스도 예수 안에서 선한 일을 위하여 지으심을 받은 자니 이 일은 하나님이 전에 예비하사 우리로 그 가운데서 행하게 하려 하심이니라.

고린도후서 12장 9-10절

나에게 이르시기를 내 은혜가 네게 족하도다 이는 내 능력이 약한 데서 온전하여짐이라 하신지라 그러므로 도리어 크게 기뻐함으로 나의 여러 약한 것들에 대하여 자랑하리니 이는 그리스도의 능력이 내게 머물게 하려 함이라 그러므로 내가 그리스도를 위하여 약한 것들과 능욕과 궁핍과 박해와 곤고를 기뻐하노니 이는 내가 약한 그때에 강함이라.

고린도전서 15장 10절

그러나 내가 나 된 것은 하나님의 은혜로 된 것이니 내게 주신 그의 은혜가 헛되지 아니하여 내가 모든 사도보다 더 많이 수고하였으나 내가 한 것이 아니요 오직 나와 함께하신 하나님의 은혜로라.

디도서 2장 11-14절

모든 사람에게 구원을 주시는 하나님의 은혜가 나타나 우리를 양육하시되 경건하지 않은 것과 이 세상 정욕을 다 버리고 신중함과 의로움과 경건함으로 이 세상에 살고 복스러운 소망과 우리의 크신 하나님 구주 예수 그리스도의 영광이 나타나심을 기다리게 하셨으니 그가 우리를 대신하여 자신을 주심은 모든 불법에서 우리를 속량하시고 우리를 깨끗하게 하사 선한 일을 열심히 하는 자기 백성이 되게 하려 하심이라.

하나님을 경외하는 경건한 습관 기르기

하나님을 경외하는 것은 단순히 머릿속에 새로운 정보를 채워 넣는 것만으로 이루어지지 않는다. 경건한 습관도 함께 길러야 한다. 아래 제안 중 두 가지 이상을 선택하여 이번 주에 실천해 보라. 그러면 구원하시는 하나님의 은혜를 일상 속에서 한층 더 깊이 체험하게 될 것이다.

1. 하나님의 은혜로 구원받은 사람은 마땅히 그 은혜를 다른 사람

에게 전해야 한다. 이번 주에 하나님의 섭리로 비신자에게 복음을 전할 기회를 열어 달라고 기도하라. 하나님이 사람을 만나게 하시거든 부끄러워 피하지 말고 우주 최고의 기쁜 소식을 담대히 전하라.

2. 하나님은 능히 사람의 마음을 변화시키신다. 새로운 마음을 받아 그분을 믿기를 당신이 간절히 바라는 사람 다섯 명을 정해 이름을 불러 가며 기도하라.
3. 당신의 일상생활에서 사랑에 어긋나는 습성 세 가지를 찾아내도록 성령께 도와 달라고 기도하라. 바울이 데살로니가 교인들을 위해 기도한 것처럼 하나님께 당신의 "사랑이 더욱 많아 넘치게 하"시기를 구하라. 살전 3:12

21. 복음은 반드시 나쁜 소식으로 시작한다

레이크우드교회의 약 43,000명 교인뿐 아니라, 매주 약 100개국에서 700만 명이 텔레비전 방송으로 조엘 오스틴의 설교를 듣고 있다. 그는 이렇게 감동적인 말을 전한다. "여러분 자신을 믿으세요." "여러분은 변화를 선택할 수 있습니다." "나는 일부러 잘못하는 게 아닙니다. …… 내 마음이 옳다는 것을 나는 압니다."[1] CBN 뉴스와의 인터뷰에서 그는 이렇게 단언했다. "나는 내 앞에 모인 수천 명의 사람들에게 차마 '여러분은 죄인이고, 지옥에 갈 사람들입니다'라고 말할 수가 없어요. 차라리 하나님이 자비의 하나님이라고 전하고 싶습니다."[2]

예레미야는 인간의 마음을 "만물보다 거짓되고 심히 부패한 것"이라 묘사했다.렘 17:9 솔로몬은 "인생의 마음에는 악이 가득하여 그들의 평생에 미친 마음을 품고 있다"라고 말했다.전 9:3 예수님은

"마음에서 나오는 것은 악한 생각과 살인과 간음과 음란과 도둑질과 거짓 증언과 비방이니"라고 말씀하셨고마 15:19, 천국을 언급하신 것보다 더 자주 지옥에 대해 경고하셨다.[3] 예수님과 유대인 선지자들은 하나님의 진노에 대해 함구하지 않았다. 그들이 인간의 타락과 하나님의 진노를 적나라하게 드러낸 이유는 바로 그러지 않고서는 하나님의 자비가 우리의 교만을 꺾는 비범하고 과분한 자비로서 진가를 발할 수 없기 때문이다.

우리가 나쁜 소식을 축소하거나 무시하는 만큼 하나님의 기쁜 소식은 그저 감상적 싸구려로 전락하고 만다. 인간이 원래 선하다면 우리를 타락에서 구원으로 옮겨 줄 구주 예수님은 필요 없다. 그나마 그분이 필요하다면 선한 우리를 위대하게 만들어 줄 인생 코치로서만 필요할 뿐이다. 하지만 성경 본문에서 만나는 예수님은 인생 코치가 아니다.

오스틴의 메시지만의 문제는 아니다(내 타깃은 그가 아닌 그의 사상이다. 나는 언제고 우리 사이에 성경책을 펴 놓고 그에게 식사를 대접할 용의가 있다). 그 이전에 1,600여 년 전 펠라기우스는 "인간 본성은 타락하지 않았다"[4]라고 가르쳤고, 에라스무스Erasmus는 "모든 인간은 계명을 지킬 능력이 있다"[5]라고 역설했으며, 찰스 피니Charles Finney는 "인간은 모든 의무를 수행할 능력 내지 힘이 있다"[6]라고 설교했다. 즉 이 문제는 오늘날의 어느 한 목사가 지닌 영향력보다 훨씬 크다. 이렇게 믿는 사람이 우리 시대에 이미 아주 많다. 미국인의 71퍼센트를 포함해 자칭 복음주의자의 65퍼센트는 성선설을 믿는다.[7] 이기적 편향이라는 심리 현상도 있다. 익히 검증된 이 성향 때문에 인간은 자신의 강점을 과장하고 결점을 축소한다.

심리학이 따라잡기 훨씬 오래전에 솔로몬은 '사람의 행위가 자기 보기에는 모두 정직하다'고 진단했다.잠 21:2 고등학생 829,000명 가운데 자신의 친화력이 평균 이상이라고 답한 비율은 100퍼센트, 상위 1퍼센트에 든다고 답한 비율은 25퍼센트였다.[8] 대학교수의 94퍼센트는 자신이 웬만한 동료보다 우월하다고 믿고, 25퍼센트는 자신이 "정말 특출하다"고 여긴다.[9] 미국인의 91퍼센트는 "자아를 발견하는 최선의 방법은 내면을 들여다보는 것이다"고 믿는다.[10] 이렇듯 대세에 따르면 답은 늘 우리 마음속에 있다. 그러나 성경이 하는 말은 우리가 가장 정직한 순간에 아는 바와 똑같다. 우리 마음이 곧 문제라는 것이다.

우리 자신을 기본적으로 선한 인간으로 보면[11] 십자가의 의미는 이내 허튼소리로 전락한다. 오늘날의 그리스도인에게 예수님이 십자가에서 죽으신 이유를 설명해 달라고 해 보라. 12세기 프랑스인 피에르 아벨라르Peter Abelard의 속죄론인 도덕감화설을 들어 보지 못한 이들도 대부분 그의 관점과 비슷하게 말할 것이다. 하나님이 기꺼이 예수님을 보내 우리를 위해 죽게 하심으로써 우리를 얼마나 사랑하시는지를 보여 주셨고, 따라서 우리도 예수님의 십자가를 본받아 희생적으로 사랑해야 한다는 것이다. 그 말도 맞기는 하지만 그것만으로는 턱없이 부족하다.

많은 이들이 들어 봄직한 진부한 표현이 있다. "예수께 나를 얼마나 사랑하시느냐고 여쭈었더니 그분이 두 팔 벌려 '이만큼 사랑한다'고 말씀하시며 죽으셨다." 분명히 이 말에는 뭔가 심오한 내용이 빠져 있다. 자, 어떤 남자가 연인에게 사랑을 고백한다 해 보자. "너를 사랑해"라고 말한 그 남자가 순간 옆에 있던 세라믹 커피 잔을 들어 자기 이마에 내리친다. 귀와 눈 사이로 피가 흐르는데 이에 아랑곳하지 않고 "정말 사랑해"를 외치던 남자는 이번에는 벌겋게 달아오른 전기스토브에 손바닥을 지진다. 실내에 뿌연 연기가 자욱하고 악취가 진동함에도 "정말, 정말 너를 사랑해"를 연신 소리치며 창문으로 달려가던 남자는 유리창을 들이받더니 5층에서 뛰어내려 길바닥으로 떨어지고 만다.

십자가가 단지 하나님의 사랑의 표현이라면, 십자가형의 고통이 오랜 시간 지속된 이유는 대체 뭘까? 사정없는 채찍질, 공개적인 수모, 범죄자의 죽음, 팔목과 발목에 박힌 대못, 가슴과 심장 부분을 관통하여 찌른 로마의 창은 죄다 소름끼치고 전혀 필요치 않아 보인다. 하나님은 단순히 사랑을 고백하며 우리에게 영원한 복을 내려 자신의 무한한 애정을 확증하실 수도 있었다.

예수님의 죽음을 단지 우리에게 표현하신 하나님의 사랑으로만 설명하고, 인간의 반역에 대한 하나님의 정의로운 진노라는 냉엄한 실재를 어쩌면 비판처럼 보일까 봐 두려워 삭제하면, 그분의 죽음은 비신자에게 그저 허튼소리로 들린다. 진리, 선, 아름다움을 거부하거나 훼손하거나 파괴하는 우리를 하나님이 저지하실 때, 그분의 선은 진노의 형태를 띤다. 우리의 십자가에서 하나님의 사랑과 진노가 만나지 않는다면 그것은 그리스도의 십자가가 아니다.

다음과 같은 통상적 희화화를 우리는 삼가야 한다. 화가 나 귀가 달아오를 대로 달아오르고 이마의 힘줄이 불거진 얼굴의 한 아버지가 있다. 불끈 움켜쥔 주먹으로 당장이라도 우리에게 격분의 난타를 퍼부을 것만 같다. 그런데 그때 곁에 있던 아들이 나서서 대신 맞는다. 그 순간 우리를 향한 그 아버지의 심기가 미움에서 사랑으로 바뀐다.

성경은 정반대로 말한다. "하나님이 세상을 이처럼 사랑하사 독생자를 주셨으니."요 3:16 "우리가 아직 죄인 되었을 때에 그리스도께서 우리를 위하여 죽으심으로 하나님께서 우리에 대한 자기의 사랑을 확증하셨느니라."롬 5:8 "사랑은 여기 있으니 우리가 하나님을 사랑한 것이 아니요 하나님이 우리를 사랑하사 우리 죄를 속하기 위하여 화목 제물로 그 아들을 보내셨음이라."요일 4:10[12]

하나님 아버지의 동기는 사랑이다. 그 아버지가 아들을 보내 우리를 위해 죽게 하심으로써 이루신 일을 여섯 가지 은유로 생각해 보라. 하나님이 보내신 그리스도는 속죄하시는 분이요고후 5:18-21; 롬 5:8-10; 골 1:19-21, 전쟁의 승자이며창 3:15; 골 2:15; 히 2:14-15; 요일 3:8, 결박을 푸시는 분이시다.요 8:36; 갈 5:1; 벧전 1:18-19 피고 측 변호사이자사 53장; 롬 3:23-28; 갈 3:1; 요일 2:1-2, 영원한 제사장이면서레 4-6,12장; 엡 5:2; 히 2:14-17; 9:12-14, 버림받은 아들이시다.겔 16장; 사 53장; 마 27:46; 엡 1장; 히 13:11-13

자신이 창조주께 반역한 상태임을 모르는 이들에게 속죄하시는 분이 무슨 소용이겠는가? 자신이 마귀의 전쟁 포로임을 모르는 이들에게 전쟁의 승자가 무슨 소용이겠는가? 자신이 죄의 노예임을 모르는 이들에게 결박을 푸시는 분이 무슨 소용이겠는가? 자신의 죄를 정당화하는 이들에게 피고 측 변호사가 무슨 소용이고, 지성소에 들어가는 일을 진지하게 여기지 않는 이들에게 제사장이 무슨 소용이며, 자신을 소외층으로 보지 않는 이들에게 버림받은 아들이 무슨 소용이겠는가? 죄의 실재와 그에 따른 하나님의 응당한 정의를 정직하게 직시하지 않는 한, 우리는 하나님이 그리스도 안에서 베푸시는 은혜의 진가를 결코 알 수 없다.

보석상이 까만색 벨벳 천을 깔고 그 위에 다이아몬드를 전시하는 건 그만한 이유가 있어서다. 해가 진 이후의 보름달에 더 감탄하게 되는 것 또한 이유가 있다. 로마서 1-3장이 4-16장보다 먼저 나온 데도 역시 이유가 있다. 시트콤에 나올 법한 흔한 첫 대사를 생각해 보라. "기쁜 소식과 나쁜 소식이 있는데 어느 것부터 들을래?" 기쁜 소식부터 듣는다면, 나쁜 소식은 기쁜 소식이 없다는 것이다. 죄가 실재하고, 거기에 하나님의 응당한 정의가 따른다는 나쁜 소식부터 들어야만 기쁜 소식은 정말 기쁜 소식이 된다.

22. 십자가,
하나님의 진노와 사랑이 만나는 곳

왜 우리는 하나님의 진노를 축소하거나 부정하여[1] 놀라우신 그분의 은혜까지 약화시키는가? 당신이 하나님의 진노에 대한 설교를 마지막으로 들은 것은 언제인가? 악에 맞서시는 그분의 의로운 분노로 인해 그분을 높이는 찬양을 부른 것은 또 언제인가? 우리는 왜 참으로 희망을 주는 이 교리에 대해 종종 불합리한 편견을 갖는가?

타인의 시선에 갇히다

우리는 다른 사람의 시선을 지나치게 의식하기 쉽다. 그래서 문화의 근사한 주류에서 밀려나지 않으려고 자신을 검열한다. 무엇이든 마음대로 해도 된다고 여기는 시대지만, '무언가를 죄라고 부르는 것'만은 '죄'다. 초월 신이 인간의 행동을 심판한다는 개념 자체가 많은 이들에게 불쾌하다 못해 혐오스럽게 느껴진다. 하나님의 정의로운 심판은 우리의 주관적 감정이 최종 권위가 아니라는 뜻이다. 오늘날의 기준으로 보자면 이는 그야말로 저주받을 이단이나 다름없다. 그래서 우리는 이웃에게 진노를 사느니 차라리 하나님의 진노를 축소한다.

그러나 신구약 성경 모두에 거듭 명시되어 있듯이, 하나님은 의로운 진노로 악에 맞서신다. 민 11:33; 왕하 22:13; 요 3:36; 롬 1:18; 엡 5:6; 골 3:6; 히 3:11; 4:3; 계 6:16; 14:10, 19; 15:1, 7; 16:1; 19:15 A. W. 핑크의 말대로 "성경에는 하나님의 사랑과 인자하심보다 그분의 분노와 격노와 진노에 대한 언급이 훨씬 많다."[2] 자, 당신의 마음을 시험해 보라. 당신은 다른 사람들에게 거부당할 것을 더 의식하며 사는가, 아니면 하나님의 계시를 더 의식하며 사는가?

써브웨이 신학에 길들여지다

세계적인 샌드위치 체인점인 써브웨이에서는 모든 고객이 자신의 취향대로 맞춤형 샌드위치를 주문할 수 있다. 써브웨이 신학은 이렇게 말한다. "하나님의 사랑과 긍휼은 당연히 듬뿍 넣으라. 은혜와 자비도 조금 더 추가하라. 그러나 진노는 빼라. 죄를 끝까지 벌하는 신은 싫다. 부정한 것을 심판하는 거룩한 신이라면 극구 사양이다."

어느새 소비문화에 푹 젖어 든 우리는 실재를 그저 취향에 맞춰 쉽게 조정할 수 있다고 믿는다. 프랜차이즈 식당 치즈케이크 팩토리는 "날마다 새로 만드는 250여 가지 요리"의 메뉴를 자랑한다. 원래 맥도널드의 메뉴는 1940년에 아홉 가지였으나 지금은 145가지로 늘었다. 심리학자 배리 슈워츠Barry Schwartz가 중형 규모의 한 지역 슈퍼마켓에서 조사한 결과, 놀랍게도 무려 크래커는 85종, 립스틱은 150종, 수프는 230종, 시리얼은 275종, 쿠키는 285종, 그리고 샴푸, 컨디셔너, 헤어 젤, 무스는 360종이나 되었다.[3]

이처럼 선택의 폭이 한없이 넓어졌는데 이러한 제품처럼 신학도 개인 취향을 최종 기준으로 삼지 못할 이유가 있을까? 그러나 신학마저 크래커, 샴푸, 립스틱처럼 취급하면 문제가 생긴다. 결국 실재의 형이상학적 질서가 뒤집어져, 이제 우리가 예배하는 대상은 우리를 그분의 형상대로 지으신 실제 하나님이 아니라 우리가 자신의 형상대로 새겨 만든 신이 된다. 신학은 겉만 번듯한 허울일 뿐이고, 실은 자아 숭배로 변한다. 아예 신학이 아니라 우상 숭배다.

고장난 인간의 진노에 질리다

우리가 하나님의 진노를 과소평가하는 세 번째 이유는 '인간'의 진노에 질린 이들이 많아서다. 성경에 강조되어 있듯이 인간의 진노는 잘못 표현되기 쉽다. 그래서 하나님은 "분을 그치고 노를 버리며 불평하지 말라 오히려 악을 만들 뿐이라"라고 명하신다.시 37:8 우리는 "성내기도 더디 하라 사람이 성내는 것이 하나님의 의를 이루지 못함이라"라는 말씀대로 살아야 한다.약 1:19-20; 골 3:8 참조

세상에 존재하는 기타라고는 몸체가 갈라지고 목이 휘어지고 줄이 녹슨 것밖에 없다고 상상해 보라. 다른 기타는 다 증폭기와 스피커에 내려쳐져 산산이 부서졌거나 기름으로 불태워진 지 오래다. 그런 세상에서 지미 헨드릭스Jimi Hendrix의 〈리틀 윙〉 같은 기타 명곡을 연주한다면 아무래도 듣기에 민망할 테고, 세련된 코드 변화와 주선율도 아마 죽어 가는 고양이 소리만 같을 것이다. 그렇다고 〈리틀 윙〉의 아름다움이 존재하지 않는 것은 아니다. 다만 인간이 그것을 구현하지 못할 뿐이다.

인간은 고장난 상태다. 인간 본성은 실재와 어긋나 있다. 우리는 갈라지고 휘어지고 부서졌다. 1967년 몬터레이 국제 팝 페스티벌에서 헨드릭스가 불을 붙인 스트라토캐스터 기타만큼이나 검게 타 버렸다. 그러나 우리가 표현하는 진노가 지독한 불협화음이라 해서 선한 진노가 존재하지 않는 것은 아니다. C. S. 루이스가 말했듯이 "인간이 비뚤어진 선을 보고 비뚤어졌다고 말하는 것은 직선을 알기 때문이다."[4] 존 포먼Jon Foreman은 "그림자는 햇빛의 증거이니"라고 노래했다.[5] 불협화음은 협화음을 예고한다.

고장난 인간의 진노는 하나님의 진노와 달리 쉽게 중심을 잃는다. 감정이 이성을 온통 압도한다. 정의는 간데없고 화풀이만 남는

다. “분은 잔인하고 노는 창수 같거니와.”잠 27:4 우리의 진노는 하나님의 진노와 달리 쉽게 방향을 잃는다. 의인을 벌하고 악인 앞에서 움츠러드는 무능한 심판자다. “악인을 의롭다 하고 의인을 악하다 하는 이 두 사람은 다 여호와께 미움을 받느니라.”잠 17:15 우리의 진노는 하나님의 진노와 달리 쉽게 정도를 벗어난다. 벌이 죄에 부합하지 않는다. “한결같지 않은 저울추와 한결같지 않은 되는 다 여호와께서 미워하시느니라.”잠 20:10 우리의 진노는 하나님의 진노와 달리 쉽게 위선에 빠진다. 전혀 의롭지 않으면서 마치 자신이 의로운 양 다른 사람을 벌한다. “외식하는 자여 먼저 네 눈 속에서 들보를 빼어라 그 후에야 밝히 보고 형제의 눈 속에서 티를 빼리라.”마 7:5

깊은 차원에서, 하나님은 진노하시지 않는다. 그분의 진노는 우리가 타락한 방식으로 진노하는 것과 다르다. 하나님은 감정에 압도당하지 않으시므로 그분의 진노는 결코 중심을 잃지 않는다. 하나님은 전지하시므로 그분의 진노는 결코 잘못된 방향으로 향하지 않는다. 하나님은 의로우시므로 그분의 진노는 결코 과도하지 않다. 하나님은 온전히 거룩하시므로 그분의 진노는 결코 위선에 빠지지 않는다.

실제로 우리 영혼은 참된 진노를 깊이 갈망한다.[6] 데릭 리시마위Derek Rishmawy는 “하나님이 우리가 숨기려 하는 죄, 우상 숭배, 살인, 압제, 인종 차별, 성차별, 강간, 대량 학살, 절도, 외도, 아동 학대, 온갖 더러운 ‘작은’ 죄를 보시고도 별일 아니라는 듯 내버려두신다면 솔직히 우리는 그런 하나님을 원하지 않는다”라고 말했다.[7]

진노하는 신보다 무한히 더 나쁜 것은 무엇일까? 바로 진노하지 않는 신이다. 우리도 속으로 그것을 안다. 히틀러는 베를린의 총통 지하 벙커에서 머리에 총을 쏴 자살했다. 그것으로 그가 하나님의 형상을 지닌 수백만 명의 인간을 살상한 죄가 상쇄될까? 그럴 리 없다. 구약의 옛 유대인은 대개 하나님의 진노를 난처한 일이기보다 기쁜 일로 보았다. 세상에 온갖 억울한 불의가 많지만 결국 정의가 이긴다. 할렐루야! 조니 캐시Johnny Cash의 노래처럼 "머잖아 하나님이 너희를 쓰러뜨리리."[8] 뻔뻔한 살인범, 성폭행 범, 인신매매 범, 정치 사기꾼, 아동 학대범, 탐욕스러운 텔레반젤리스트, 돈벌이에 나선 낙태 시술자, 독선적 바리새인, 마약 거물, 인종 차별주의자, 사기범, 포르노 사업자, 총기 난사범이 모두 그에 해당한다. J. I. 패커는 이렇게 결론지었다. "하나님의 성품이 보장하거니와 장차 모든 불의가 신원된다. '진노의 날 곧 하나님의 의로우신 심판이 나타나는 그날'롬 2:5이 이르면 징벌이 시행된다. 우주에 남아 우리를 괴롭힐 억울한 문제는 하나도 없다. 하나님이 심판자시므로 정의가 실현된다."[9]

자만심에 젖은 바리새인처럼 역사 속의 히틀러 부류나 살인자, 사기꾼, 아동 학대 범, 인간 혐오자 등을 가리키며 "나는 다른 사람들 …… 같지 아니하고"라고 기도하기는 쉽다.눅 18:11 그러나 냉엄한 진실은 우리도 무한하신 하나님께 죄를 지었기에 무한한 진노를 받아 마땅하다는 것이다. 그러니 우리는 가슴을 치던 세리처럼 "하나님이여 불쌍히 여기소서 나는 죄인이로소이다"라고 부르짖자.눅

18:13 우리가 하나님 아버지의 자비에 의지하면 그분은 우리에게 예수님을 주신다. 우리의 화목 제물(헬라어로 "힐라스모스hilasmos")이신 예수님이요일 2:1-2 우리 대신 진노를 당하셨다. 율법을 어긴 우리도 예수님 안에 있으면 하나님의 진노를 당할 일이 없다.

하나님의 정의가 발사하는 마지막 한 방의 총탄까지 십자가에서 예수님의 몸에 박혔다. 우리는 생채기 하나 없이 그분 뒤에 서 있고, 정의로운 집행자들의 탄창은 비어 있다. 하나님의 정의가 요구하는 기준을 그리스도께서 우리 대신 충족하셨다. 하나님을 보는 우리의 관점에서 그분의 진노를 삭제한다면, 그리스도의 십자가는 하나님의 사랑만 보여 주는 허튼소리로 전락한다. 그러나 십자가는 우리 같은 죄인을 위해 하나님의 정의로운 진노와 지극한 사랑이 만나는 곳이다.

23. 나만의 거룩한 헛수고를 멈추다

정치적 공정성을 빌미로 모든 종교를 하나로 뭉뚱그려 기본 진리는 다 똑같다고 말하려는 시도가 있거니와, 하나님의 은혜는 그런 선의의 시도를 모두 무산시킨다. 이를 이해하려면 기네스 기록 보유자 모한 다스Mohan Das를 만나 보라. "로탄 바바", 즉 "구르는 성자"로 더 잘 알려진 다스는 신앙을 표현하고자 정말 땅 위를 구른다. 장마철에든 사막의 땡볕 아래서든 그는 인도에서만 4,000킬로미터 이상을 굴렀고, 그렇게 영국에서도 구르기를 시도했다. 로이터 뉴스에 인용된 한 가게 주인은 "그냥 밖을 내다보니 그 바보가 땅을 구르고 있었습니다"라고 말했다.[1] 구르는 성자가 되기 전에 다스는 12년간 한자리에 서서 참회의 행위로 풀만 먹었다.

바바를 보며 그 가게 주인의 말에 동의하기는 쉽다. 그런 우스꽝스러운 극단적인 행위는 어리석어 보인다. 그러나 로탄 바바가 어리석다면, 나 역시 어리석으며, 우리 대부분도 그럴 것이다. 어떤 이들에게는 구르기가 이슬람교 5대 기둥을 엄수하는 행위가 된다. 그러나 또 다른 이들은 불교의 사성제四聖諦와 팔정도八正道, 여호와의증인에서 간행하는 〈파수대〉의 가르침, 조던 피터슨Jordan Peterson 교수의 《12가지 인생의 법칙*12 Rules for Life*》, 최신 피트니스 전문가의 복근 단련법 등을 따른다.

SNS 게시물과 해시태그(#)로 자신의 덕행을 광고하며 '구르는' 이들도 있다. 비유컨대 "봐, 나도 꽤 괜찮은 사람이야!"라고 외치는 셈이다. 이렇듯 우리는 고해소, 사원, 대성당, 시위 현장, 헬스장에 굴러서 들어간다. 우리 대부분은 뭔가를 증명해 보이려 한다. "봐, 나도 쓸 만한 사람이고 깨달은 사람이야. 이러이러해서 사랑받을 만하다고." 하지만 이것은 지는 싸움이며, 속으로 이미 우리도 알고 있다.

거룩하신 하나님 앞에서 우리의 거룩한 구르기는 다 헛수고다. 거룩하다(히브리어로 "카도쉬qadosh")는 말은 구별되다, 신성하다, 특별하다, 초월적이다, 모든 악과 타락을 초월하여 존재한다는 뜻이다. 옛 히브리인에게는 단어나 문구를 강조하는 굵은 서체나 기울인 서체, 느낌표, 밑줄이 없었다. 대신 반복법을 썼고, 세 번 반복은 최고의 강조 진술이었다.[2]

이사야 6장에서 선지자는 성전 보좌에 앉으신 하나님을 본다. 문지방의 터가 흔들리고 성전에 연기가 충만한 가운데, 스랍들이 서로 화답하며 "거룩하다, 거룩하다, 거룩하다, 만군의 여호와여!"

라고 선포한다. 지금도 전 세계 유대인은 매일의 기도와 안식일 예배에서 "트리스하기온trisagion"〔헬라어로 "세 번 거룩하다"는 뜻-옮긴이〕으로 알려진 이 문구를 되풀이해 읽는다. 여호와께는 그냥 "거룩하다"나 심지어 "거룩하다, 거룩하다"는 표현으로도 부족하고 "거룩하다, 거룩하다, 거룩하다"사 6:3라고 해야 한다. 이를테면 이런 식으로 강조한 것이다. *"거룩하다!!!"*

이사야의 반응을 잘 보라. "화로다 나여 망하게 되었도다." 귀족 태생의 이사야는 왕들을 대면했고 그들에게 화를 선고하기까지 했다. 그런 그가 52년간 재위한 웃시야왕이 죽은 뒤에 만왕의 왕을 보고는 이번에는 자신에게 화를 선고했다. 5절의 이사야는 화를 입어 파멸하고 결딴난 사람이다. 자신에게 완전히 절망한 상태다. 자신이 선하다는 생각이 조금이라도 남아 있었다면 그마저도 *거룩하신!!!* 하나님 앞에서 다 불타 버렸다.

세월이 흘러 또 다른 저명한 유대인 신학자 바울은 성육신하신 하나님을 만난 후 "오호라 나는 곤고한 사람이로다"라고 결론지었다.롬 7:24 그때부터 자신을 죄인의 괴수로 보았다.딤전 1:15 평생 토라〔율법〕를 준수했고 종교적 성취도 대단한 그였지만, 이는 다 김이 모락모락 나는 "스퀴발라skybala" 더미에 불과했다. 이 헬라어 단어는 쓰레기, 더러운 구정물, 썩은 오물, 심지어 배설물을 뜻한다.[3]

다시 1,500년을 건너뛰면, 마르틴 루터는 가톨릭 성직자로 공식 데뷔하는 미사에서 성찬식 빵과 포도주를 성별하는 기도를 드려야 했다. 그런데 결정적 순간에 그의 맥박이 급격히 빨라졌다. "살아 계시고 참되시고 영원하신 하나님께 올려 드리나이다"라는 한 문장만 말하면 되는데, 공황 상태에 빠져 그만 입술이 얼어붙었다. 스포트라이트를 받던 그 순간, 루터가 집전하는 첫 미사는 충격 속에서 끝이 났다.

나중에 그는 이렇게 회고했다. "완전히 넋을 잃고 두려움에 휩싸였다. …… 내가 누구라고 엄위하신 하나님 앞에서 눈을 들고 손을 올린단 말인가? 천사들이 그분을 에워쌌고, 그분의 고갯짓 한 번이면 온 땅이 요동한다. 그런데 비참하고 미천한 내가 '이것을 원하나이다. 저것을 구하옵니다'라고 어찌 아뢴단 말인가? 티끌과 재에 불과하고 죄로 가득한 내가 어떻게 살아 계시고 참되시고 영원하신 하나님께 한 말씀인들 올릴 수 있겠는가?"[4]

거룩하신 하나님 앞에서 자신의 공포감을 몰아내고자 루터는 자그마치 19년을 극도의 수도 생활에 매진했다. 한 번에 며칠씩 금식했고, 영하로 떨어지는 차디찬 독일 겨울 날씨에 수도원의 석조 독방에서 담요도 없이 자다가 얼어 죽을 뻔했다.[5] 그가 하루에 6시간씩 고해소에서 자신의 온갖 실수를 열거하는 통에 그의 고해 신부가 난감해하기도 했다.[6] 그런데도 다 소용없었다.

이사야, 바울, 루터는 거룩한 구르기를 아무리 많이 해도 거룩하고 거룩하고 거룩하신 하나님을 감동시키거나 자신의 영혼을 구원할 수 없음을 깨달았다. 다행히 그들의 이야기는 절망으로 끝나지 않는다.

스스로 화를 선고한 이사야의 말은 이렇게 이어진다. "그때에 그 스랍 중의 하나가 부젓가락으로 제단에서 집은 바 핀 숯을 손에 가지고 내게로 날아와서 그것을 내 입술에 대며 이르되 보라 이것이 네 입에 닿았으니 네 악이 제하여졌고 네 죄가 사하여졌느니라 하더라."사 6:6-7

바울은 자신의 곤고함을 고백한 뒤 "이 사망의 몸에서 누가 나를 건져 내랴"라고 묻고 "우리 주 예수 그리스도로 말미암아 하나님께 감사하리로다"라고 답했다.롬 7:24-25 자세한 설명은 그가 한 이 말 속에 있다. "내가 복음을 부끄러워하지 아니하노니 이 복음은 모든 믿는 자에게 구원을 주시는 하나님의 능력이 됨이라 …… 복음에는 하나님의 의가 나타나서 믿음으로 믿음에 이르게 하나니 기록된 바 오직 의인은 믿음으로 말미암아 살리라 함과 같으니라."롬 1:16-17

1515년 가을, 슬픔에 잠긴 루터는 바로 이 로마서 말씀을 묵상하다가 "천국 문"을 발견했다.

> 나는 나무랄 데 없는 수도사였는데도 하나님 앞에서는 양심에 찔리는 죄인이었다. 내 공로로 그분을 달랠 수 있으리라는 확신이 없었다. 그래서 정의와 분노의 하나님을 사랑하기는커녕 오히려 미워하며 그분께 불평했다. 그래도 사도 바울의 말이 무슨 뜻인지 간절히 알고 싶어 붙들고 늘어졌다. …… 마침내 깨닫고 보니 하나님의 정의는 믿음으로 말미암아 그분이 은혜와 순전한 자비로 우리를 의롭다 하시는 그 의였다. 비로소 나는 다시 태어나 열린 문으로 낙원에 들어간 기분이었다.[7]

이들 세 명의 신학자는 모두 절망했으나 이는 허무주의의 절망이 아니라 자신의 거룩한 구르기가 말짱 헛수고임을 정직하게 직시하는 현실주의의 절망이다. 이사야는 자신의 "의로운 행위"〔현대인의 성경〕를 "더러운 옷"〔여기 쓰인 히브리어 "이딤 바가드idim bagad"는 '사용한 생리대용 천'을 뜻한다〕에 비유했다.사 64:6 바울은 자신의 의를 쓰레기와 오물과 배설물을 뜻하는 헬라어 단어 "스퀴발라"로 표현했다.빌 3:8 루터는 자신을 독일어로 "라이퍼 드레크reifer dreck", 즉 삭은 배설물이라 칭했다.[8] 그러나 이사야는 하나님의 약속대로 우리에게 평화를 누리게 하실 고난당하는 종을 고대했다. "그가 찔림은 우리의 허물 때문이요 그가 상함은 우리의 죄악 때문이라."사 53:5 바울은 예수님을 보내신 하나님, 곧 "자기도 의로우시며 또한 예수 믿는 자를 의롭다 하"시는 그분을 의지했다.롬 3:26 루터는 "믿음으로 하나님을 보고 …… 분노도 없고 적의도 없으신, 아버지 같고 친구 같으신 그분의 마음을 우러렀다."[9]

우리도 구제불능의 절망을 루터가 독일어 "안페치퉁"으로 표현한 절망으로 바꿔야 한다. 후자의 절망은 자아에 환멸을 느껴 탈진한 우리를 십자가에 달리신 그리스도를 통해 하나님 아버지의 품속으로 떠민다. 우리는 "이 몸의 소망 무언가 / 내 영적 행위나 헬라어 동사의 활용 능력이나 집에 찾아오는 이단을 논박하는 성경 실력일세"라고 노래하지 않는다. 옛 찬송가 그대로 "이 몸의 소망 무언가 / 우리 주 예수뿐일세"라고 노래한다.

24. 죄인의 구원에 은혜는 어느 선까지 개입할까?

이렇게 우리가 구원하시는 하나님의 은혜로만 구원받는다는 사실을 확인하고 나면, 거기에 따라오는 질문이 있다. 이 질문에 함축된 의미는 우리가 예배하고 기도하고 회의懷疑하고 고난당하고 전도하는 등의 방식에 지대한 영향을 미친다. 우리 같은 죄인을 구원하시려면 하나님의 은혜가 어느 선까지 개입해야 할까? 성경 해석의 역사에서 지금까지 나온 답은 다섯 가지다.

강의실에서 나는 이 다섯 가지 신학적 방안을 명확히 설명하기 위해 아무나 한 학생을 지명한다. 내가 콜튼Colton이라는 학생과 친해지려 한다고 해 보자. 첫 번째 방안은 그냥 이렇게 제의하는 것이다. "어이 콜튼, 함께 커피나 한잔할까. 내가 사지." 그는 내 제의를 수락하거나 거절할 자유가 있다. 하나님이 우리에게 베푸시는 은혜를 보는 펠라기우스주의Pelagianism라는 관점이 얼추 그렇다.

5세기 초에 펠라기우스라는 영국인 수도사는 하나님이 하실 일은 명령하고 초대하고 경고하는 것뿐이라고 가르쳤다. 당대의 코엘레스티우스Coelestius와 에클라눔의 율리아누스Julian of Eclanum, 후대의 찰스 피니, 현재의 조엘 오스틴에 이르기까지 모두 동일한 입장이다. 이에 따르면 우리는 하나님의 말씀을 수용하거나 거부할 능력을 타고났다. 그분이 그런 능력을 주셨다. 하나님은 불가능한 일을 명령하실 분이 아니다. "해야 한다"는 말은 "할 수 있다"는 뜻이다.[1] 인간에게 하나님의 모든 명령을 지킬 만한 능력이 있어서다. 우리는 도덕적으로 매우 유능한 피조물이다.

우리의 자체적 능력을 하나님도 인정하신다는 펠라기우스 사상이 우리가 짐작하는 것보다 훨씬 강력하게 오늘날 교회를 지배하고 있다. 이런 낙관론은 문제가 아닌 답이 우리 내면에 있다는 자화자찬의 문화와 잘 맞아떨어진다. 미국인의 무려 91퍼센트가 "답을 찾으려면 내면을 봐야 한다"고 믿는다.[2] 이렇게 인간의 능력을 크게 보는 관점(하나님의 능력을 축소한다는 의미가 내포되어 있다)은 자기계발 슈퍼스타들의 미디어 플랫폼을 통해 수많은 이들을 매료해 왔다.

교회 역사가 필립 샤프Philip Schaff는 대중화된 펠라기우스주의에 함축된 의미를 이렇게 도출했다. "만일 인간 본성이 타락하지 않아서 타고난 의지로 능히 모든 선을 행할 수 있다면, 우리 안에 새로운 의지와 새로운 생명을 창조해 주실 구주는 필요 없다. 우리를 더 수준 높게 고양시켜 줄 사람만 있으면 된다. 구원을 이루는 것은 사실상 인간의 행위다."[3]

이것은 하나님이 우리와 관계를 맺고자 베푸시는 은혜를 보는 두 번째 관점으로 이어진다. 이번 시나리오에서는 내가 "콜튼, 커피나 한잔할까" 하고 제의하다가 깜짝 놀라 기겁한다. 예고 없이 들이닥친 습격으로 콜튼이 온몸에 멍이 든 채 바닥에 몸을 쭉 뻗어서는 피를 흘리며 부르르 떨고 있어서다. 이렇게 완전히 쓰러진 상태에서 그가 아무렇지도 않게 "물론이죠!" 하며 그냥 나와 함께 바이올라대학교 최고의 커피숍인 이글스 네스트로 기분 좋게 걸어갈 수는 없다. 하지만 그럴지라도 새끼손까락이라도 움직여 수락 의사를 밝힐 수는 있다. 이때 나는 약을 발라 주고 상처를 싸매서 그를 일으켜 세운다. 그가 온전히 자유롭게 나와 함께 커피를 마실 수 있도록 말이다.

이것이 하나님의 은혜를 보는 반半펠라기우스주의 관점이며, 가톨릭의 공식 입장이기도 하다. 4세기에 요하네스 카시아누스라는 수도원장은 하나님의 제의를 수락하는 일이 펠라기우스가 생각한 것보다 훨씬 더 어렵다고 가르쳤다. 우리가 건강하지 못하고 유능하지 못하다는 것이다. 아담과 하와가 타락한 이후로 우리의 자유 의지는 심하게 손상되었다. 의지력이 없어지지는 않았지만 멍들어 쓰러진 상태다. 하나님은 우리가 힘없이 떨리는 동작으로라도 그분께 가려는 것을 보시고, 마치 약을 발라 주시듯 그분을 온전히 자유롭게 받아들일 은혜를 충분히 주신다.[4]

그다음은 아르미니우스주의 신학이다. 펠라기우스는 인간의 능력이 창세기 3장의 타락에도 손상되지 않았다고 믿었고, 카시아누스는 부상만 입었을 뿐 조금이나마 하나님께 나아갈 수 있다고 가르쳤다. 그러나 16세기의 네덜란드인 야코부스 아르미니우스와 그를 추종한 17세기의 항의파Remonstrances가 보기에는 양쪽 다 아니었다. 이 관점에 따르면 내가 "커피나 한잔할까?"라고 말할 때 콜튼은 가엾지만 이미 죽은 상태다. 죽은 몸뚱이에 커피를 권한 셈이다. 아르미니우스는 "이 상태에서 인간의 사고는 어둡고, 하나님을 아는 구원의 지식이 없으며, 사도 바울의 말대로 하나님의 성령께 속한 일을 받을 수 없다"라고 말했다.[5] 존 웨슬리John Wesley도 이와 비슷하게 "타락 이후로 참된 선을 택할 능력을 타고난 사람은 아무도 없다"라고 말했다.[6]

콜튼이 반응할 수 없으므로 아르미니우스주의는 특단의 조치를 요한다. 내가 제세동기를 들고 "다들 비키세요!"를 외치며 콜튼의 시신을 소생시켜야 한다. 아르미니우스 신학의 하나님은 그런 조치로 모든 사람을 살려, 그분을 수락하거나 거부할 자유 의지의 능력(선과 악의 가능성)을 새로 부여하신다.[7] 이렇게 살리시는 하나님의 조치(아르미니우스주의에서 말하는 "선행적 은혜") 덕분에, 새로이 소생한 모든 "콜튼"은 하나님을 받아들이거나 또는 거부할 수 있다(여기가 아르미니우스 신학을 이해하는 열쇠다).

항의파에 따르면 "인간 스스로는 구원받을 믿음도, 자유 의지를 구사할 능력도 없다. …… 하나님이 그리스도 안에서 성령으로 말미암아 다시 태어나게 하셔야만 한다. 참된 선을 제대로 깨닫고 묵상하고 원하고 행할 수도 있으려면, 인간의 사고, 감정, 의지와 모든 능력이 새로워져야 한다."[8] 잘 보면 하나님을 선택할 수도 있다는 말이지 반드시 선택한다는 말이 아니다. 당연히 "이 은혜는 성격상 …… 불가항력이 아니다. …… 인간 쪽에서 은혜를 묵살할 수 있다. 믿지 않아 멸망을 자초하는 것이다."[9]

4세기의 아프리카 주교 아우구스티누스는 한 걸음 더 나갔다. 그도 인간이 죄로 죽었다는 데까지는 생각이 같았다.[10] 하나님이 제시하시는 구원은 내가 콜튼의 시신에 커피를 권하는 것과 같다. 그러나 아우구스티누스가 보기에 하나님이 제세동기로 우리의 영적 시신을 다시 살려 생명을 구하시는 조치는 워낙 특단의 은혜로 변화를 일으키기에, 우리는 그분을 받아들일 수도 있는 게 아니라 반드시 받아들인다. 그는 우리가 "즐거운 정복자"이신 하나님께 나아가며,[11] 그분은 "우리의 의지에 유효 능력"을 부여하여[12] "주님 앞에서 주님을 위해 주님을 기뻐하게" 하신다고 보았다.[13]

하나님은 우리 마음을 단지 소생시키는 게 아니라 개혁하시며, 그리하여 하늘의 완전한 의사이신 그분과의 관계가 우리에게 불가항력으로 다가온다.[14] 프란시스 투레틴Francis Turretin의 말처럼 "하나님이 불어넣어 주시는 성령은 영혼의 가장 내밀한 곳에 들어와 생명을 주시고, 사고 자체를 개혁하시고, 타락한 성향과 편견을 치유하신다. …… 하나님이 인간에게 미치시는 영향은 아주 예민한 동시에 위력적이어서 인간은 일단 부름받으면 하나님을 따를 수밖에 없다."[15]

아우구스티누스 신학과 대조되는 마지막 방안은 단연 가장 섬뜩한 시나리오다. 나는 행여 내 제안을 거절하는 콜튼을 용납할 수 없다. 그래서 컴퓨터과학과의 동료와 협력하여 복잡한 인공 애정 칩을 만든다. 콜튼의 아파트를 봐 두었다가 밤에 잠입하여 그의 잠든 뇌 속에 칩을 심는다. 잠이 깨면 그는 억누를 수 없는 충동을 느낀다. "사디어스와 함께 커피를 마셔야 해. 삐삐. 사디어스와 함께 커피를 마셔야 해." 결국 나는 말하는 인형으로 감쪽같이 개조한 인간과 마주 앉아 에스프레소를 홀짝인다. 줄을 잡아당기면 미리 정해서 입력한 대로 "사랑해요"가 흘러나온다.

다행히 교회사에 이런 관점을 주창한 신학자는 내가 알기로 없으며[16] 그럴 만한 이유가 있다.[17] 드니 디드로Denis Diderot, B. F. 스키너Skinner, 자크 모노Jacques Monod, 대니얼 데닛Daniel Dennett, 알렉스 로젠버그Alex Rosenberg, 샘 해리스Sam Harris 같은 무신론자들이 그런 결정론을 〔아마도 뇌의 화학 작용 때문에 그렇게 하도록 결정되어 있어서〕 주장했지만, 성경에 인간이 영혼 없는 로봇으로 제시된 곳은 한 군데도 없다.[18]

우리는 믿고 불신하고 선택하는 도덕적 주체다. 그런데 왜 굳이 나는 인간을 로봇으로 보는 관점을 다섯 가지 방안 가운데 하나로 넣었을까? 아우구스티누스의 관점을 이 '말하는 인형의 결정론'과 혼동할 때가 많기 때문이다. 그러면 유익한 대화가 일련의 허수아비로 전락한다.

그렇다면 아우구스티누스 신학은 미리 정해서 입력한 인형의 세계와 어떻게 다를까? 그가 보기에 인간은 유의미하고 의지적인 존재며 믿는 주체다. 인간은 자신이 원해서 하나님을 사랑한다. 반면에 말하는 인형의 세계에는 아무런 감각도 못 느끼는 로봇만 존재한다. 로봇이 표현하는 사랑은 기표에 불과하며 어쩔 수 없어 표현하는 것이다. 투레틴은 아우구스티누스의 관점을 이렇게 더 구분했다.

> 실제 회심에 관해 말하자면, 주된 원인은 실로 하나님이시지만, 당장의 직접적인 원인은 인간이다. 이 인간은 〔성령의 감동케 하심을 입고 믿음과 사랑의 품성을 부여받아〕 믿고 사랑하는 행위를 한다. …… 여기에 반박하는 이들은 인간이 거듭남의 과정에서 목석과 같다고 우리를 비난하지만, 이는 틀린 말이다. …… 성령은 인간의 의지를 강요하여 억지로 회심하게 하시는 게 아니라 최대한 다감하게 영혼 안에 들어오셔서 …… 초자연적 습관을 불어넣어 주신다. 덕분에 영혼은 타고난 타락에서 조금씩 해방되어 여태 없던 의지가 싹튼다. …… 이렇게 성령의 감화로 새로워진 의지는 즉시 행동하여 하나님께로 회심하고 믿는다.[19]

지금까지 우리는 하나님의 은혜를 보는 다섯 가지 관점을 살펴보았다. 인간에게 요구하는 은혜〔펠라기우스주의〕, 인간을 치유하는 은혜〔반펠라기우스주의〕, 인간을 소생시키는 은혜〔아르미니우스주의〕, 인간을 개혁하는 은혜〔아우구스티누스주의〕, 인간성을 박탈하는 은혜다. 중요한 것은 우리 각자가 어떤 관점을 더 선호하느냐가 아니라 성경이 과연 어떤 관점을 가르치느냐다.

25. 그분이 작정하신 구원 계획, 실패란 없다

하나님이 베푸시는 구원을 받아들이는 부분에서 이제 우리의 신학적 풍경은 다음과 같다.

펠라기우스주의 ☞ 모두가 받아들일 수 있고 일부는 받아들인다. 하나님의 은혜는 단지 우리의 유능한 마음을 요구한다.

반펠라기우스주의(카시아누스주의) ☞ 모두가 간신히 받아들일 수 있고 일부는 받아들인다. 하나님의 은혜는 망가진 우리의 마음을 회복시킨다.

아르미니우스주의 ☞ 아무도 받아들일 수 없으나 하나님이 역사하시면 모두가 받아들일 수 있게 되고 그중 일부는 받아들인다. 하나님의 은혜는 모든 죽은 마음을 소생시켜 그들이 그분을 사랑할 수도 있게 한다.

아우구스티누스주의 ☞ 아무도 받아들일 수 없으나 하나님이 역사하시면 받아들일 수 있게 된 사람은 모두 받아들인다. 하나님의 은혜는 죽은 마음을 개혁하여 그들이 그분을 반드시 사랑하게 한다.

말하는 인형의 결정론 ☞ 아무도 받아들일 수 없고 받아들이지 않는다. 아무도 없고 감정 없는 로봇만 있기 때문이다. 하나님은 우리 마음의 인간성을 박탈한다.[1]

이중에서 누가 옳은가? 성경 본문에 나오는 신학이 있다면 무엇인가?

5세기 초에 로마 교황 조시모Zosimus는 펠라기우스주의를 공인하여 기독교 정통의 범위 안으로 수용했다. 다행히 아우구스티누스가 이끄는 아프리카 신학자 팀이 펠라기우스주의가 이단임을 밝혀냈다. 손상되지 않은 자유 의지를 구사하여 하나님의 명령에 순종할 도덕적 능력을 우리는 타고나지 않았다. 성경은 우리가 죄로 죽어 있고, 하나님의 원수가 되었고, 그분을 대적하고, 그분의 율법에 복종할 능력이 전혀 없으며, 성령의 일을 알거나 받을 수 없다고 가르친다. 엡 2:1; 골 1:21; 롬 8:7-8; 고전 2:14 인간의 선을 과대평가하고 하나님의 은혜를 과소평가한 펠라기우스주의는 418년 카르타고 공의회, 431년 에베소 공의회, 529년 오렌지 공의회 등 교회 공의회에서 세 차례나 이단으로 정죄되었다.

그러나 펠라기우스의 망령은 여전히 살아 있다. 오늘날 미국인의 4분의 3은 성경이 "하나님은 스스로 돕는 자를 돕는다"고 가르친다는 데 동의하며,[2] 이를 십계명 중 하나로 믿는 사람도 많다. 사실 그 말은 성경에 나오는 게 아니라 17세기 말 영국의 정치가 앨저넌 시드니Algernon Sidney가 한 말이다. 성경의 메시지는 분명하다. 하나님은 스스로 돕는 자를 도우시는 게 아니라 완전히 망가져 스스로 도울 수 없는 자를 도우신다.겔 16장 참조 우리의 교회마다 펠라기우스의 망령을 쫓아내고, 오직 하나님의 은혜로만 구원받는다는 기쁜 소식을 다시 담대히 선포할 21세기의 아우구스티누스들은 어디 있는가? 이 책을 읽고 있는 당신이 그중 한 사람이기를 기도한다.

이제 남은 사람은 로마인 카시아누스, 네덜란드인 아르미니우스, 아프리카인 아우구스티누스다. 로마인 카시아누스는 인간이 부상을 입었어도 미약하게나마 하나님께 나아갈 수 있다고 했지만 성경은 그렇게 가르치지 않는다. 타락한 우리가 위에 계신 하나님께 나아갈 수 없기는 영안실에 안치된 시신과 다를 바 없다. 성경은 우리가 허물과 죄로 죽었다고 말하는데엡 2:1, 여기서 죽었다는 말은 정말 죽었다는 뜻이다.

이제 두 가지 방안만 남았는데, 이는 "받아들일 수도 있다"와 "반드시 받아들인다"의 차이이기도 하다. 아르미니우스는 하나님이 우리를 다시 살려 자유 의지를 소생시키시면 우리가 그분을 자유로이 받아들일 수도 있고 그렇지 않을 수도 있다고 보았다. 아우구스티누스는 하나님이 우리를 다시 살리시는 과정에서 우리를 로봇으로 전락시키지 않으면서도 마음을 완전히 개혁하시므로 우리가 그분을 반드시 받아들인다고 보았다. 구원하시는 하나님의 은혜가 아르미니우스에게는 불가항력이 아니지만 아우구스티누스에게는 불가항력이다. 성경은 뭐라고 말할까?

구약은 인간의 마음속에서 역사하시는 하나님의 은혜를 세 가지 은유로 표현했다. 셋 다 그분이 새 언약을 선보이시는 맥락에서 등장한다.[3] 하나님은 마음에 할례를 베푸시고신 30:6, 그분의 법을 마음에 기록하시며렘 31:33, 굳은 마음을 제거하고 부드러운 마음을 주신다.겔 36:26 그분은 마음에 할례를 베풀어 "너로 마음을 다하며 뜻을 다하여 네 하나님 여호와를 사랑하게 하"시고신 30:6, 그분의 법을 마음에 기록하실 때 "나는 그들의 하나님이 되고 그들은 내 백성이 될 것이라"라고 선포하신다.렘 31:33 위대한 의사이신 그분은 인간의 굳은 마음을 제거하고 부드러운 마음을 주시면서 "너희로 내 율례를 행하게 하리니 너희가 내 규례를 지켜 행할지라"겔 36:27라고 약속하신다.

이런 본문의 취지가 아르미니우스주의 관점대로 마음의 소생에 그친다면[4] 우리는 이상한 가능성에 봉착한다. 하나님이 할례를 베푸시고 그분의 법을 기록하여 마음을 부드럽게 해 주셨는데도, 우리가 언약을 박차고 나가 그분을 거부함으로써 화를 자초하는 것이 가능해진다. 새 언약 안에서 새 마음을 받은 인간이, 동시에 그 새 마음으로 새 언약 밖에서 하나님을 거부하여 저주를 자초하는 것이다. 성경 어디에도 이런 자가당착에 빠진 기이한 피조물을 볼 수 없다.

신약에 나오는 통찰은 한층 더 깊다. 하나님은 마음을 소생시켜 그분을 거부할 수도 있게 하시는가, 아니면 마음을 개혁하여 반드시 그분을 받아들이게 하시는가? 요한복음 6장 37절에 보면 아버지께서 아들에게 사람들을 주신다. 요한이 보기에 '모든 신자'는 삼위일체 하나님의 성부 하나님이 성자 하나님에게 말씀하시는 살아 숨 쉬는 '사랑 고백'이다. 요 17:20-26

예수님은 "아버지께서 내게 주시는 자는 다 내게로 올 것이요" 라고 단언하셨다. 요 6:37[5] 누가 예수께로 "올 것"인가? "아버지께서 내게 주시는 자는 다" 온다. 아버지께서 "주시는" 때는 현재 시제고 사람이 "올 것"은 미래 시제다. 문법적으로 이런 말이나 같다. "총독이 사면하는〔현재형〕 사형수는 다 감옥에서 풀려날 것〔미래형〕이다." 총독의 행동이 먼저고 죄수가 누릴 해방은 그 결과다.

마찬가지로 당신이 예수님을 믿는다면 그 믿음의 주된 동인은 당신이 아니다. 당신이 아들 예수님을 믿는 이유는 아들을 지극히 사랑하시는 아버지께서 먼저 그 애정의 표현으로 당신을 이 아들에게 주셨기 때문이다. 당신은 다른 사람보다 똑똑하거나 영적으로 뛰어나서 구원받는 게 아니다. 죄수가 해방을 누리는 것이 총독 덕분이듯 당신이 성자 예수께 나아와 그분을 믿는 것은 성부 하나님 덕분이다.

아르미니우스주의는 우리에게 요한이 말한 두 동사의 순서를 바꾸라고 요구한다. '스스로의 자율적인 의지로 아들에게 오는〔현재형〕 자를 다 아버지께서 그에게 주실 것〔미래형〕이다.' 그러나 요한이 보기에 우리는 삼위일체 하나님 사이에 주고받으시는 사랑의 선물이 되려고 믿는 게 아니라 삼위일체 하나님 사이에 주고받으시는 사랑의 선물이라서 믿게 된 것이다. 아버지께서 주시는 자는 "다" 아들에게 올 것이다. 아버지께서 아들에게 살아 숨 쉬며 예배하는 '사랑 고백'으로 주시려는 사람이 실제로 아들에게 오지 않는다는 것은 요한이 보기에 있을 수 없는 일이다.[6]

여기서 생겨나는 중요한 질문이 있다. 우리 인간에게 삼위일체 하나님 사이의 충만하고 찬란한 사랑 표현을 방해할 만한 능력이 있을까? 요한의 도움으로 이 질문에 답할 수 있다. 아버지의 뜻〔헬라어로 "텔레마thelema"〕은 아버지께서 주신 자 중에 아들이 하나도 잃어버리지 않고 마지막 날에 그 선물 전체를 다시 살리시는 것이다. 요 6:38-40

만일 우리가 예수님께 저항하여 결국 자멸할 수 있다면, 이는 우리가 아들을 막아 아버지의 뜻을 이루시지 못하게 할 수 있다는 뜻이다. 그렇게 삼위일체 하나님 사이의 사랑을 막을 능력이 우리에게 있을까? 예수님은 아니라고 말씀하신다. "나를 보내신 아버지께서 이끌지 아니하시면 아무도 내게 올 수 없으니 오는 그를 내가 마지막 날에 다시 살리리라."44절[7]

아르미니우스는 우리에게서 이 복된 확신을 앗아 간다. 개혁된 마음이 아니라 소생되기만 한 마음은 아버지께서 이끌어 주셔도 아들을 거부할 수 있고, 그러면 다시 살리심을 입어 영광에 들어가지 못한다. 하나님의 뜻은 아들이 사랑의 선물〔우리〕을 하나도 잃지 않는 것인데38-40절, 우리에게 우리 자신을 잃어버릴 자율적 능력이 있다면 우리가 아들을 막아 아버지의 뜻을 완수하시지 못하게 할 수 있다. 아들이 아버지의 뜻을 완수하시지 못할 수도 있다면 십자가는 구원의 능력을 상실한다.[8]

이런 가르침은 요한복음 6장에만 나오는 게 아니다. 아르미니우스에 따르면 모두가 소생된 마음을 받지만, 구원받는 이들과 그렇지 못한 이들의 차이는 바로 동일한 선물인 자유 의지를 사람마다 다르게 구사하는 데 있다.

그러나 바울은 구원이 "원하는 자로 말미암음도 아니요 달음박질하는 자로 말미암음도 아니요 오직 긍휼히 여기시는 하나님으로 말미암음이니라"라고 단도직입적으로 말했다.롬 9:16 아버지께서 부르신 사람은 모두 의롭다 하심을 받고, 의롭다 하심을 받은 사람은 모두 영화롭게 된다.롬 8:30 "창세전에 그리스도 안에서 우리를 택하사 우리로 사랑 안에서 그 앞에 거룩하고 흠이 없게 하시려고 그 기쁘신 뜻대로 우리를 예정하사 예수 그리스도로 말미암아 자기의 아들들이 되게 하셨으니."엡 1:4-5

아우구스티누스가 옳았다. 그의 주장을 뒷받침해 주는 논증이 네 가지 더 있다.

당신은 더 똑똑하거나 더 영적이지 않다

아르미니우스주의가 옳다면, 예수님을 받아들인 내가 그분을 거부한 이들을 보며 내릴 수밖에 없는 결론은 무엇일까? 그분을 받아들이거나 거부할 수 있는 자유 의지는 모두에게 똑같이 은혜로 주어졌다. 왜 나는 받아들였는데 그들은 거부했을까? 아르미니우스주의의 논리적 결론은 하나님께 받은 의지력을 내가 그들보다 잘 구사했다는 것이다. 내 구원을 가능성에서 실현으로 바꿔 놓은 유일한 요인은 예수님을 받아들인 내 자유로운 선택이다.[9]

아르미니우스의 표현으로 "당신이 '그러면 자유 의지가 하는 일은 무엇인가?'라고 묻는다면 나는 '자유 의지는 구원한다'고 간단히 답하겠다."[10] 그의 말이 옳다면 나는 비신자보다 더 똑똑하거나 더 영적인 나를 자찬할 수 있고, 그러면 교만의 문이 활짝 열린다. 내가 속물임을 잘 알기에 하는 말이지만, 이는 어불성설이다. 어떠한 가능성부터 실현에 이르기까지 내 구원의 공로와 영광은 100퍼센트 하나님의 몫이다.[11]

하나님의 성공, 인간의 반응에 달려 있지 않다

아르미니우스주의가 옳고 구원하시는 하나님의 은혜가 불가항력이 아니라면, 우리는 황당한 가능성에 봉착한다. 모든 사람에게 은혜를 거부할 자유 의지가 있다면, 적어도 이론적으로는 정말 모두가 거부할 수도 있다. 그 결과 아르미니우스주의자에게는 피조물을 구원하시려는 하나님의 뜻이 완전히 실패로 돌아가 예수님의 죽음으로 말미암아 구원받은 영혼이 하나도 없는 세상이 가능하다. 천국은 유령 도시가 된다.

아르미니우스주의에 따르면 "나는 성경에서 가장 큰 실패자가 누구인지를 깨닫고 충격을 받았습니다. …… 성경을 통틀어 가장 큰 실패자는 바로 하나님입니다"[12]라고 한 텔레반젤리스트 케네스 코플랜드Kenneth Copeland의 이단적 발언이 옳은 말일 수 있다. 하나님의 계획이 세상에서 완전히 수포로 돌아가지 않는 유일한 이유는 적어도 일부 인간이 예수님을 받아들이기로 자유롭게 선택하기 때문이다.

그러나 구원하시는 하나님의 성공이 인간이 자율적으로 그분을 받아들이는지 여부에 달려 있다면, 그런 신은 우리가 성경에서 만나는 하나님이 아니다. 성경의 하나님은 원하시는 모든 것을 행하신다.시 115:3 그분은 하늘의 군대에게든지 땅의 사람에게든지 자기 뜻대로 행하신다.단 4:35 또한 "나의 뜻이 설 것이니 내가 나의 모든 기뻐하는 것을 이루리라" 말씀하신다.사 46:10 못 하실 일이 없으며 무슨 계획이든지 못 이루실 것이 없으시다.욥 42:2 "모든 일을 그의 뜻의 결정대로 일하시는" 분이다.엡 1:11

하나님의 은혜는 결코 정죄하지 않는다

아르미니우스주의는 구원하는 은혜를 정죄하는 은혜로 바꿔 놓는다. 아르미니우스주의에 필요한 특정한 개념의 자유 의지를 '임의적 자유 의지'라 한다. 임의적 자유 의지에 따르면 인간이 자신의 행동에 도덕적 책임을 지려면 다른 대안을 선택할 수 있는 자유로운 능력이 있어야 한다. 즉 자신의 행동에 대해 칭찬이나 비난을 받으려면 우리가 모든 물리적 세력, 타인의 강요, 자신의 집요한 갈망은 물론이고 하나님의 영향력까지도 전부 물리칠 수 있어야 한다 〔그래서 임의적 자유 의지는 하나님의 예정과 양립할 수 없다-옮긴이〕.[13]

하나님이 아무도 소생시키지 않으시는 우주를 상상해 보라. 모두가 죄로 죽은 채로 그냥 있다. 그런 우주에서는 아무도 하나님을 선택할 수 없다. 따라서 임의적 자유 의지의 논리에 따라, 아무도 자신이 하나님을 선택하지 않았다고 비난받을 수 없다. 하지만 하나님이 아르미니우스주의에서 말하는 선행적 은혜를 베풀어 마음을 소생시키심으로써 인간에게 그분을 받아들이거나 거부할 자유가 생기는 순간, 끔찍한 일이 벌어진다. 이제 인간에게 하나님을 받아들일 능력이 있기에, 그분을 거부하면 비난받는다. 성경의 은혜는 비난받아 마땅한 죄인까지도 구원하는데, 아르미니우스주의의 은혜는 비난받지 않아야 할 죄인까지도 정죄한다.

나는 속물이다, 물론 당신도 마찬가지

아우구스티누스의 주장이 옳고 아르미니우스의 주장이 틀린 마지막 이유는 신학적이라기보다 좀 더 개인적인 이유다. 만일 내 구원의 99.999퍼센트가 하나님의 은혜고 0.001퍼센트가 내가 하나님께 받은 의지력을 제대로 구사했기 때문이라면, 분명히 나는 내 몫인 0.001퍼센트를 어떻게든 망쳐 저주를 자초할 것이다. 내 구원은 100퍼센트 하나님이 하시는 일이어야 한다. 스펄전의 표현으로 구원은 "전부 은혜"여야 한다.[14]

내가 믿기로, 그래야 가장 정직하고 명실상부하게 바울과 더불어 하나님께 "영광이 …… 영원무궁하기를 원하노라"엡 3:21라고, 베드로와 더불어 "그에게 영광과 권능이 세세에 무궁하도록 있느니라"벧전 4:11라고, 우주의 모든 피조물과 더불어 "보좌에 앉으신 이와 어린양에게 찬송과 존귀와 영광과 권능을 세세토록 돌릴지어다"계 5:13라고 노래할 수 있다.

이로써 나는 인간의 마음속에서 역사하시는 하나님의 은혜에 대한 신비를 모두 풀어냈을까? 물론 아니다. 아마 답하기보다 더 많은 의문을 불러일으켰을 것이다. "아우구스티누스가 옳다면 인간은 유의미한 자유 의지를 박탈당하는 것일까? 하나님이 악의 근원이 되시는 것일까? 이것은 하나님이 모든 사람이 구원받기를 원하신다는 성경의 가르침과 충돌할까? 우리가 복음을 전하는 것도 쓸데없는 일일까?" 이 네 가지 질문 모두에 한마디로 답하자면 "아니다."

인간의 마음을 개혁하시는 하나님의 주권적 은혜는 우리를 로봇으로 전락시키지도, 그분의 선하심이나 사랑을 훼손하지도, 전도의 열정을 약화시키지도 않는다. 이 점을 더 깊이 이해하고 싶다면, 이번 장에서 다룬 내용보다 좀 더 깊은 차원으로 인도해 줄 유익한 자료의 바다로 뛰어들기를 바란다.[15] 당신이 곰곰이 생각해 볼 수 있도록, 후주에 은혜가 우리 마음을 개혁한다는 아우구스티누스의 관점에 맞서는 최고의 반론도 소개해 두었다.[16]

여기 당신이 생각해 볼 만한 몇 가지 질문을 남긴다. 무릎 꿇어 기도할 때 당신은 무엇을 믿는가? 사랑하는 비신자의 구원을 위해 기도할 때, 당신이 하나님께 구하는 것은 구원의 가능성인가, 아니면 구원의 실현인가? 계속 하나님을 거부할 수도 있도록 그들을 소생시켜 달라고만 기도하는가, 아니면 그분을 받아들일 수밖에 없도록 완전히 바꿔 달라고 기도하는가? 당신의 마음속에서 사랑에 어긋나는 습성이 보일 때, 바울이 데살로니가 교인들을 위해 기도한 것처럼 당신도 주님께 '사랑이 더욱 많아 넘치게 하시기를' 구할 수 있는가?살전 3:12 험담하는 교회 사람들과 갈라지는 교회들을 볼 때 당신도 예수님처럼 그들도 다 하나가 되게 해 달라고 기도하는가?요 17:21 진정 하나님께 이런 기도에 응답하실 능력이 있다고 믿는가?

당신도 성 프란치스코St. Francis처럼 "오, 주 하나님, 제가 사랑받기보다는 사랑하게 해 주소서"[17]라고 기도하고, 토마스 아 켐피스Thomas à Kempis처럼 "주님의 사랑에 취해 저에게서 벗어나게 하소서! 자신보다 주님을 더 사랑하게 하소서"[18]라고 기도할 수 있는가?

당신도 존 던John Donne처럼 "삼위일체 하나님, 저를 쓰러뜨리소서. …… 저를 취하여 가두소서. 주께서 저를 사로잡지 않으시면 저는 자유로울 수 없고, 주께서 저를 사로잡지 않으시면 저는 순결할 수 없나이다"[19]라고 고백할 수 있는가? 시인 재닛 익스Janette…ikz는 이를 다음과 같이 표현했다.

> 제 마음을 붙잡아
> 주의 말씀을 심으소서
> 궁휼을 베풀어
> 제 안에 계속
> 피가 돌게 하소서
> 이 심장에 충격을 가해
> 주의 말씀에만
> 보조를 맞추게 하소서.[20]

당신은 하나님이 우리를 말하는 인형으로 전락시키지 않으면서도 충분히 이런 기도에 응답하실 은혜와 능력이 있다고 믿는가? 물론 당신은 그리 믿는다. 그래서 J. I. 패커는 이렇게 말했다. "당신은 무조건 하나님께 그들을 그냥 확실히 구원해 달라고 기도한다. …… 그들에게 실제로 믿음을 주시기를 기도하는 것이지, 그분께 그럴 만한 능력이 없을 것 같아 다르게 기도할 생각은 꿈에도 없다. …… 당신이 확신하며 기도하는 근거는 그분이 능히 응답하실 수 있다는 확실성에 있다. …… 서 있을 때는 우리가 갑론을박할 수 있으나 무릎 꿇어 기도할 때는 모두 같은 마음이다."[21]

아우구스티누스가 옳았다. "하나님을 사랑하는 마음과 그분을 위해 이웃을 사랑하는 마음을 그분께 받은 사람은 자신 안에 그 선물이 더욱 많아지게 해 달라고 간절히 기도할 수밖에 없다."[22]

에릭 타니스가 증언하는 구원의 하나님

에릭 타니스(Erik Thoennes)는 프로 운동선수 출신으로 목사이자, 작가이며, 바이올라대학교 탈봇신학교(Talbot School of Theology) 신학 교수다. 무엇보다 그는 하나님을 경외하는 사람이다. 다음 이야기는 구원하시는 하나님의 은혜가 타니스의 삶에 어떤 영향을 미쳤는지를 보여 준다.

나는 은혜가 싫다. 그리스도인이자 심지어 신학 교수가 말하기에는 적절한 말이 아니지만 사실이다. 딱 적당하다고 여기는 최고의 날에는 나도 내 삶이 온통 하나님의 은혜에 달렸으며, 은혜가 없이는 꼭 필요하거나 정말 바라는 게 내게 하나도 없음을 안다. 그러나 내 마음속 깊은 곳에는 은혜를 싫어하는 옛 자아의 잔재가 있다. 어린 나이에 회개하고 예수님을 믿어 그분 안에서 새로운 삶을 시작하던 그때, 옛 자아가 그리스도와 함께 죽었는데도 말이다.

은혜는 나를 더러운 옷 같은 나 자신의 의에서 해방하고, 하나님께 사랑받을 자격을 입증하려는 덧없는 짐에서도 해방한다. 그런데 내 자존심이, 또는 거짓의 아비 마귀가 내게 하나님의 사랑과 용서를 받으려면 정당한 자격을 얻어 내고 입증하고 내보여야 한다고 속삭이는 날이 있다. 이런 자기중심적 태도는 복음의 핵심을 완전히 거부한다.

예수님과 동행한 지 반세기가 넘었는데도, 그리스도께서 다 이루신 일을 통해 하나님의 충분한 은혜 가운데 머무는 것이 내게는 여전히 힘겨운 싸움이다. 이렇게 선뜻 인정하는 이유는 스스로 충족하려는 성향이 내게만 있는 게 아님을 알기 때문이다. 힙합 아티스트 행크 머피Hank Murphy가 쓴 가사에 당신도 공감할 것이다.

> 오늘 나에겐 은혜가 어렵네.
> 은혜가 다가올 때마다 난 외면하지 ……
> 분명히 나는 자격이 없거든.
> 은혜는 공주고 나는 비렁뱅이니까 ……
> 난 뭐가 문제일까? ……

머피가 말하는 은혜와의 애증 관계는 결국 내 정체성을 죄인인 자아에서 얻을 것인지, 아니면 그리스도 안에서 얻을 것인지의 싸움이다. 나는 성령에 이끌림과 동시에 내 죄에 떠밀린다. 죄는 우리를 해방하시는 하나님의 자비를 거부한다. 이 교만이야말로 타락의 핵심이며 그 누구도 예외가 아니다. 하나님을 의지해야 할 우리가 자신을 의지하는 것이다. 이렇게 하나님의 영광을 우리의 영광으로 바꾸는 것롬 1:21-23은 그분의 성품을 완전히 욕되게 한다. 사실 은혜를 물리치고 나 자신을 입증하려는 시도는 바보짓이다.

경험상 내가 남자라는 점도 문제를 더욱 어렵게 한다. 대개 남자는 자신을 증명하려는 욕구를 유난히 더 버리지 못하며, 성장기에 3개 종목 스포츠에서 치열하게 경쟁해야 했던 나는 특히 더했다. 나는 풋볼을 종교처럼 떠받들던 고장에서 풋볼 선수로 성장해 28세까지 대학 선수와 프로 선수로 활약했다.

운동선수는 재능, 노력, 극한 훈련이 장기적 성공의 기초라고 배운다. 운동선수의 기본 교리 가운데 하나는 "심은 대로 거둔다"는 것이다. 이 교리는 운동 말고도 삶의 다양한 노력에 적용된다. 그러나 하나님과의 관계에 그런 사고방식으로 임한다면, 이는 이미 주신 구원을 두렵고 떨림으로 이루는 게 아니라 자기 힘으로 구원을 얻어 내려는 치명적인 잘못이다.

내 일생의 대부분을 보낸 학계도 경쟁과 성취의 사고방식을 부추기기가 쉬운 여건이다. 그래서 깨달은 중요한 사실이 있다. 하나님과 얼마나 친밀하게 지낼지는 나 하기 나름이겠지만, 나에 대한 가장 중요한 사실인 그분 앞에서의 내 신분은 오직 순전히 하나님의 은혜라는 것이다. 내 사고와 마음을 점령하려는 싸움에서 은혜가 이기면, 나는 은혜의 하나님께 달려가 필요한 것을 받는다. 물론 자존심이 크게 꺾이긴 하지만 분명 생명을 살리려면 이러한 자존심은 버려야 한다. 오직 예수님만이 온전히 순종하여 속죄를 이루시며, 나는 그분이 이루신 일에 힘입어 창조주 앞에 기쁨으로 담대히 나아갈 수 있다.

내가 은혜를 자주 강의하는 신학 교수에다 교회 이름에 '은혜grace'가 들어가는 교회의 목사다 보니 그게 쉬워 보일지 모르지만 전혀 그렇지 않다. 다만 나 자신에게 복음을 자주 설교하는 것은 도움이 된다. 스코틀랜드의 위대한 전도자 로버트 머리 맥체인Robert Murray M'Cheyne이 말했듯이, 나 자신을 한 번 볼 때마다 그리스도를 열 번은 바라보아야 한다. 당신과 내가 속한 이 시대의 문화는 그리스도께 의존하기보다 자아에 몰두할 것을 끊임없이 부추긴다. 자아의 독소를 깨치고 나오려면 내 사고와 마음이 완전히 성경과 성령에 푹 젖어야 한다.

지역 교회에 속해 있는 것도 내가 이룬 성취에 의지하기보다 부족함이 없으신 예수님을 점점 더 의지하는 데 큰 도움이 된다. 우리 교회에는 복음에 기초한 훌륭한 사람이 가득하다. 또 하나님은 내 아내를 귀하게 쓰셔서 내가 하나님의 은혜를 더 깊이 이해하고 누리게 하신다. 아내가 은혜 가운데 행하며, 나와 우리 자녀 등 많은 이들에게 은혜와 사랑을 베푸는 모습은 예수님 안에서 안식하라는 아름다운 격려와 권면이기도 하다.

아내와 함께 네 자녀를 입양해 양육하는 일도 내가 성장하는 데 중요한 밑거름이 된다. 나는 자녀들에게 늘 하늘 아버지의 은혜를 보여 주려 한다. 죄와 싸우는 내게 이는 만만찮은 도전이지만 하나님의 은혜로 날마다 점점 더 나아지고 있고, 아빠로서 부족할 때도 내게 부족함이 없으신 그분의 은혜를 신뢰한다. 그동안 나와 함께한 여러 동역자와 멘토 역시 내가 구원하시는 하나님의 은혜를 믿을 뿐 아니라 실제로 누리며 사는 데 중요한 역할을 했다.

삶의 여러 기쁨과 시련 속에서도 나는 마음속으로 사도 바울처럼 간절히 기도한다. “내가 그리스도와 함께 십자가에 못 박혔나니 그런즉 이제는 내가 사는 것이 아니요 오직 내 안에 그리스도께서 사시는 것이라 이제 내가 육체 가운데 사는 것은 나를 사랑하사 나를 위하여 자기 자신을 버리신 하나님의 아들을 믿는 믿음 안에서 사는 것이라”라고 참으로 믿고 고백하는 것이다. 갈 2:20

내 한계를 인정하고 예수님의 발아래서 살고 싶다. 하나님의 충족한 은혜 안에 머물기가 힘들 수 있지만, 약속대로 그분은 우리 모두 예수님을 닮은 모습으로 본향에 이르러 “잘하였도다”라는 칭찬을 듣는 그날까지 자녀 된 우리를 포기하지 않으신다. 예수님이 이미 내 죗값을 다 치르셨으므로 그분의 완전한 의 안에서 나는 안식할 수 있다. 그리하여 날마다 그분의 놀라운 은혜를 더 사모하는 법을, 그분만이 주시는 자유와 기쁨 가운데 행하는 법을 배운다.

구원의 하나님을 경외하는 기도

하나님 아버지, 주님 없이는 철저하게 타락한 저를 스스로 구원할 능력이 제게는 하나도 없습니다. 우리는 시공간을 초월하여 역사하시는 주님의 의로운 진노를 당해 마땅합니다. 죄인인 우리를 예수님이 다 이루신 일로 말미암아 오직 주님의 은혜로만 구원하소서.

우리의 굳은 마음을 제거하시고 부드러운 마음을 주소서. 우리 마음에 할례를 베풀어 주님의 법을 기록하소서. 우리의 사랑이 더욱 많아 흘러넘치게 하소서. 주님의 은혜로 우리 마음을 개혁하셔서 오직 주님만 모든 영광과 존귀와 찬송과 감사를 영원히 받으소서. 구원하시는 동일한 은혜를 〔아직 하나님을 모르는 사람 다섯 명의 이름을 부르라〕 이들에게도 베풀어 주소서.

예수님의 이름으로 기도합니다. 아멘.

내 삶 돌아보기

개인 성경 공부, 소그룹 모임에서 다음 질문을 깊이 생각해 보라.

1. 엄연한 죄를 가볍게 여기고 하나님의 진노에 대해 침묵하기가 왜 그토록 쉽다고 보는가? 이런 신학적 실재를 무시하는 것은 어떤 면에서 사랑과는 거리가 먼가?

2. 인간은 은혜를 등지고 다시 자기 힘을 믿는 행위 모드로 돌아가기가 쉽다. 기쁜 소식, 즉 구원하시는 하나님의 은혜에 더 보조를 맞추기 위해 일상에서 기를 만한 서너 가지 습관은 무엇일까?
3. 여러 연구 결과에 따르면, 하나님의 은혜가 정말 얼마나 완전한지를 망각한 채 펠라기우스주의에서 헤어나지 못하는 듯한 그리스도인이 아주 많다. 그 이유가 뭘까? 오늘날의 교회를 일깨워 복음으로 다시 돌아오게 하기 위해 우리가 할 수 있는 일은 무엇일까?

회개하기

다음 표의 왼쪽 칸에 구원하시는 은혜의 하나님을 당신이 어떻게 경외하고 있는지 기록하라. 오른쪽 칸에는 당신의 삶에서 어떻게 그분을 경외하지 않고 있는지를 쭉 써 보라. 자신을 성찰할 때면 우리는 대체로 좋은 쪽으로만 보려 한다. 그러므로 시편 기자처럼 기도하라. "하나님이여 나를 살피사 내 마음을 아시며 나를 시험하사 내 뜻을 아옵소서 내게 무슨 악한 행위가 있나 보시고 나를 영원한 길로 인도하소서."시 139:23-24

자신에게 솔직히 물어보라. "나는 하나님의 은혜에 매 순간 온전히 의지해야 함을 인정하는가? 어떤 식으로든 내 의를 의지하고 있는가? 내 정체성과 운명이 그분의 은혜로 말미암는다고 참으로 고백할 수 있는가?"

나는 이렇게 하나님을 경외하고 있다	나는 이렇게 하나님을 경외하지 않고 있다

왼쪽 칸에 적은 내용을 훑어 내려가며 기도하라. 구원하시는 하나님의 은혜를 삶에서 실제로 누리고 있는 부분을 구체적으로 짚으며

감사하라. 그분을 경외하는 마음이 당신의 의지력에서 나온 게 아니라 그분의 은혜로 말미암았음을 인식하고, 찬송과 감사를 드리라. 이어서 오른쪽 칸에 적은 내용으로 기도하라. 삶에서 그분의 은혜를 누리지 못하는 부분을 고백하고 회개하는 시간을 가지라. 초자연적 믿음을 부어 달라고 기도하라.

참고 도서

다음은 구원하시는 은혜의 하나님을 경외하는 데 도움이 될 훌륭한 신학 자원이다.

Augustine, *On Grace and Free Will* (GLH Publishing, 2016).

John Bunyon, *Grace Abounding to the Chief of Sinners* (Banner of Truth, 2018). 존 번연, 《죄인의 괴수에게 넘치는 은혜》.

Robert Farrar Capon, *The Parables of Grace* (Eerdmans, 1990).

Michael Horton, Justification (Vols. 1-2), *New Studies in Dogmatics* (Zondervan Academic, 2018).

Michael Horton, *Putting Amazing Back into Grace: Embracing the Heart of the Gospel* (Baker, 2002). 마이클 호튼, 《은혜의 복음이란 무엇인가》(부흥과개혁사 역간).

Tim Keller, *The Prodigal God: Recovering the Heart of the Christian Faith* (Penguin, 2011). 팀 켈러, 《팀 켈러의 탕부 하나님》(두란노 역간).

Martin Luther, *Bondage of the Will* (Revell, 2005).

R. C. Sproul, *The Holiness of God* (Tyndale, 1998).

Charles Spurgeon, *All of Grace* (CreateSpace, 2017). 찰스 스펄전, 《구원의 은혜》(생명의말씀사 역간).

Carl Trueman, *Grace Alone: Salvation as a Gift from God: What the Reformers Taught and Why It Still Matters* (Zondervan Academic, 2017). 칼 트루먼, 《오직 은혜》(부흥

과개혁사 역간).

James White, *The God Who Justifies: The Doctrine of Justification* (Bethany House, 2001).

✦ Part 6

예술가 하나님

Expressive

그분은 아름다움을 창조하신다

6부에서는 하나님의 풍부한 예술성과 그것이 우리 모두의 창조적 삶에 미치는 영향을 살펴볼 것이다. 여기서 우리가 던지고 답하려는 질문은 다음과 같다.

+ 하나님의 창조 능력은 빅뱅, 원소 주기율표, 지구, 생명의 출현, 종의 다양성, 인간의 선택과 행동 능력 등을 어떻게 이해하게 하는가?
+ 별을 바라보며 인간의 삶의 의미를 발견할 수 있을까?
+ 창조주 하나님의 존재를 증명하는 논증은 얼마나 많을까? 다섯 가지? 열두 가지? 150가지? 아니면 수십억 가지?
+ 하나님이 창조하신 최고의 걸작은 무엇인가?
+ 모든 인간이 예수님을 닮게 지어졌다면 우리는 저마다의 개성을 잃고 똑같은 복사본이 되는 것은 아닐까?

당신의 영혼이 준비된 상태에서 6부를 읽기 위해, 잠시 시간을 내어 하나님의 풍부한 예술성을 보여 주는 다음 말씀을 읽으라. 천천히, 기도하는 마음으로, 깊이 생각하며 읽으라. 하나님이 친히 자신에 대해 밝히시는 말씀에 마음과 생각을 열어 달라고 기도하라. 그 진리에 경외함으로 어떻게 합당하게 반응할 수 있을지 보여 달라고 구하라. 그리고 다음 말씀 중 하나를 골라 이번 주에 암송해 보라.

창세기 1장 1절

태초에 하나님이 천지를 창조하시니라.

시편 19편 1절

하늘이 하나님의 영광을 선포하고
궁창이 그의 손으로 하신 일을 나타내는도다.

시편 139편 13-16절

주께서 내 내장을 지으시며
나의 모태에서 나를 만드셨나이다
내가 주께 감사하옴은 나를 지으심이 심히 기묘하심이라
주께서 하시는 일이 기이함을

내 영혼이 잘 아나이다

내가 은밀한 데서 지음을 받고

땅의 깊은 곳에서 기이하게 지음을 받은 때에

나의 형체가 주의 앞에 숨겨지지 못하였나이다

내 형질이 이루어지기 전에 주의 눈이 보셨으며

나를 위하여 정한 날이

하루도 되기 전에

주의 책에 다 기록이 되었나이다.

이사야 64장 8절

우리는 진흙이요 주는 토기장이시니

우리는 다 주의 손으로 지으신 것이니이다.

에베소서 2장 10절

우리는 그가 만드신 바라 그리스도 예수 안에서 선한 일을 위하여 지으심을 받은 자니 이 일은 하나님이 전에 예비하사 우리로 그 가운데서 행하게 하려 하심이니라.

하나님을 경외하는 경건한 습관 기르기

하나님을 경외하는 것은 단순히 머릿속에 새로운 정보를 채워 넣는 것만으로 이루어지지 않는다. 경건한 습관도 함께 길러야 한다. 아래 제안 중 두 가지 이상을 선택하여 이번 주에 실천해 보라. 예술가 하나님을 일상 속에서 한층 더 깊이 체험하게 될 것이다.

1. 밤하늘을 올려다보라. 목을 뒤로 젖힌 채 1~2분 정도 그 자리에 서서 눈에 보이는 모든 것을 놓고 하나님께 감사하라.
2. 잠시라도 주변에 있는 자연을 찾아 걷거나 야트막한 산이라도 올라 보라. 크게 심호흡을 하며 산소를 주신 하나님께 감사하라. 걷기에 딱 알맞은 지구의 조건 덕에 당신은 붕 떠오르거나 쓰러져 죽을 염려를 하지 않아도 된다. 한 걸음 내딛을 때마다 그 사실을 떠올리며 이 자연을 지으신 창조주께 감사하라.
3. 당신이 만난 누군가를 하나님의 형상을 지닌 아름다운 존재로 대하라.
4. 이번에는 좀 어렵다. 좋게 보기 정말 힘든 세 사람을 떠올리라. 사실상 모든 분야에서 견해가 갈리는 공인일 수도 있고, 직장 상사나 동료일 수도 있고, 이웃이나 가족일 수도 있다. 그들도 하나님의 형상을 지닌 존재라는 엄연한 사실을 기억하며 세 사람 모두를 위해 기도하라. 하나님께 그들을 향한 당신의 감정을 조정해 달라고 기도하라. 예수님이 우리에게 이웃 사랑을 넘어 원수까지도 사랑하라고 명하셨음을 잊지 말라. 마 5:44

26. 하나님을 밀어내려 선택한 맹신들

성경 첫 페이지 첫 문장의 첫 동사는 히브리어 단어 "바라bara" 다. "태초에 하나님이 천지를 창조하시니라."창 1:1 성경을 통틀어 처음으로 하나님이 우리에게 자신을 소개하시는 장면에서 그분의 창조력이 중앙 무대에 올랐다. 창조의 첫 3일 동안 그분은 우주와 하늘, 바다, 땅이라는 캔버스를 설치하셨다. 그다음 3일 동안에는 각 캔버스를 해와 달과 별, 하늘을 나는 새, 바다의 생물, 땅의 숨탄것, 들짐승 등으로 아름답게 채우셨다. 이어 창조의 피날레로 그분의 형상대로 인간을 지어, 세상에 아름다움을 퍼뜨리는 그분의 일을 뒤잇게 하셨다.

하루의 창조가 끝날 때마다 하나님은 "토브tov"라는 한 단어로 평하셨다. "보시기에 좋았더라." 창세기 1장에서 "좋았더라"의 강조점은 도덕적 선善이라기보다 미학적 선, 즉 아름다움에 있다. 별, 구름, 벌새, 진홍금강앵무, 대왕고래, 흰동가리, 바라쿠다, 코코아나무, 목련, 보라색 세이지, 다람쥐, 저먼 셰퍼드, 클라이즈데일[말의 품종-옮긴이] 등등. 모든 존재가 그 자체로 아름답다.

창세기 3장에서 일어난 인간의 타락으로 인해 창조 세계가 손상되어 탄식하지만롬 8:20-22, 그래도 하나님은 은혜로 우리가 누릴 만한 "토브"를 세상에 충분히 보존해 두셨다. 아서 코난 도일Arthur Conan Doyle의 책 주인공 셜록 홈즈가 간혹 신학을 사유하던 순간에 보란 듯이 하는 말이 있다. "장미는 얼마나 아름다운가. …… 꽃을 볼 때 나는 신의 섭리가 선하다는 확신을 떨칠 수 없다. …… 다른 것은 모두 …… 처음부터 우리의 생존에 반드시 필요하다. 그러나 장미는 덤이다. 장미의 향기와 색조는 삶의 필수 조건은 아니지만 삶을 아름답게 한다. 이 좋은 것이 그저 덤으로 따라온다."[1]

창조주는 선하시기에 당연히 아름다움을 위한 아름다움을 귀히 여기신다. 그분이 창조 세계에 덧입히신 냄새, 온갖 색깔, 다채로운 맛, 귀에 들리는 소리, 피부에 닿는 감촉은 꼭 공학적 관점에서 우주의 기능성을 높여 주지 않더라도 미학적 매력을 더해 준다.

주변을 둘러보라. 코끝을 스치는 꽃향기를 들이마시라. 개의 보드라운 털을 쓰다듬어 보라. 딸기의 새콤달콤한 맛을 음미하라. 무당벌레 등에 난 검은 점이 몇 개인지 세 보라. 스타카토로 노래하는 새의 선율, 쏴아 철썩이는 파도 소리, 낮게 깔리다 "우르릉 쾅!" 하고 터지는 우레 소리를 들어 보라. 하나님의 풍부한 예술성이 놀랍기만 하다.

창세기 1장에 따르면, 우리는 우주의 아름다움을 지어내는 게 아니라 발견할 따름이다. 아름다움은 우리가 알아보기 전에도 이미 있었고, 내일 우리가 다 죽는다 해도 여전히 그대로 있다. 객관적 아름다움이 존재하는 이유는 자연이라는 실재의 최종 권위자이신 하나님이 그렇다고 선언하시기 때문이다. 최고의 관찰자이신 그분이 보시기에도 엄연히 존재하는 이 아름다움은 결코 인간이 임의로 투사하는 허상이 아니다.

혹자는 이렇게 응수할 것이다. "모든 것을 하나님이 만들었다고 믿다니 이 얼마나 맹신인가!" 신념의 타당성을 시험하는 방법 가운데 하나는 일단 그것이 거짓이라고 가정하고, 세상이 다른 대안으로 더 잘 설명되는지 여부를 살펴보는 것이다. 그러니 잠시 창조주 하나님이 존재하지 않는다고 가정해 보자. 창세기 1장이 순전히 허구라고 치자. 그러면 우리의 세계관이 더 사실적이고 설득력 있게 될까, 아니면 결국 더 큰 맹신만 남게 될까?

자, 그럼 맨 처음부터 시작해 보자. 창조주가 없다면, 우리는 도대체 무無에서 어떻게 유有를 얻을 수 있는지 물어야 한다. 모든 철학이 "아무것도 없지 않고 왜 무언가 존재하는가?"라는 질문에서 시작된다고 말한 이가 바로 장 폴 사르트르다. 그리고 나의 고등학교 은사인 크리스Chris 박사가 당시 졸업반이었던 우리에게 던진 질문도 바로 그것이었다.

그날 우리는 캘리포니아주 화이트랜치의 등산로로 현장 학습을 나갔다. '철학의 나무'로 불리는 거대한 참나무가 쓰러져 있는 곳이었다. 우리는 그 나무의 아무 가지에나 앉아 존재의 불가사의를 곰곰이 생각해야 했다. 그날따라 오렌지카운티에 별다른 뉴스거리가 없었던지, 〈OC 레지스터*Register*〉에서 기자를 보내 쓰러진 참나무에 앉아 "아무것도 없지 않고 왜 무언가 존재하는가?"를 골똘히 생각하는 열일곱 살짜리 스무 명 남짓의 학생들에 관해 보도했다. "글쎄요, 하나님이 그냥 심심해서 뭐든 만들기로 하셨나 보죠." 나는 전혀 근거 없는 자신감으로 대답했다. 그리고 바로 그 말이 버젓이 내 이름과 함께 신문에 실렸다(그렇다. 공식 발표된 최초의 내 철학적, 신학적 진술은 다름 아닌 이단이었다).

하나님은 권태롭거나 뭔가가 필요하셨기 때문이 아니라, 삼위일체 하나님의 차고 넘치는 기쁨과 영광을 표현하시기 위해 세상을 창조하셨다.

사르트르의 질문에 논리적으로 가능한 대답은 네 가지뿐이다. 첫 번째 대안은 존재 자체를 부정하는 것이다. 우주는 힌두교의 '마야' 개념이나 할리우드의 〈매트릭스The Matrix〉처럼 거대한 환영幻影일 뿐이라는 주장이다. 이 대안을 가장 빠르게 논박하려면 이를 지지하는 사람에게 이렇게 부탁하면 된다. "환영일 뿐인 당신의 모든 돈을 내어 달라"거나 "환영일 뿐인 자동차 열쇠를 달라", 또는 "환영일 뿐인 달려오는 차 앞에 서 보라"고 말이다. 그러면 이 방식대로 살아가는 것이 불가능함을 금세 알 수 있다. 즉, 말로만 주장할 수 있을 뿐, 실제로는 실천할 수 없다.

두 번째 대안은 우주는 실재하지만 '늘' 존재해 왔다는 것이다.

시작점이 없으므로 창조주도 필요 없다는 주장이다. 하지만 우주가 영존했다는 주장은 과학적 근거로 쉽게 반박된다. 빅뱅 우주론은 시간 자체에도 시작점이 있었음을 보여 준다.[2] 또한 우주는 점차 에너지를 소모하며 약해져 평형 상태, 즉 열사熱死 상태에 이르러 나아가고 있다. 이 사실은 우주가 항상 존재했던 게 아님을 시사한다. 우주가 만일 실제로 영존했다면, 틀림없이 무한한 과거 속에서 이미 모든 에너지를 소진하고 소멸했을 것이다. 따라서 전구를 켜거나 스마트폰을 사용할 수 있는 만큼의 에너지가 남아 있다는 사실은 우주가 영원히 존재해 왔다는 가설을 반박한다.

철학적 논증도 있다. '지금'은 말 그대로 지금이며, 계속해서 지금, 또 지금이다. 만일 우주에 시작점이 없다면 당신이 이 문장을 읽는 지금 이전에 무한한 길이의 시간, 곧 무한대의 연월일시年月日時가 경과해야만 한다. 지금 이전에 무한대의 순간이 경과해야만 한다면 우리는 결코 지금에 이를 수 없다. 따라서 우주에는 반드시 시작점이 있어야 한다.[3] 이처럼 우주는 실재하되 영존하지는 않았다.

세 번째 대안은 우주가 무無에서 나왔다는 것이다. 하지만 무에서 유가 나온다는 것은 형이상학적으로 불가능하다. 데이비드 흄의 말처럼, 무에서는 아무것도 나올 수 없다.

그리하여 마지막으로 우리에게 남은 논리적 대안은 우주가 실재하고, 시작점이 있으며, 무에서 나온 게 아니라 누군가에 의해 시작되었다는 것이다. 바로 창세기 1장 1절에서 말하는 바와 같다. "태초에 하나님이 천지를 창조하시니라."

나아가 하나님의 존재를 부정하려면 두 번째 맹신이 필요하다. 순전히 우연으로 맞춤형 빅뱅이 일어날 수 있는가? 최근 우주론에서 밝혀졌듯이, 빅뱅이 성공적으로 이루어지고 다시 자체 붕괴하지 않으려면 극도로 미세 조정된 조건이 갖추어져야 한다.[4] 아무도 우주 팽창의 조건을 정확히 조정하지 않았다면 어떻게 순전히 우연으로 빅뱅이 제대로 이루어졌겠는가?

세 번째 맹신은 어떻게 가벼운 우주에서 무거운 우주가 나올 수 있느냐는 것이다. 20년 전 이야기를 해 보자. 당시 나는 대학 동기들과 함께 강의실에 앉아 있었다. 큰 키에 트위드 코트를 입고 두꺼운 안경을 낀 교수인 스탱글Stangl 박사가 우리를 등지고 서서 칠판에 방정식을 쓰는데, 방정식이 어찌나 긴지 약 9미터에 달했다. 그러다 마침내 돌아선 그는 두꺼운 안경 렌즈 너머로 눈물을 주르르 흘리며 외쳤다. "하나님의 수학이 아름답지 않습니까?"

다들 무슨 일인가 싶었다. 그는 정말 오로지 수학 때문에 울었던 것이다. 물론 나도 수학 때문에 운 적이 있지만 전혀 다른 이유에서다. 스탱글 박사의 설명에 따르면, 그가 쓴 것은 붕괴하는 별의 중심핵에서 발생하는 핵융합 방정식이었다. 모든 변수가 정밀하게 균형을 이루어야 하며, 그렇지 않으면 전체 과정이 중단되고, 우주는 주기율표 상단에 갇혀 생명체가 살 수 없는 상태로 남게 된다. 스탱글 박사는 이 방정식을 작동시켜 '생명을 유지하는 무거운 원소들'을 만들어 내는, 그야말로 놀라운 수학적 천재성에 감탄했다.[5] 위대하신 수학자이신 하나님을 부정하는 무신론에는 지성 없는 분자가 절묘한 수학 실력을 발휘할 수 있다는 놀라운 믿음이 필요하다.

2,500년 전에 다윗은 "하늘이 하나님의 영광을 선포하고 궁창이 그의 손으로 하신 일을 나타내는도다"라고 노래했다.[시 19:1] 사실 이 구절은 그가 처음 썼을 때보다 오늘날 더 실감 나는 내용이다. 다윗은 하나님이 지으신 하늘을 신기하게 바라보며 경이에 젖었다. 스탱글 박사와 우리에게는 발전한 과학 덕분에 엄청난 이점이 있다. 복잡하고 경이로운 천체를 옛 유대인 왕보다 훨씬 더 자세히 감상할 수 있다. 제임스 웹 우주망원경에서 깊고 긴 우주의 사진을 지구에 보내올 때마다 시편 19편 1절은 한층 더 생생해진다. 우리의 선조가 알던 것보다 더 경이롭다. 머리 위로 아득히 멀리서 회전하는 이 신기한 세계를 우리는 지어내는 게 아니라 그저 발견할 뿐이다.[6]

지금까지 우리는 하나님의 존재를 거부하기 위해 필요한 세 가지 맹목적인 믿음을 살펴보았다. 즉, 무에서 유가 나왔다는 믿음, 우연으로부터 정교하게 조정된 맞춤형 빅뱅이 나왔다는 믿음, 그리고 밀도가 거의 없는 가벼운 우주에서 현재의 밀도 높은 무거운 우주가 나왔다는 믿음이다. 그런데 성경 첫 구절에 나와 있듯이 하나님은 천지를, 즉 "하늘"만 아니라 "땅"도 창조하셨다. 그래서 이제 우리의 파란 지구별로 돌아와 네 가지 맹신을 더 알아보려 한다.

27. 인간의 의식 세계, 더없이 신비롭게 설계되다

생명체가 출현하려면 미세 조정된 행성이 필요한데, 일단 생성된 무거운 원소들은 어떻게 그런 행성을 만들어 낼까? 지축의 기울기, 오존층, 산소와 질소의 비율, 동반성(쌍성에서 밝기가 주성보다 어두운 별)의 수, 태양과의 거리, 지표면 중력, 지각의 두께, 자전 주기 등 생명 유지에 꼭 필요한 요인을 정확히 갖춘 행성은 어떻게 생겨났을까?[1] 그저 우연한 행운일까? 어떻게 우주 먼지에서 생명체에 적합한 지구가 나올 수 있는가?

설령 생명체에 적합한 지구가 지성의 개입 없이 어쩌다 생겨났다 해도, 그다음 맹신은 실로 어마어마하다. 지성 없는 물질의 결합으로 무생물에서 생명체가 나올 수 있는가? 과학자들은 이를 "자연 발생"의 문제라 칭한다. 무거운 원소들이 정확한 구성비로 배합되어 아미노산과 단백질과 단세포를 생성한 뒤 그 세포가 살아남아 분열한다는 것은 누가 보기에도 개연성이라고는 없는 무모한 비약이다. 다윈 시대에는 세포를 얼추 작고 끈적끈적한 덩어리로 생각했다. 그러나 우리는 미생물학과 생화학의 돌파구 덕에 세포의 세계를 들여다볼 수 있다. 세포는 점착성 덩어리가 아니라 질서, 정보, 암호, 효율, 기능, 설계를 고루 갖춘 수려한 소우주다.

생명체의 기본 단위인 세포에 대한 인식이 워낙 설득력 있게 발전하다 보니, 20세기의 가장 영향력 있는 무신론자 가운데 한 사람이 거기서 확신을 얻어 신의 존재 문제에 대한 입장을 바꾸었다. 바로 철학의 거장이자 옥스퍼드 교수 출신인 앤터니 플루Antony Flew는 2004년, 자신이 지성의 초월자를 새로 믿는다고 발표하여 세상을 충격에 빠뜨렸다. 2008년에 간행된 *There Is a God*신은 존재한다이라는 제목의 책 표지에 그의 이름이 찍혀 나오리라고는 어느 누구도 꿈에도 생각하지 못했다. 그의 말로 들어 보자.

> 평생 내 길잡이가 된 것은 플라톤이 말한 소크라테스의 원리였다. 증거가 어디로 이끌든 증거를 따라가라. …… DNA를 보면 지성이 개입되었을 수밖에 없다. 생명체를 낳는 데 필요한 DNA의 배열은 거의 믿어지지 않을 정도로 복잡하다.[2] …… 번식 능력을 갖춘 최초의 유기체를 자연 진화론으로 설명한다는 것은 생각조차 극도로 어렵다.[3]

설령 번식 능력을 갖춘 단세포 유기체가 고등 지성의 개입 없이 어쩌다 생겨났다 해도, 어떻게 하나의 세포에서 다양한 종이 나올 수 있는가? 지구상에 존재하는 생물의 종은 방대하고 복잡하며 때로 웃음을 자아낸다. 에뮤나 화식조, 차이니즈 크레스티드 개를 생각해 보라. 어찌 하나님께 유머 감각이 없다 하겠는가? 하늘과 바다와 땅의 헤아릴 수 없이 다양한 동식물이 종마다 각기 다른 유전자에서 생겨났는데, 그 모든 새로운 유전 정보가 어디서 왔단 말인가?[4]

무신론에는 많은 맹신이 필요하며, 다음은 그중 일부다.
각 단어의 첫 글자를 따면 영어 단어 atheism무신론이 된다.

A — 무에서 유Anything가 나온다.
T — 우연에서 맞춤형Tailered 빅뱅이 나온다.
H — 가벼운 우주에서 무거운Heavy 우주가 나온다.
E — 우주 먼지에서 생명체에 적합한 지구Earth가 나온다.
I — 무생물에서 복잡한Intricate 생명체가 나온다.
S — 단세포에서 다양한 종Species이 나온다.
M — 동물 인간에서 자유 의지를 지닌 인간Man이 나온다.

우리의 무신론자 친구들이 이 맹신들을 이성적으로 설명할 수 있다고 너그럽게 가정해 보자. 거기까지는 좋지만 그들의 문제는 이제 시작에 불과하다. 그다음 맹신은 압권인 데다 단수가 아니라 하나의 제목에 딸려 나오는 복수의 맹신이다. 어떻게 동물 인간에서 자유 의지를 지닌 인간이 나올 수 있는가? 무신론자가 다윈의 진화 나무를 올라가 동물 인간에 도달하면 거기서 놀라운 일이 벌어진다. 의식이 출현하는 것이다. 인간의 기원이 목석처럼 지성 없는 물질이고 의식 없는 "그것"이라면, 지금 이 순간 우리 머릿속에 벌어지는 일을 어떻게 설명할 수 있는가?

의식의 아홉 가지 차원을 생각해 보라.

선택 Choice Making

우리는 하루에도 수많은 선택을 한다. 만약 당신이 '선택하는 지성'이신 하나님의 형상으로 창조되었다면, 이는 놀랄 일이 아니다. 하지만 유의미한 선택들을 물리적 결정론이나 무작위적 양자 비결정론으로 작동하는 자연 세계로 축소할 수 있을까?[5] 만약 자유 의지를 이렇게 물리적 과정(무작위로 움직이는 입자들이나 기계처럼 작동하는 자연 법칙)으로 축소할 수 있다면, 아무도 하나님을 믿거나 믿지 않겠다는 선택을 할 수 없게 된다. 결국 이런 논의 전체도 단지 생물학적 기계가 비자발적으로 내는 윙윙거림에 불과하게 된다.

당위 Oughts

의식은 사실(현상)만 아니라 가치(당위)도 상대한다. 그저 사실을 기술할 뿐인 물질주의 세계에서 선과 악 같은 가치 기준이 나올 수 있는가? 물리적 현상의 토양에서 무형의 실재인 당위가 싹틀 수 있는가?[6] 돈 드릴로Don DeLillo는 소설 《화이트 노이즈*White Noise*》에서 이렇게 묻는다. "그들은 당신의 모든 말과 행동과 감정을 특정 부위의 분자 개수로 추적해 올라갈 수 있다. …… 이런 세상에서 선과 악은 어떻게 될까? 격정과 시기와 미움은 어떻게 될까? 뒤얽힌 신경세포에 불과할까? …… 살인을 부르는 분노는 어떻게 될까? 본래 살인은 큰 죄였고 살인자는 무서운 존재였다. 그런데 살인을 세포와 분자로 축소하면 어떻게 될까?"[7]

무형의 법칙 Nonphysical Laws

물질은 물리 법칙을 따르지만 지성의 작용은 무형의 논리 법칙대로 이루어질 수 있다. 추이 법칙을 예로 들어 보자. A=B이고, B=C라면, A=C다. 이 법칙은 물리적인가? 만일 그렇다면 그 화학 구성은 무엇일까? 탄소 둘, 헬륨 셋? 논리 법칙이 물리적이라면 비모순율(A가 참이면 A의 반대는 거짓이다)은 어디에 존재하는가? 아마존의 깊은 정글 속? 아니면 스위스 은행의 금고 안? 항등 법칙(A=A)은 10년

된 법칙일까, 아니면 100억 년 된 법칙일까?

이런 질문이 허튼소리인 이유는 논리 법칙이 엄연히 존재하되 물리적이지는 않기 때문이다. 거울 속 자신을 알아보고, 변기 솔 대신 칫솔로 이를 닦고, 포크 대신 열쇠로 차 시동을 걸려면 날마다 논리 법칙을 활용해야 한다. 이런 논리 법칙은 진화 과정에서 어떤 유전자 돌연변이의 산물인가?

기의 *Semantics*

물질세계는 기표syntax의 세계다. 예를 들어 이번 장을 보라. 지면이나 스크린 위에 검은 잉크가 구불구불한 모양으로 배열되어 있으며, 모두 화학적 구조를 갖고 공간을 점유한다. 그러나 당신이 보고 있는 것은 단순한 기표 이상이다. 이 책은 철학에서 말하는 '기의'로 가득하다. 기의란 물리적 기표를 통해 전달되지만, 물리적 기표로 축소될 수 없는 의미를 뜻한다. 모든 기표는 순식간에 달라질 수 있다. 글꼴을 바꾸거나, 다른 언어로 번역하거나, 다른 페이지나 화면으로 옮길 수 있다. 하지만 기의는 변하지 않는다. 유형의 매체 너머에 무형의 메시지가 있기 때문이다. 이렇듯 세상에는 물질 이상의 것이 존재한다.[8]

창조력 *Creativity*

반 고흐Van Gogh의 〈별이 빛나는 밤Starry Night〉에 담긴 어두운 아름다움이든 아이가 크레용으로 그린 주황색 태양이든, 의식은 창조력을 보여 준다. 캔버스나 도화지 위의 모든 명작은 기계적으로 움직이는 물질의 부산물일 뿐인가? 모든 그림과 노래, 시와 소설, 희곡과 춤과 만찬이 정말 그러한가?

미켈란젤로의 시스티나성당 천장화, 마야 안젤루Maya Angelou의 〈나 다시 일어나리Still I Rise〉, 도스토옙스키의 《카라마조프가의 형제들*Brothers Karamazov*》, 셰익스피어Shakespeare의 《한여름 밤의 꿈*A Midsummer Night's Dream*》, 마이클 잭슨Michael Jackson의 문워크 춤, 고든 램지Gordon Ramsay의 비프웰링턴이 전부 우연히 발화한 시냅스의 산물이라는 말인가? 시각적이든, 청각적이든, 지적이든, 미각적이든 모든 아름다움이 그저 환상이나 부수적 현상, 혹은 충돌하는 신경세포가 만들어 낸 일시적 속임수에 불과하단 말인가?

의도성 *Intentionality*

잠시 화성을 떠올려 보라. 머리가 깨지도록 그 붉은 행성을 당신의 뇌수에 들여오지 않고도 충분히 생각이 가능하다. 당신은 화성 그 자체를 생각하는 게 아니라 화성에 대해 생각하는 것이다. 철학에서는 이를 "의도성"이라 한다. 의식은 이렇듯 대상을 지향하는 능력이 있으며, 그러기를 다행이다. 그렇지 않다면 우리는 다 말 그대로 머리가 쪼개지는 고통으로 죽고 말았을 것이다. 무형의[비물질적인] 추상적 사고가 과연 가시적 물질세계에서 발생하는 유전자 돌연변이의 산물일 수 있을까?

주관적 경험 Owned Experience

물질세계는 과학의 객관적 범주인 '그것It-ness'으로 기술될 수 있다. 그러나 의식에는 단순한 '그것'만 있는 것이 아니라, '더 이상 축소할 수 없는 나I-ness'도 존재한다. 즉, 의식은 주관적 일인칭 시점을 가진다. 예컨대 박쥐에 대한 과학책을 생각해 보라. 이 날개 달린 동물에 대해 과학적으로 알 만한 내용은 거기에 다 설명되어 있다. 그러나 과학책이 답할 수 없는 의문 하나가 있다. 철학자 토머스 네이글Thomas Nagel의 유명한 질문이다. "박쥐가 된다는 것은 무엇일까?"[9] 앞을 보지 못하는 상태로 어둠 속을 날며 초음파를 쏘다가 애꿎은 먹잇감인 곤충을 전속력으로 덮친다는 것은 어떤 느낌일까? 의식 없는 물질세계의 '그것'에서 어떻게 '나'와 '느낌'이 나올 수 있는가?

배후 목적 *Underlying Purposes*

물질세계의 '그것'은 철학자들의 표현으로 목적이 없다. 물질은 배후 목적을 생각하지 않는다. 비커 속 수은은 "내 목표는 섭씨 357도에서 끓는 거야"라고 생각하지 않는다. 그냥 끓을 뿐이다. 반면에 의식은 목적이 있다. 우리는 목적의식을 가지고 생각한다. 목표를 지향한다. 행동하는 이유가 있다. 예컨대 지금 이 순간 당신이 굳이 좌우로 눈 운동을 하는 목적은 다음 문장을 읽기 위해서다. 그보다 더 위대한 목적은 실로 대단하고 획기적인 신학 서적을 완독하기 위해서다. 목적 없는 물질세계의 '그것'에서 뭔가를 지향하는 의식 세계의 목적이 나올 수 있는가?

의미 *Significance*

의식은 참된 의미를 추구할 수 있다. 사람들이 주고받는 사랑에는 참된 의미가 있다. 분자의 상호 작용이나 생물학적 생존 추구로 축소될 수 없는 초월적 가치가 있다. 우리의 존재에 객관적 의미를 부여하시는 창조주 하나님이 존재하지 않는다면, 우리는 리처드 도킨스Richard Dawkins가 말한 "계획도, 목적도, 악도, 선도 없이 오직 매정하게 냉담할 뿐인"[10] 우주의 우연한 부산물이다. 도킨스의 동료 무신론자 알렉스 로젠버그는 정직한 지성으로 불편한 함의를 도출했다.

> 우주의 목적은 무엇인가? 이 집요한 질문의 답은 아주 간단하다. 그런 건 존재하지 않는다. …… 옳고 바르고 참된 도덕률도 없다. 이 허무주의를 우리는 받아들여야만 한다. …… 세속 인본주의자는 삶을 유의미하게 만들려고 자신이 가질 수도 없고 필요하지도 않은 것을 탐낸다. 삶이 무의미해서 아침에 자리에서 일어날 수 없다면, 그들에게 필요한 것은 항우울제다.[11]

✿

인간의 의식은 최고의 지성이신 창조주 하나님이 존재해야만 설명된다. 다음은 의식의 일부 요소이며, 각 단어의 첫 글자를 따면 영어 단어 conscious의식가 된다.

Choice-making : 선택
Oughts : 당위
Nonphysical laws : 무형의 법칙
Semantics : 기의
Creativity : 창조력
Intentionality : 의도성
Owned experience : 주관적 경험
Underlying purpose : 배후 목적
Significance : 의미

2장에서 말했던 다윈의 "섬뜩한 의심"을 다시 떠올려 보라. "원숭이의 사고에 신념이 존재한다 해도 그 신념을 신뢰할 수 있겠는가?"[12] 다윈 시대 이후, 특히 지난 50년 동안의 심리 철학 분야의 발전은 그의 섬뜩한 의심이 정당하다는 것을 보여 주는 적어도 아홉 가지 중대한 이유를 밝혀냈다.

당신이 하루에도 수천, 수만 번 경험하는 여러 무형(비물리적)의 실재를 어떻게 물리적 '그것'으로 설명해 낼 수 있겠는가? 여기서 무형의 실재란 바로, 더 이상 축소할 수 없는 나I-ness(일인칭의 의식인 '지표성'), 지향성about-ness(추상적으로 사고하는 능력인 '의도성'), 느낌what-it's-like-ness(주관적 경험의 현상학적 질감인 '감각질'), 목적for-ness(목표 지향적으로 사고하는 능력인 '목적론'), 귀결therefore-ness(논리 법칙), 결정this-or-that-ness(선택 능력), 경외심awe-ness(창조성과 미학), 언어의 의미what-ness(물리적 매체를 초월하는 '기의'), 당위ought-ness(도덕적 가치) 등이다.

만일 인간이 지성 없는 물질에서만 기원했다면 우리는 복잡한 고깃덩어리에 불과하며, 맹신에 맹신을 거듭해야만 이성을 신뢰할 만한 이유가 있는 척이라도 할 수 있다. 그러나 인간의 기원이 최고의 지성이신 하나님을 가리켜 보이기에 우리의 지성은 실재와 잘 맞물린다. 이성을 구사할 이유도 그분에게서 나온다. 더는 궤변으로 우리의 자유, 도덕, 논리, 의미, 창조력, 개성, 경험, 목적을 없애 버릴 수 없으며, 오히려 이 모두는 더욱 깊어지고 확장된다.

이성과 상상력은 한낱 생존 기제로 축소되지 않는다. 진리와 아름다움의 하나님이 이성과 상상력을 우리에게 선물로 주셔서 우리도 진리를 알고 아름다움을 창조하게 하셨다. 당신의 사고력과 창조력은 이성 없는 물질의 산물이 아니다. 하나님에게서 온 것이니 묵혀 두지 말라.

28. 하늘을 수놓은 별을 지으신 분께 나아가라

C. S. 루이스의 《새벽 출정호의 항해*The Voyage of the Dawn Treader*》에 "유스터스 클래런스 스크러브scrubb라는 소년"이 나오는데 과연 "그 이름에 걸맞는 아이였다"[1]〔스크러브라는 단어에 형편없고 한심한 사람이라는 뜻이 있다-옮긴이〕. 나니아 왕국에 온 유스터스는 "우리 세상에서 별은 불타는 거대한 가스 덩어리예요"라고 말한다. 그러자 은발의 신비로운 인물인 라만두는 이렇게 답한다. "얘야, 너희 세상에서도 그것은 별 자체가 아니라 별을 구성하는 재료일 뿐이란다."[2]

까만 하늘에 점점이 반짝이는 흰 빛은 모든 보는 이의 경탄을 자아낸다. 〈스타워즈〉, 〈스타트렉Star Trek〉, 〈스타게이트Stargate〉, 〈애드 아스트라Ad Astra〉, 〈인터스텔라Interstellar〉 같은 모험 영화는 인간 보편의 경이감에 호소한다. 감탄할 만한 재능의 소유자를 '스타star'라 부르는 데는 이유가 있다. 별은 모험과 호기심, 탐험을 부추긴다. 일론 머스크Elon Musk에게 물어보라. 거의 3,000년 전에 다윗왕은 하늘을 보며 "하늘이 하나님의 영광을 선포하고 궁창이 그의 손으로 하신 일을 나타내는도다"라고 읊었다.시 19:1

2,500년 전에 플라톤은 "무엇이 인간을 이끌어 신들을 믿게 하는가?"라고 물은 뒤 "별들의 운행 질서"라 답했다.[3] 플라톤의 제자 아리스토텔레스Aristoteles는 우리에게 인류가 대대로 땅 밑에 갇혀 있다가 마침내 밖으로 나와 하늘을 본다고 상상해 보라며 이렇게 말했다. "반짝이는 별들로 수놓인 광활한 하늘을 캄캄한 밤에 땅에서 올려다보면서, 그들은 두 가지 생각을 떨칠 수 없었을 것이다. 신들이 존재한다는 것과 이 모든 신기한 작품이 신들의 솜씨라는 것이다."[4]

닐 디그래스 타이슨Neil deGrasse Tyson은 유명한 천체물리학자이며 칼 세이건Carl Sagan의 다큐멘터리 쇼 〈코스모스Cosmos〉를 진행하기도 했다. 세이건처럼 그도 당당한 무신론자다. 신 없는 우주에서 어떤 의미를 찾을 수 있느냐는 질문에 그가 내놓은 답이 무신론자들 사이에서 큰 인기를 끌었다.

> 여러분 몸속의 분자들이 수십억 년 전, 별들의 중핵에서 만들어졌다고 생각해 보십시오. 별들이 폭발하면서 …… 풍부한 자양분을 은하에 흩뿌렸습니다. …… 그 자양분에서 행성과 생명과 인간이 출현했지요. 그러니까 밤하늘을 보면서 자신이 왜소하게 느껴지고 외로워질 때, 여러분이 그렇게 별들과 연결되어 있

고 비유적으로만 아니라 실제로 우주 먼지stardust인 것을 알면 소속감을 얻을 수 있어요. 춥고 냉혹하게 느껴질 수 있는 이 우주에서 말입니다.[5]

우주가 덜 춥게 느껴질 것만은 분명하다. 쿨롱 장벽[이 책 26장 주 5의 설명 참조-옮긴이]을 통과해 핵융합을 일으키려면 붕괴하는 별의 중핵 온도가 최소 1억 도에는 도달해야 하기 때문이다. 그러나 인간의 기원을 그렇게 화학적으로 설명해서 우주가 조금이라도 덜 냉혹해질지는 의문이다.

별의 개수는 알려진 우주에만 2×10^{23}개로 추산되는데, 그중 인간이 암 진단을 받거나 유산했다고 눈물을 흘린 별은 단 한 개도 없다. 자신이 감성도 없고 지성도 없이 40조 2,080억 킬로미터 떨어진 데서 우연히 결합한 무거운 원소들의 덩어리라고 믿으면, 어째서 삶에 참된 의미나 목적이 부여된단 말인가? 내가 길 건너 실험실의 배양 접시에서 또는 10광년 거리의 붕괴하는 가스 덩어리에서 생겨났다면, 여전히 나는 주기율표에 나오는 원소들의 혼합물에 불과하다. 그러나 알파벳 두 글자로 표기되는 원소들을 어떻게 섞어도 거기서 삶의 의미는 나오지 않는다.

지금 나는 별을 바라보며 경이에 젖는 것을 비판하는 게 아니다. 찬송가 "하늘의 별 …… 주님의 권능 우주에 찼네"를 나도 부른다. 내가 비판하는 것은 의미를 찾고자 별을 보려는 충동도 아니다. 방법에는 의문이 있지만, 타이슨의 스승인 칼 세이건 같은 무신론자가 우주에서 오는 메시지를 탐색하고자 SETI Search for Extra-Terrestrial Intelligence〔외계지적생명체탐사〕 프로젝트를 출범한 이유는 나도 이해가 간다. 세이건의 "보이저 금제 음반"과 "파이어니어 금속판"을 우주선에 부착해 기도처럼 우주로 쏘아 올릴 때, 거기에 지구인의 인사와 지구에 오는 방법도 담겼다. 사자자리나 처녀자리, 염소자리인 자신에게 우주가 어떤 의미를 부여하는지 보려고 사람들이 신문을 뒤적이는 이유도 알 것 같다.

내가 비판하는 것은 별의 환상적 매혹을 감정적 속임수처럼 오용해, 별을 지으신 분과 그분만이 부여하실 수 있는 의미를 외면하는 행위다. 허블 우주 망원경과 제임스 웹 우주 망원경이 대기권 너머에서 우리에게 사진을 전송하기 오래전에도 별과 성운은 아름답고 장엄했다. 별이 아름답고 장엄한 이유는 약 90킬로그램의 복잡한 우주 먼지 덩어리가 아름다움이라는 인위적 개념과 부수적 현상을 하늘에 투사했기 때문이 아니라 하나님이 그렇게 지으셨기 때문이다. 옛날에 시편 기자가 노래했듯이 하늘이 선포하는 것은 하나님의 영광이지, 하늘 자체의 영광이 아니다.

그러니 우리는 표지판을 목적지로, 창문을 벽으로, 전제를 결론으로 착각하지 말자. 별을 보며 경이에 젖을 때 우리 영혼이 마땅히 보여야 할 반응은 따로 있다. 경이감을 구실 삼아 별을 지으신 분을 외면해서는 안 된다. 2×10^{23}개의 반짝이는 별을 따라 별의 근원이신 초월자께로 나아가라. 그분 안에서만 의미는 환상이 아니라 실재다.

29. 삶의 모든 경이로움, 그분께로 이끄는 등댓불

하나님의 존재를 증명하는 논증이 많이 있다. 예컨대 우주의 시작은 창조주를, 우주의 설계는 설계자를, 도덕법은 입법자를 가리켜 보인다. 이는 다 변증의 기본 요소다. 사고방식 자체가 이런 논증과 잘 맞는 이들이 있다. 특히 나처럼 모닥불을 앞에 두고 근사한 음료를 홀짝이며 존재의 신비를 생각하기를 즐기는 철학적인 사색가가 그러하다.

그러나 기독교를 변증하는 데는 다른 방식도 있다. 이 방식은 전문 용어가 생소한 이들에게도 잘 통한다. 이것도 논증이라 부를 수 있다면 이런 논증은 우리의 인간성에 더 호소한다. 우리를 장대 끝에 달린 뇌 덩어리로 보지 않는다. 그 대신 있는 그대로의 우리(예술가, 연인, 몽상가, 위선자, 영웅, 외톨이, 낭만주의자, 얼간이, 예배자, 모험가, 실패자, 익살꾼, 괴짜)로 대한다.

이런 논증은 초대장이자 표지판이요, 지시봉, 단서에 더 가깝다. 문을 열어 인간 경험의 전망을 활짝 넓혀 주는 열쇠와 같고, 색맹인 사람에게 생생한 총천연색 세계를 보여 주는 특수 안경과 같고, 소용돌이치는 캄캄한 바다에서 우리를 안전한 해안으로 인도하는 등댓불과 같다. 조나단 에드워즈도 이를 비슷하게 보았다. 길을 찾는 영혼을 그는 이렇게 묘사했다.

> 이제 영혼은 압니다. 여태 그가 추구한 것은 그림자였고 비로소 실체를 만났습니다. 전에는 지류에서 행복을 찾으려 했으나 이제 바다에 이르렀습니다. …… 온 세상을 창조하신 분께 사랑받는다니 얼마나 큰 행복입니까. 우리 영혼은 하나님을 즐거워할 때만 만족과 행복을 누릴 수 있습니다. 아버지, 어머니, 남편, 아내, 자녀, 이 땅의 친구는 다 그림자에 불과하지만 하나님은 실체십니다. 그들은 햇살일 뿐이지만 하나님은 태양이십니다. 그들은 지류일 뿐이지만 하나님은 바다십니다.[1]

그림자와 지류, 햇살에는 또 어떤 것들이 있을까? 신학생 시절, 나는 내가 살던 라구나 니겔의 우중충한 아파트에서 '네오비트족Neo-Beatnik의 밤'을 개최하곤 했다(비트족은 물질문명과 기성 질서를 거부한 1950년대 문학과 예술의 방랑자 세대다-옮긴이). 다 쓰러져 가는 석보 보드 앞에 대학생이 떼로 모여 땅콩버터 찬가, 어쿠스틱 감성 발라드, 짤막한 즉석 설교, 코미디 연극, 젬베 공연, 시 낭송 등을 선보였다. 말했듯이 우리는 괴짜다. 모든 네오비트족 예술가 가운데서 시인인 내 친구 데릭 브라운Derrick Brown은 좌중을 쥐락펴락했다. 실존적 동경에서 우러나는 탄식이든 자신이 의성어 "쌩 핑 우와"로 명명한 웃음이든 그는 양쪽을 자유자재로 이끌어 냈다. 데릭은 잭 케루악Jack Kerouac이 《길 위에서*On the Road*》에 묘사한 유형의 인물이었다. "그들은 하품이나 뻔한 말일랑 절대로 하지 않고 노란색 고성능 폭죽처럼 활활 타오르다 별들을 잇는 거미줄처럼 폭발한다. 중앙의 파란색 불꽃이 터지는 순간 모두가 '와!' 함성을 내지른다."[2]

특히 한 편의 시가 불꽃놀이의 피날레처럼 느껴졌다. 데릭이 낭송한 〈손가락 하나, 점 둘, 그리고 나〉라는 자작시다.

그 순간
행성들이 빙빙 돌며 깨어나고
화성과 토성과 금성에 큰 영화 스크린이 나타나더니
스크린마다 내가 평생 본 장면들이 뜨고
모든 장면 위로 '거룩'이라는 단어가 번쩍인다.
아르마딜로—거룩
소의 혀—거룩
마술 묘기—거룩
머리에 맞는 눈덩이—거룩
서투른 첫 키스—거룩
몰래 극장에 들어가던 일—거룩

너에게 느린 춤을 가르치시던 너의 어머니
되살아났으나
극복된 두려움—거룩
접시를 사느니 맥주를 더 사는 쪽을 택했기에
프리스비를 뒤집어 그 위에 탑 라면을 먹던 일—거룩
밤에 타던 자전거
라스베이거스에서 5달러를 땄다가
450달러를 몽땅 잃던 일, 그 모든 것—거룩
지난번, 교회가 아니라 수영장에서 하나님이 느껴져
멋쩍게 손을 모으던 일—거룩
삼촌의 늘 똑같은 식사 기도 도중 잠들던 일—거룩
바다에서 손목시계를 잃어버리고, 거기에 담긴 의미까지 다 잃어버린 일—거룩
텔레비전이 고장나는 바람에 아버지와 진짜 대화를 나누게 된 날—거룩
죽음을 앞둔 할머니가 뜻깊은 말씀을 들려주시던 날—거룩
모든 약
희망
두려움
신뢰
짝사랑
일

상실

사랑

시험

출생

끝

피날레

무늬

무늬

별의 무늬는

우리 마음의 무늬와

똑같다

별의

무늬는

우리 마음의 무늬와

똑같다

새로 지음받은 우리 마음의 얼개와 같다.[3]

제대로 하자면 며칠이고 이 목록을 계속 이어 갈 수 있다. 땅거미, 목련, 파이프 연기, 야구의 인정 2루타ground-rule doubles, 따뜻한 포옹, 서약, 참나무, 민들레 솜털, 천둥, 세례, 자지러지는 웃음, 툭툭 떨어지다 폭우로 돌변하는 비, 노숙인과 나누는 대화, 꼬마와 벌이는 레슬링 경기, 시원한 베갯잇, 성만찬 등 경이는 무궁무진하다.

지평에서 하나님을 지우면 이런 기적들은 경이로움을 잃는다. 무신론자 마이클 루스의 말대로 “유전자가 우리를 속이는 망상”만 남는다.[4] 하나님을 지우면 태양이 어두워지고, 바닷물이 고갈된다. 의미의 광선이 온통 캄캄해지고, 기쁨의 강이 모두 말라 버린다.[5]

하나님을 증명하는 논증은 내 책장의 책에 따라 다섯 가지도, 열두 가지도 된다. 철학자 피터 크리프트Peter Kreeft는 20가지를 꼽았다.[6] 하나님을 증명하는 논증을 네 시간짜리 동영상에 보란 듯이 150가지나 담아낸 유튜버도 있다. 실제로 몇 가지일까? 태평양의 물방울 수나 존재하는 아원자 입자 수에 가까울 것이다. 하나님의 존재를 증명하는 논증은 날마다 당신의 오감으로 지각하거나 수용할 수 없을 정도로 수없이 쇄도한다.

“주님, 우리에게 보는 눈, 냄새 맡는 코, 맛보는 미뢰, 감촉하는 손끝, 듣는 귀, 느끼는 영혼을 주셔서 매 순간 주님을 증언해 주는 방대한 증거를 알아보게 하소서. 그림자와 지류와 햇살을 따라가 실체와 바다와 태양에 이르게 하소서. 예수님의 이름으로 기도합니다. 아멘.”

30. 삶으로 예수를 말하는 하나님의 걸작들

지금까지 하나님의 창조력을 대략 살펴보았으나 그분의 가장 눈부신 걸작에는 아직 눈길도 주지 못했다. 이는 루브르 박물관에 들어가 레오나르도 다 빈치Leonardo da Vinci의 〈모나리자Mona Lisa〉를 그냥 지나치는 것과 같고,[1] 시스티나성당의 바닥에 깔린 원형 타일에 매료된 나머지 미처 천장을 보지 못하는 것과 같다.

우리는 고성능 망원경을 들여다보고, 이국적 동물원을 누비고, 울창한 정원을 거닐고, 가장 높은 산을 등정하고, 바닷가에서 10,000번의 일몰을 볼 수 있다. 찰스 스턴즈 휠러Charles Stearns Wheeler, 랄프 왈도 에머슨Ralph Waldo Emerson, 헨리 데이비드 소로Henry David Thoreau 같은 초월주의자처럼 숲속에 오두막을 짓고 매일 상쾌한 공기를 들이마시며, 자연과 벗하면서 거리나 숲에서 힙스터로 인정받는 즐거움을 누릴 수도 있다. 그래도 이것 하나가 빠지면 우리는 하나님의 화룡점정을 놓치고 만다. 다행히 별을 관측하는 비싼 장비나 알프스 산맥으로 가는 항공권 같은 건 없어도 된다. 굳이 바다에 나갈 것까지도 없다. 거울만 있으면 된다.

다윗은 시편에서 하나님이 자신을 "경외심이 들 만큼fearfully 놀랍게 지으셨다"고 표현했다.시 139:14, NIV 이 본문에서 "놀랍게 지으셨다"로 번역된 히브리어 원어 "팔라Pala"는 "구별되다, 맞춤형으로 만들어지다, 유일하다, 특별하다"는 뜻이다. 인간은 교체되거나 복제되거나 다 똑같게 대량 생산될 수 없는 존재다. 비유하자면 우리는 네덜란드의 위대한 화가 반 고흐의 〈별이 빛나는 밤〉을 인쇄기로 똑같이 찍어 낸 사본 더미가 아니라 그가 각기 다르게 일일이 손으로 공들여 그려 낸 모든 작품의 도록과 같다.

살아 계신 하나님은 그분의 형상을 지닌, 저마다 독특한 예술 작품을 매일 약 65만 명씩 창조하신다.[2] 위대한 '신학자' 닥터 수스Dr. Seuss는 〈생일 축하해!Happy Birthday to You!〉라는 '논문'에 그것을 이렇게 표현했다.

> 오늘 너는 너야! 사실보다 더 사실이지!
> 세상에 너보다 더 너다운 사람은 없으니까![3]

시편 기자는 "fearfully"(경외심이 들 만큼, 두렵도록)라는 표현도 썼는데, 이는 충격적인 어휘 선택이다. 히브리어 원어 "이르아"는 성경에서 피조물인 우리에게 창조주 하나님 앞에서 두려워하고, 경외하고, 경탄하라고 명할 때 100번도 더 쓰인 바로 그 단어다. 그런데 시편 139편 14절은 놀라운 가능성을 열어 놓는다. 이 본문에서는 "이르아"를 표현하는 행위 주체가 피조물이 아니라 창조주로 읽힐 수 있는 가능성이다. 만일 대격對格 부사 "feafully"를 이렇게 해석한다면, 성경 전체에서 오직 이 구절에서만 '두려움, 경외, 경탄'이 하나님이 행하시는 것으로 묘사된다는 의미가 된다.[4]

두렵게 지으셨다는 말은 메리 셸리Mary Shelley의 책에 나오는 프랑켄슈타인 박사가 무서운 괴물을 만들어 낸 것과는 다르다. 이번에도 수스 박사가 핵심에 더 다가갔다.

> 다행스럽게도
>
> 〔내가 자녀들에게 매년 한 번씩 읽어 줄 때는 "하나님께 감사하게도"〕
>
> 나는 그냥 조개나 햄도 아니고
>
> 손때 묻은 병에 든 시큼한 구스베리 잼도 아니야!
>
> 나는 나야! 그래서 좋아![5]

시편 139편에서 창조주께서 지으신 인간은 조개와 햄과 구스베리 잼과는 달리, 그분의 장엄하신 형상을 지닌 존재다. 그래서 하나님이 피조물인 인간에게 경탄하시는 것이다. C. S. 루이스가 말했듯이 "보통 사람이란 없다. 당신은 단지 필멸의 인간과 대화한 적이 한 번도 없다. 국가와 문화와 예술과 문명, 이런 것들은 필멸이다. 그것들의 삶은 우리 삶에 비하면 하루살이의 삶에 지나지 않는다. 그러나 당신이 함께 농담을 주고받고 일하고 결혼하고 구박하고 착취하는 사람은 불멸의 존재다. 불멸의 악한이거나 영원한 성자다."[6]

바울은 시편 139편의 통찰을 이어받아 "우리는 그가 만드신 바라 그리스도 예수 안에서 선한 일을 위하여 지으심을 받은 자니 이 일은 하나님이 전에 예비하사 우리로 그 가운데서 행하게 하려 하심이니라"라고 말했다. 엡 2:10 하나님은 예술가이자 장인이고 작가이시며, 우리는 그분의 예술 작품이라는 어법이 그의 본문 전체에 물씬 배어 있다.[7] 일부 성경 역본에는 "만드신 바"의 헬라어 원어 "포이에마poiema"가 "걸작masterpiece"으로 적절히 옮겨져 있다. 어쩌면 바울은 하나님을 "자기를 빚은〔헬라어로 "포이에산티poiesanti", 칠십인역〕이"라 표현한 이사야 29장 16절을 떠올리며 예술가와 작품 재료의 은유를 썼는지도 모른다. 이사야 64장 8절에도 "우리는 진흙이요 주는 토기장이시니 우리는 다 주의 손으로 지으신 것이니이다"라는 말씀이 있다.[8]

에베소서 2장에 보면 걸작인 우리는 그냥 창조된 게 아니라 "그리스도 예수 안에서 선한 일을 위하여" 지어졌다. 10절 바울 신학에서 "그리스도 예수 안에서"라는 표현은 그리스도 예수를 닮아 가는 것과 불가분의 관계다. 아버지는 그 아들의 형상을 본받게 하려고 우리를 미리 정하셨다. 롬 8:29 우리는 그리스도의 마음을 가져야 하고 고전 2:16 그분을 본받아야 한다. 빌 2:5-8; 살전 1:6 그래서 지금 "그〔그리스도〕와 같은 형상으로 변화하여 영광에서 영광에 이르"는 중이다. 고

후 3:18[9]

시편 139편에는 사람마다 "팔라", 즉 구별되어 남다르고 독특하게 지어진다고 했는데, 신약 성경 전반에는 우리가 오직 예수님이라는 한 인격체의 형상을 닮고 본받아 그분처럼 변화되어야 한다고 했다. 양쪽이 어떻게 조화를 이룰까? 그리스도는 원본이고 우리는 다 똑같은 사본일까? 그리스도는 〈별이 빛나는 밤〉 원작이고 우리는 다 똑같은 복사판일까? 그리스도 안에서 자아를 망각하라는 부름은 우리가 더는 개성 있는 걸작이 아니라는 뜻일까? 이번에도 C. S. 루이스가 도움이 된다. 길게 인용할 만하다.

> 우리는 자아에서 벗어나 그리스도 안으로 들어가야 한다. 그분의 뜻이 우리의 뜻이 되어야 한다. 성경 말씀대로 '그리스도의 마음을 가지고' 그분의 생각으로 생각해야 한다. 그런데 그리스도는 한 분이시니 그분이 우리 모두 '안에' 계시면 누구나 다 똑같아지지 않을까? 분명히 그럴 것 같지만 사실 그렇지 않다.
>
> ……
>
> 소금을 모르는 사람이 있다 해 보자. 당신이 소금을 조금 맛보게 해 주어 그가 톡 쏘는 짠맛을 경험한 뒤, 당신 나라에서는 모든 요리에 소금을 넣는다고 말해 주면 이런 대답이 돌아오지 않을까. "그러면 음식 맛이 다 똑같겠군요. 방금 내게 준 그 맛이 워낙 강해서 다른 맛을 다 죽일 테니까요." 하지만 당신과 내가 알다시피 소금의 진짜 효능은 정반대다. 소금은 계란, 곱창, 양

> 배추의 맛을 죽이기는커녕 오히려 끄집어낸다. 어떤 음식이든 소금을 쳐야 제 맛이 난다(경고했듯이 물론 썩 좋은 예화는 아니다. 소금을 너무 많이 넣으면 다른 맛이 정말 죽을 수 있지만, 인간 개성의 맛은 그리스도를 아무리 많이 넣어도 죽지 않는다. 나는 최선을 다할 뿐이다).
>
> 그리스도와 우리의 관계도 이와 비슷하다. '자아'를 버리고 우리를 그분께 넘겨 드릴수록 우리는 더 자기다워진다. 그분은 너무도 충만하시기에 각기 다른 '작은 그리스도'들이 무수히 많이 모여도 그분을 다 담아내기에는 역부족일 것이다.[10]

'그리스도 안에서' 걸작이 되면 우리는 더 참되고, 독특하고, 기묘하게 자기다워진다. 바울 신학을 닥터 수스 식으로 표현하자면 '그리스도 안에' 있는 당신보다 더 당신다운 사람은 없다. 반 고흐의 〈별이 빛나는 밤〉은 〈밤의 카페 테라스Cafe Terrace〉와 다르고 〈아를의 방Bedroom in Arles〉과도 또 다르다. 각각의 걸작마다 다른 걸작이 할 수 없는 방식으로 그의 뛰어난 예술성의 일부를 보여 준다. 당신 역시 아직 제작 중인 걸작으로서, 예수 그리스도를 드러내 보여 줄 능력을 지니고 있다. 실제로 세계 역사상 그분을 당신처럼 보여 줄 사람은 이전에도 없었고, 앞으로도 있을 수 없다.

그렇다면 우리는 성부 하나님을 어떻게 경외할 수 있을까? 그분을 경외하는 방법은 나를 통해 성자 예수님을 드러내는 것이다.

예수님은 뱀의 머리를 상하게 하시는 여자의 후손창 3:15, 우리와 함께하시는 하나님사 7:14, 기묘자와 모사와 전능하신 하나님과 영존하시는 아버지와 평강의 왕[사 9:6], 고난당하는 종[사 53장], 속죄하시는 메시아[단 9:24-27], 동정녀에게 나셔서[마 1:20-23], 풍랑을 잔잔하게 하시고[막 4:35-39], 상한 몸을 고치시고[눅 17:11-19], 파도 위를 걸으시고[요 6:16-24], 무덤을 이기시고[요 20:1-29], 다스리시는 왕[엡 2:6], 생명의 떡[요 6:35], 세상의 빛[요 8:12], 스스로 있는 자[요 8:58 참조], 유일한 문[요 10:17], 선한 목자[요 10:11], 부활이요 생명[요 11:25], 길이요 진리요 생명[요 14:6], 포도나무[요 15:1], 말씀[요 1:1], 하나님의 사랑하는 아들[막 1:11 참조], 율법의 마침[롬 10:4], 근본 하나님의 본체[빌 2:6], 보이지 않는 하나님의 형상으로서 자신을 위해 우주를 창조하고 붙드시는 분[골 1:15-17], 영영히 보좌에 앉아 천사들의 경배를 받으시는 분[히 1:6, 8], 믿음의 주요 또 온전하게 하시는 이[히 12:2], 죽임을 당하신 하나님의 어린양[계 5:6], 다시 오시는 신랑[계 19:6-9], 만왕의 왕이요 만주의 주[계 19:16], 알파와 오메가요 처음과 마지막이요 시작과 마침[계 22:13]이시다.

바로 이 예수님을 우리 삶에서 드러낼 때 우리는 하나님을 가장 온전히 경외하는 사람이 되며, 그리하여 가장 영광스러운 우리 자신의 모습이 된다.[11]

조니 에릭슨 타다가 증언하는 예술가 하나님

조니 에릭슨 타다(Joni Eareckson Tada)는 작가이자, 휠체어에 앉아 입으로 그림을 그리는 화가로 이름이 알려져 있다. 국제적으로 장애인을 옹호하는 일에 앞장서고 있다. 사역 기관 조니앤프렌즈(joniandfriends.org)에서 장애인 가정을 지원하고 전 세계 교회를 훈련하는 다양한 프로그램을 제공한다. 무엇보다 그녀는 하나님을 경외하는 사람이다. 다음 이야기는 하나님의 넘치도록 풍성한 창조력이 타다의 삶에 어떤 영향을 미쳤는지를 보여 준다.

내 남편 켄 다케시 타다Ken Takeshi Tada는 일본계 3세 미국인이다. 뼛속까지 미국 사람이지만 마음의 뿌리는 일본 문화에 닿아 있다. 어떤 면에서 나도 똑같다. 예술에 관한 한 특히 더 그러하다.

지난 수십 년간 하나님의 창조력이 어떻게 내 삶을 빚어 왔는지를 생각하노라면 일본의 '킨츠기'라는 예술 장르가 떠오른다. 깨진 도자기를 수리하는 공예다. 킨츠기 예술가는 조각조각 깨진 세라믹을 쓸모없다고 쓰레기통에 버리지 않고 사기그릇의 깨진 조각들을 작업대에 한데 모은다. 그런 다음 금이나 백금을 섞어 만든 특수 래커를 접착제로 써서 깨진 조각을 이어 붙이는데, 틈새마다 비싼 래커로 메워 가면서 사금파리 하나하나를 제

자리에 복원한다. 이 모든 과정을 다 마치고 나면 아름다운 예술 작품이 된다.

킨츠기의 묘미는 망가진 물건을 내놓되 손본 자리를 시각적으로 부각하여 전혀 새로워 보이게 하는 데 있다. 깨진 부분의 흠결을 애써 숨기거나 가리지 않고, 수리 솜씨를 발휘해서 보는 이에게 즐거움을 주려는 것이다. 이렇게 예술가가 복원하는 걸작은 원래의 평범한 도자기보다 훨씬 더 독특하다. 금과 백금으로 반짝이는 완성품은 아름다울 뿐 아니라 더 값지기까지 하다.

지금까지 하나님이 내 삶 속에서 행하신 일에 이보다 더 안성맞춤인 은유가 있을까. 10대 때 나는 다이빙 사고로 온몸이 망가져 두 팔과 다리가 마비되었고 50년 넘도록 그 상태로 살아왔다. 처음에는 좋지 않은 친구들과 어울리며 독한 술로 우울을 잊으려 했다. 그냥 어디론가 사라지고 싶었고 죽고만 싶었다. 그 뒤로도 종종 어두운 시절을 통과하며 만성 통증에 시달렸고 수차례 암과 싸우기도 했다. 여러모로 나야말로 말 그대로 깨진 도자기 같았고, 그런 나를 새롭게 만지시는 하나님은 위대한 킨츠기 예술가시다.

고린도후서 4장 7절 말씀대로 우리의 나약한 몸이 질그릇임을 나는 몸소 배웠다. 알다시피 질그릇은 잘 깨진다. 그런데 시편 147편 3절에 보면 하나님이 우리의 깨진 상처를 싸매 주신다. 시편 34편 18절에도 그분은 마음이 상한 자를 가까이하시고 충심으로 통회하는 자를 구원하신다고 했다. 하나님은 망가진 삶을 결코 내던지거나 버리지 않으신다. 그분의 사랑과 자비, 창조력은 차고 넘친다. 예술의 대가이신 그분이 내 망가진 삶에 손수 은혜라는 금을 입히셨다. 아주 능숙하고 자상하게 우리를 다시 이어 붙이되, 우리의 고통을 숨기지 않으면서도 고통을 통해 그분의 은혜를 드러내신다. 산산이 깨진 우리 삶의 조각을 감추는 게 아니라 오히려 부각하여 바로 그곳에서 그분의 은혜가 드러나게 하신다.

킨츠기를 금선金繕이라고도 하는데, 그 이름에 '금'이 들어가는 데는 이유가 있다! 일본의 예술가들은 비용을 아끼지 않고 일부러 귀금속을 접착제로 쓴다. 하나님도 똑같다! 우리를 구원하려고 그분이 치르신 엄청난 비용을 보라! 그분은 우리의 망가진 삶에 그 아들 예수님의 진귀한 피를 바르신다. 킨츠기가 명인의 솜씨를 드러내 예술가를 영화롭게 하듯이, 구원하시는 하나님의 신비도 우리를 통해 드러난다.

하나님께 뜻밖의 일이란 없다. 그 어느 것도 그분의 계획과 목적을 꺾거나 무산시킬 수 없다. 세상만사를 그분이 다스리신다. 그 절대 주권으로 그분은 망가진 우리에게서 아름다움을 끄집어내신다. 그분의 모든 아름답고 마음을 사로잡는 속성은 우리 삶을 구원하여 회복하실 때 빛을 발한다. 회복된 우리의 삶을 보고 다른 사람들도 부서져 찌그러진 인생을 돌보시는 하나님의 긍휼에 주리고 목말라 하게 된다. 내 휠체어는 이 모든 일을 목격하는 생생한 현장이었다. 특히 하나님의 창조적 은혜와 능력이 우리의 연약함 속에서 가장 잘 드러나기에 더욱 그러하다.

절망할 일이 많은 이 세상에는 나처럼 절망과 어둠과 죽음 속에서 그리스도 안의 소망과 생명과 존엄성을 발견한 이들의 진정한 간증이 필요하다. 그런 사람이라면 세상이 정자세로 앉아서 눈여겨볼 것이다. 고난 속에서도 진정 소망을 얻을 수 있음에 놀랄 것이다. 우리가 고난 속에서도 용기와 인내와 회복력과 소망을 보여 줄 때 세상 사람들은 하늘에서 오는 아름다움을 볼 것이다. 이렇듯 하나님은 우리가 얻은 소망을 다른 이들에게 전해 주기를 바라신다. 구원하시는 하나님의 창조력은 결코 사적인 문제가 아니다. 망가진 모든 부분을 모두 하나님께 올려 드리면 그분이 은혜라는 귀한 백금을 발라 '금선'을 이루신다.

그러므로 당신의 삶도 나처럼 깊은 절망이나 고통으로 산산이 부서지거든 하나님께 '다시 이어 붙여 주실' 기회를 드리라. 틀림없이 시련을 당하기 전보다 훨씬 더 아름다워질 것이다. 흠결을 숨기지 말고 그분께 청하여, 깨어지고 조각 난 삶으로 금 같은 그분의 귀한 은혜를 드러내라. 당신에게서 분명 그분의 빼어난 솜씨가 나타나리라. 당신의 삶을 기품 있고 영광스럽게 설계하신 하나님께 사람들이 감동하며 예술의 대가이신 그분을 찬송하지 않을 수 없으리라.

예술가 하나님을 경외하는 기도

아버지 하나님, 하나님은 천지를 지으신 창조주이시고, 우주를 빚으신 장인이시며, 필요에 의해서가 아니라 친히 원하셔서 이 우주에 '아름다움 자체를 위한 아름다움'을 불어넣으신 위대한 예술가이십니다. 우리의 오감을 깨워 주님이 지으신 창조 세계의 아름다움을 더 잘 보게 하소서. 보면서 우리의 마음이 피조물을 숭배하는 데로 끌리지 않고, 창조주이신 주님을 예배하게 하소서.

창세기 3장 이후로 과연 세상은 썩어짐과 허무함에 짓눌려 탄식해 왔으나, 주께서 아름다움을 충분히 보존해 주셔서 감사합니다. 덕분에 우리는 우주의 속량을, 더럽혀지지 않은 새 하늘과 새 땅의 아름다움을 더욱 간절히 기다립니다. 예술가이신 하나님, 계속 우리를 그리스도의 형상으로 변화시켜 주소서. 주께서 창조하시고 구원하신 걸작답게 날마다 더 찬란한 빛을 발하게 하소서.

예수님의 이름으로 기도합니다. 아멘.

내 삶 돌아보기

개인 성경 공부, 소그룹 모임에서 다음 질문을 깊이 생각해 보라.

1. 창조주의 존재를 부인하는 데 필요한 여섯 가지 맹신을 떠올려

보라. 그중 당신이 보기에 가장 큰 맹신은 무엇인가? 왜 그런가?

2. 당신이 보기에 창조 세계에서 가장 아름다운 것은 무엇인가? 구체적으로 서너 가지 정도 나누어 보라. 예술가이신 하나님께 감사하라.
3. 우리 자신을 하나님이 보시는 대로 그분의 걸작으로 보지 않는다면, 우리는 다른 데서 정체성을 얻게 되어 있다. 당신이 보기에 사람들이 하나님 대신 의지하여 왜곡된 자아상을 얻는 가장 막강하고 해로운 몇 가지 출처는 무엇인가?
4. 인간이 하나님의 형상을 지닌 존재라고 믿는 것과 실제로 사람을 그렇게 대하는 것은 다르다. 이웃을 하나님의 형상을 지닌 존재로서 더 잘 사랑하기 위해 이번 주에 우리가 취할 수 있는 세 가지 실제적 행동은 무엇인가?

회개하기

다음 표의 왼쪽 칸에 예술가이신 하나님을 당신이 어떻게 경외하고 있는지 써 보라. 오른쪽 칸에는 당신의 삶에서 어떻게 그분을 경외하지 않고 있는지를 죽 써 보라. 자신을 성찰할 때면 우리는 대체로 좋은 쪽으로만 보려 한다. 그러므로 시편 기자처럼 기도하라. "하나님이여 나를 살피사 내 마음을 아시며 나를 시험하사 내 뜻을 아옵소서 내게 무슨 악한 행위가 있나 보시고 나를 영원한 길로 인도하소서."시

139:23-24

자신에게 솔직히 물어보라. "나는 멈춰 서서 하나님의 창조 세계에 감탄하는가? 창조 세계의 아름다운 표지판을 따라가 아름다움의 근원이신 하나님께 이르는가? 그곳에서 아름다움을 표현하신 그분을 예배하는가? 내 창조적 삶이 내 영적 삶과 통합되어 있는가?"

나는 이렇게 하나님을 경외하고 있다	나는 이렇게 하나님을 경외하지 않고 있다

왼쪽 칸에 적은 내용을 훑어 내려가며 기도하라. 하나님의 풍부한 예술성을 삶에서 실제로 누리고 있는 부분을 구체적으로 짚으며 감사하라. 그분을 경외하는 마음이 당신의 의지력에서 나온 게 아니라 그분의 은혜로 말미암았음을 인식하고, 찬송과 감사를 드리라. 이어 오른쪽 칸에 적은 내용으로 기도하라. 삶에서 하나님의 창조력과 조화를 이루지 못하고 있는 부분을 고백하고 회개하는 시간을 가지라. 초자연적 믿음을 부어 달라고 기도하라.

참고 도서

다음은 예술가이신 하나님을 경외하는 데 도움이 될 훌륭한 신학 자원이다.

Mike Cosper, *Recapturing the Wonder: Transcendent Faith in a Disenchanted World* (IVP, 2017).

Makoto Fujimura, *Art and Faith: A Theology of Making* (Yale, 2021).

Malcolm Guite, *Lifting the Veil: Imagination and the Kingdom of God* (Square Halo Books, 2021).

Madeleine L'Engle, *Walking on Water: Reflections on Faith and Art* (Convergent, 2018).

Nancy Pearcey, *Saving Leonardo* (B&H, 2010). 낸시 피어시, 《세이빙 다빈치》(복있는사람 역간).

Marilynne Robinson, *Gilead* (Picador, 2020). 메릴린 로빈슨, 《길리아드》(마로니에북스 역간).

Hans Rookmaaker, *Modern Art and the Death of a Culture* (Crossway, 1994).

Dorothy Sayers, *The Mind of the Maker* (Continuum, 2005). 도로시 세이어즈, 《창조자의 정신》(IVP 역간).

Francis Schaffer, *Art and the Bible* (IVP, 2006).

Andrew Wilson, *God of All Things: Rediscovering the Sacred in an Everyday World* (Zondervan, 2021).

✧ 에필로그. 나의 온 존재로, 이 하나님을 경외하리 ✧

아홉 살 무렵, 나는 생애 첫 취업 면접을 봤다. 오렌지카운티 박람회에서 프로 캐리커처 예술가에게 다가가 내가 그린 최고의 캐리커처 몇 장을 그에게 내밀었다. 왜, 수상 스키를 타거나, 쿵후 대련을 하거나, 기타 치는 몸뚱이를 조그맣게 그려 놓고 그 위에 머리만 엄청 크게 그려 주는 사람들 있잖은가. 마이클 조던, 매직 존슨, 월터 페이튼, 제리 라이스, 리키 헨더슨, 커크 깁슨 등 당시 내가 좋아하던 1980년대 말의 스포츠 스타를 그린 것이었다.

캘리포니아주의 실없는 진보적 '아동노동법' 때문인지, 아니면 자본주의 자유 시장에서 프로 예술가의 밥줄을 위협하는 아홉 살 아이의 뛰어난 그림 솜씨 때문인지는 지금도 모른다. 어쨌든 나는 면접에서 떨어졌다. 위로가 필요해 내 얼굴보다 큰 시나몬 롤빵을 먹으며 멀미 나는 그래비트론Gravitron을 탔다. 거친 피부와 충혈된 눈, 누런

콧수염의 놀이기구 운영 요원이 삐걱거리며 회전하는 그 복잡한 쇳덩이를 작동시켰다. 스물다섯 살인지 일흔다섯 살인지 가늠이 안 되는 그는 이름이 짐Jim인가 그랬는데 스테레오에 건즈 앤 로지스Guns N' Roses 음악을 크게 틀어 놓고 말보로 담배를 피웠다. 1980년대는 그랬다. 아, 옛날이여!

1980년대의 나보다 더 뛰어난 캐리커처 예술가가 있다고 가정해 보자. 그 사람은 실력이 어찌나 좋은지 사람의 겉모습뿐만 아니라 영혼까지 그릴 수 있다. 그림 속 어떤 이들은 마치 유리병에 담긴 뇌와 같다. 생각이 많고 분석이 과한 유형이다. 어떤 이들은 우람한 가슴팍에서 시뻘건 심장이 불뚝거린다. 다분히 감정을 따라 산다는 뜻이다. 터무니없이 큰 손은 행동을 중시하는 이들의 캐리커처고, 체스터턴과 스펄전과 나처럼 배가 불룩한 이들은 돼지고기나 소고기를 즐겨 먹는다.

영혼까지 꿰뚫어 보는 캐리커처 예술가가 당신의 영혼을 잉크로 담아낸다면 과연 어떤 모습일까? 지나치게 크게 보이는 부분, 우스꽝스러울 정도로 작게 보이는 부분이 있을까? 잠시 그 광경을 머릿속에 그려 보라.

단순성 Simplicity

지금까지 우리는 신뢰성, 진정한 기쁨, 주권적 승리, 성부 성자 성령의 영원한 사랑, 구원하시는 은혜, 풍부한 예술성 등 하나님의 다양한 속성을 살펴보았다. 이런 다양성을 어떻게 바라봐야 할까? 그분에 대한 또 다른 진리를 보면 답이 나온다. 바로 하나님의 단순성이라는 속성이다.

하나님의 단순성이란 그분을 이해하기 쉽다는 뜻이 아니다. 그것과는 거리가 멀다. 신학 세계에서 단순성의 반대는 "이해하기 어렵다"가 아니라 "부분으로 이루어져 있다"이다. 쥐덫은 이해하기 쉬운 편이지만 신학적 의미로 보면 단순하지 않다. 쥐덫을 만들려면 일단 부품이 필요하다. 용수철 달린 쇠고리와 트리거를 못으로 나무판에 고정시켜야 한다. 반대로 하나님은 일사불란하게 돌아가는 부분의 총합이 아니시다. 전지성, 전능성, 편재성 같은 개별적 속성을 한데 더하고 거기에 나머지 위대한 속성까지 다 섞으면 방정식의 답으로 하나님이 나오는 것이 아니다.

하나님의 단순성은 그분이 아무런 구성 요소 없이 완전히 단일체시라는 뜻이다.[1] 일찍이 2세기의 교회 교부 이레니우스Irenaeus가 이를 더 잘 표현했다. "하나님은 인간과 다르시다. …… 합성되지 않은 단순하신 존재이신 그분은 다양한 지체가 없으며 전체가 생명이시다. 무슨 속성이든 그 속성이 곧 그분 자신이다. 하나님은 전체가 지식이고, 전체가 영이고, 전체가 생각이고, 전체가 지성이고, 전체가 이성이고, …… 전체가 빛이고, 전체가 모든 선의 근원이시다."[2]

주의할 점은 하나님이 연합된 존재가 아니라 단일체시라는 것이다. "연합되다"라는 수동태 동사에는 다양한 부분이 합해진다는 뜻이 있다. 오합지졸인 아이들이 야구팀을 만들거나 여러 부품으로 손목시계를 조립하거나 50개 주가 한 나라를 이루는 것과 같다. 다시 말하지만 하나님은 연합된 게 아니라 단일체시다. "이스라엘아 들으라 우리 하나님 여호와는 오직 유일한 여호와이시니."신 6:4 그분은 유일해지신 게 아니라 본래 유일하시다. 하나님이 단일체가 아니라 연합되었다면 거기서 두 가지 문제가 생겨나고, 이는 다시 중대한 세 번째 문제로 이어진다.

첫째, 그러면 선과 사랑, 지혜, 능력 등의 속성은 하나님과 별개로 존재하고 그런 속성을 레시피대로 잘 요리하면 '하나님'이 나온다는 뜻이 된다. 하지만 하나님은 그분과 별개로 존재하는 속성의 총합이나 배합이 아니다. 그분께 선과 사랑과 지혜와 능력이 있는 정도가 아니라 그분이 곧 선이고, 사랑이고, 지혜고, 능력이시다. 그분은 모든 진리와 선과 아름다움의 총합이 아니다. 그분은 정수 자체시다.

그분의 진리는 곧 그분의 선이고, 그분의 선은 곧 그분의 아름다움이며, 그분의 아름다움은 곧 그분의 진리다. 우리로서는 평생을 생각해도 기이할 따름이다. 사물에게서든 사람에게서든 당신이 여태 본 모든 참되고, 선하고, 아름다운 것이 영광스러운 단일체라 생각하고 거기에 무한대를 곱해 보라!

이런 의문이 들 수 있다. '그런데 하나님의 속성이 왜 우리에게는 다르게 보일까?' 간단히 답하자면 우리가 유리의 반대쪽에 있어서다. 청교도 조지 스위녹George Swinnock의 은유를 빌리자면, 하나님은 스테인드글라스에 비치는 태양 광선이다. 단일하고 강렬한 불멸의 빛줄기다. "태양 광선은 노란색 유리를 통과하면 노랗게 변하고, 초록색 유리를 통과하면 초록으로 변하고, 빨간색 유리를 통과하면 빨갛게 변하지만 광선 자체는 늘 한결같다."[3]

둘째, 하나님이 단일체가 아니라 연합되었다면 외부의 누군가 또는 뭔가가 모든 속성을 조합하여 그분을 빚어냈다는 뜻이 된다. 그런 하나님은 더는 하나님이 아니다. 지고한 창조주가 아니라 또 하나의 피조물이다. 정말 지고한 것은 그분의 속성을 배합한 어떤 힘 내지 존재다. 모든 재료를 제대로 배합해 신이라는 요리를 만든 요리사다. 테슬라 모델 3 전기 차, 깁슨 레스 폴Gibson Les Paul 일렉 기타, 우리 인간 모두 다 무언가의 합성물이다. 이렇게 부분으로 구성되는 모든 것에는 필연적으로 제작자가 있다.[4]

테슬라는 일론 머스크와 똑똑한 기술자 팀이 제작했고, 깁슨 기타는 레스 폴과 전설의 숙련된 현악기 장인들이 제작했으며, 인간은 삼위일체 하나님이 만드셨다. 다만 한계가 없으신 하나님은 머스크나 레스 폴과는 차원이 완전히 다르다. 일론 머스크와 레스 폴 역시 제작자이긴 하지만 그들 자신도 지음받은 존재다. 부모의 몸을 통해 생겨났고 본래 자신에게 없던 속성을 부여받았다.

제작자이면서 제작되지 않은 존재는 오직 하나님뿐이다. 그분께는 기술자도, 설계자도, 부모도 없다. 이미 존재하던 속성이 모여 그분을 만들어 낸 것이 아니다. 하나님은 출발점이 없는 유일한 존재시다. 그분은 "나는 스스로 된 자이니라"고 하지 않고 "나는 스스로 있는 자이니라"출 3:14라고 말씀하신다. 1,000년 전에 토마스 아퀴나스가 정리한 대로 말하자면, 우리가 '하나님'을 말할 때는 거기에 그분이 궁극의 제작자이시라는 의미가 있다. 그 누구도, 그 무엇도 그분을 제작하지 않았다. 만일 그랬다면 그 존재는 하나님이 아니다.

"아무려면 어떤가?"라고 생각할지 모르지만 이는 중대한 세 번째 문제로 이어진다. 하나님이 단순하지 않으시다면 그분은 당신의 예배를 받거나 삶의 중심이 되기에 합당하지 못하다. 당신이 세상에 존재할 수 있는 가장 지고한 신을 예배하고 싶다면, 즉 당신이 유신론자라면 하나님의 단순성 교리가 당신에게 소중할 수밖에 없다. 만일 하나님이 자신과는 별개인 속성에 의존해야 하거나 외부의 누군가가 그분을 제대로 배합하여 신으로 빚어내야 한다면, 그분은 '하나님'으로 불리기에 진정 합당하지 못하다. 그런데 우리 모두는 '하나님'으로 불리기에 합당하신 존재를 예배하기를 속으로 갈망한다. 오직 단순한 신만이 '하나님'으로 불릴 자격이 있다.

그리스도 중심으로 자아를 통합하라

신학자들이 재빨리 지적하듯이 하나님의 단순성은 인간이 공유할 수 없는 속성이다. 그분께 있는 그것이 우리에게는 없으며, 영원토록 없을 것이다. 하나님과 달리 우리는 부분으로 이루어져 있다. 거기까지는 사실이며, 이 사실은 창조주와 피조물의 구분을 두드러지게 드러내 피조물인 우리를 예배로 나아가게 이끈다. 그러나 우리가 단순하신 하나님과 결코 똑같지는 않아도, 그분의 형상을 지닌 피조물로서 그분을 닮을 수는 있지 않을까? 내게 이단의 주홍 글씨 H

를 낙인찍기 전에 설명부터 들어 보라.

영혼까지 그리는 뛰어난 예술가에게로 다시 돌아가 보자. 우리 대부분의 영혼 캐리커처는 우스꽝스러워 보일 것이다. 내 경우는 분명히 그렇다. 그러나 마음과 머리와 손이 고르게 자란 이들도 있다. 그들의 인간성은 참으로 웅장하여 놀라움을 자아낸다. 하나님처럼 단순하지는 않지만, 삶의 중심을 하나님께 둘수록 더 하나로 통합될 것이다. 그들은 사랑하기만 하거나 창조적이기만 하거나 힘차기만 하지 않고, 사랑으로 창조적이고, 창조적으로 사랑한다. 힘차게 사랑하고 창조적이며, 사랑으로 힘차고 창조적이다. 한마디로 이들은 잘 통합되어 있다. 이들의 영혼 캐리커처는 우스꽝스럽지 않고 영광스럽게 속이 꽉 차 있다.

그리스도 중심으로 자아를 통합하라는 성경의 명령을 생각해 보라.

> 너희가 더욱 힘써 너희 믿음에 덕을, 덕에 지식을, 지식에 절제를, 절제에 인내를, 인내에 경건을, 경건에 형제 우애를, 형제 우애에 사랑을 더하라 이런 것이 너희에게 있어 흡족한즉 너희로 우리 주 예수 그리스도를 알기에 게으르지 않고 열매 없는 자가 되지 않게 하려니와.
>
> 베드로후서 1장 5-8절

보다시피 그리스도인의 삶은 신학 용어를 잔뜩 쟁인 채 머리만 커지는 게 아니다. 전인을 확장하는 것이다. 믿음, 덕, 지식, 절제, 인내, 경건, 형제 우애, 사랑을 확실히 더하는 것이다.

> 오직 성령의 열매는 사랑과 희락과 화평과 오래 참음과 자비와 양선과 충성과 온유와 절제니.
>
> 갈라디아서 5장 22-23절

"열매"의 헬라어 원어 "카르포스karpos"는 단수다. 성령께서 우리 삶 속에서 맺으시는 단수의 열매가 사랑, 희락, 화평 등으로 다양하게 나타나는 것이다.

> 내가 기도하노라 너희 사랑을 지식과 모든 총명으로 점점 더 풍성하게 하사 너희로 지극히 선한 것을 분별하며 또 진실하여 허물 없이 그리스도의 날까지 이르고 예수 그리스도로 말미암아 의의 열매가 가득하여 하나님의 영광과 찬송이 되기를 원하노라.
>
> 빌립보서 1장 9-11절

하나님을 영화롭게 하는 삶의 목표는 단지 그분의 사랑을 본받는 게 아니다. 우리의 사랑에 지식과 총명(분별력)이 어우러져야 하고, 그 결과 우리가 진실하고, 허물이 없고, 의로 가득해야 한다.

예수님이 그런 삶을 사셨다. 그분은 움직이실 때마다 믿음, 덕, 지식, 절제, 인내, 경건, 형제 우애, 사랑, 분별력, 진실함, 허물이 없음, 의, 희락, 화평, 오래 참음, 자비, 양선, 충성, 온유, 절제를 동시에 표현하셨다.

"단순하신 하나님, 우리도 예수님을 닮도록 도와주소서."

감사의 말

사랑하는 바이올라 학생들의 활기찬 대화,

조교인 콜튼 존스와 토미 머룬의 수고,

우리 대학교 신학부와 리더인 유체 애니저, 더그 호프먼, 스캇 레이, 에드 스테저, 배리 코리의 아낌없는 지원,

유능한 편집자 킴 태너와 테일러 랜드리의 빨간 펜,

라이언 패즈더, 에밀리 보스, 에이미 비글러 등 존더반Zondervan 출판사 팀의 최고의 팀워크,

이 책의 기고자인 비샬 망갈와디, 존 퍼킨스, 마이클 호튼, 프레드 샌더스, 에릭 타니스, 조니 에릭슨 타다가 보여 준 통찰,

친구 조셉 멜러마, 트레버 라이트, 애런 맥케이, 제임스 페티필스, 벤 카모나, 숀 머로니, 조사이어 솔리스의 깊은 신학적 묵상,

양가 부모님의 뜨거운 기도와 격려,

아내 조슬린의 헌신적인 희생,

살맛 나게 하는 사랑스러운 우리 아이들, 그레이슬린, 홀랜드, 할로, 헨리의 장난기,

무엇보다 나 같은 바보를 통해 사람들에게 그분을 더 잘 알게 하시는 하나님의 은혜와 주권이 없었다면 이 책은 나오지 못했을 것이다.

감사합니다!

주

이 책을 읽는 법

1. Vishal Mangalwadi, "A Different Kind of Guru," *Christianity Today*, 1998년 1월 12일, https://www.christianitytoday.com/ct/1998/january12/8t1042.html.

2. 다음 세 자료를 참조하라. Paul Piff, Pia Dietze, Matthew Feinberg, Daniel Stancato & Dacher Keltner, "Awe, the Small Self, and Prosocial Behavior," *Journal of Personality and Social Psychology* 108, no. 6 (2015): 883-899, https://www.apa.org/pubs/journals/releases/psp-pspi0000018.pdf. Michelle Shiota, Dacher Keltner, Amanda Mossman, "The Nature of Awe: Elicitors, Appraisals, and Effects of Self-Concept," *Cognition and Emotion* 21, no. 5 (2007): 944-963, https://greatergood.berkeley.edu/dacherkeltner/docs/shiota.2007.pdf. Kevin Corcoran, "Happiness on the Brain: The Neuroscience of Happiness, Part 1," *The Table*, 2015년 10월 21일, https://cct.biola.edu/happiness-on-the-brain-neuroscience-happiness-part-1/.

3. Michelle Lani Shiota, "How Awe Sharpens Our Brains," *Greater Good*, 2016년 5월 11일, https://greatergood.berkeley.edu/article/item/how_awe_sharpens_our_brains.

4. 웨스트민스터 소요리문답 제1문.

프롤로그

1. G. K. Chesterton, *Orthodoxy* (New York: John Lane Company, 1908), 223. G. K. 체스터턴, 《정통》.
2. 다음 책에서 재인용했다. J. I. Packer, *Knowing God* (Downers Grove, IL: InterVarsity, 2018), 22. 제임스 패커, 《하나님을 아는 지식》(IVP 역간).
3. 롤런드 베인턴은 "안페치퉁"(Anfechtung)을 이렇게 정의했다. "인간의 영혼에 침투하는 회의, 혼란, 고통, 떨림, 공포, 낙담, 슬픔, 절망을 총칭한다." Roland Bainton, *Here I Stand: A Life of Martin Luther* (New York: Abingdon, 1950), 42. 롤런드 베인턴, 《마르틴 루터》(생명의말씀사 역간).
4. 헤인즈는 신학자 대신 "영적 파수꾼"이란 단어를 썼는데, 그야말로 신학이라는 신성한 일에 임하는 이들에게 걸맞은 호칭이다.
5. Lemuel Haynes, "The Character and Work of a Spiritual Watchman Described," *Selected Sermons* (Wheaton, IL: Crossway, 2023), 34-36.
6. Herman Bavinck, *The Doctrine of God* (Carlisle, PA: Banner of Truth, 1978), 126. 헤르만 바빙크, 《개혁주의 신론》(CLC 역간).
7. Charles Octavius Boothe, *Plain Theology for Plain People* (Bellingham, WA: Lexham, 2017), 4.
8. Augustine, "Prayers by Saint Augustine of Hippo," Theology of the Heart: Teachings of the Saints, 2023년 11월 13일 접속, https://www.piercedhearts.org/theology_heart/wisdom_heart/augustine_prayers.htm.
9. Anselm, *Proslogion*, Thomas Wilson 번역 (Indianapolis, IN: Hackett, 2001), 6. 캔터베리의 안셀무스, 《모놀로기온 & 프로슬로기온》(아카넷 역간).
10. 다음 책에서 재인용했다. A. W. Tozer, *The Pursuit of God* (Harrisburg, PA: Christian Publications), 15. A. W. 토저, 《하나님을 추구하다》.
11. 다음 책에서 재인용했다. Robert Elmer 편집, *Piercing Heaven: Prayers of the Puritans* (Bellingham, WA: Lexham, 2019), 218. 로버트 엘머, 《하늘에 닿는 기도》(복있는사람 역간).
12. Amy Carmichael, "Make Me Thy Fuel," *Mountain Breezes* (Fort Washington, PA: Christian Literature Crusade, 1999), 223.
13. 다음 책에서 재인용했다. *Piercing Heaven*, 54. 로버트 엘머, 《하늘에 닿는 기도》(복있는사람 역간).
14. Charles Spurgeon, "Charles Spurgeon's Prayers," Spurgeon Gems, 2023년 11월 13일 접속, https://www.spurgeongems.org/spurgeon-prayers/#4.
15. Søren Kierkegaard, *The Prayers of Kierkegaard*, Perry LeFevre 편집 (Chicago: University of Chicago Press, 1956), 31.
16. Tozer, *Pursuit of God*, 20. A. W. 토저, 《하나님을 추구하다》.

17. Allen Frances, "Inside the Mind of a Fanatic," *Huffpost*, 2017년 11월 13일, https://www.huffpost.com/entry/inside-the-mind-of-fanaticism_b_5a072059e4b0ee8ec36941e1.
18. Anselm, *Proslogion with the Replies of Gaunilo and Anselm*, Thomas Williams 번역 (Indianapolis, IN: Hackett, 2001), 7.
19. Augustine, *Exposition of the Psalms*, Psalm 134(135):3 (New York: New City Press, 2004), 6:192.
20. Jonathan Edwards, *The Works of Jonathan Edwards, Vol. 17, Sermons and Discourses*, Mark Valeri 편집 (New Haven, CT: Yale University Press, 1999), 437-438.
21. Herman Bavinck, *Our Reasonable Faith* (Grand Rapids, MI: Eerdmans, 1956), 139. 헤르만 바빙크, 《하나님의 큰 일》(CLC 역간).
22. Packer, *Knowing God*, 22. 제임스 패커, 《하나님을 아는 지식》(IVP 역간).
23. Jamie R. Love, "Responding to God's Mercies," *His Testimonies, My Heritage: Women of Color on the Word of God*, Kristie Anyabwile 편집 (Charlotte, NC: The Good Book Company, 2019), 74, 78.
24. George Barna, *Index of Leading Spiritual Indicators* (Nashville, TN: W Publishing Group, 1997), 77-82.
25. Quina Aragon, "A Final Plea," *His Testimonies, My Heritage*, 227.
26. Helmut Thielicke, *A Little Exercise for Young Theologians* (Grand Rapids: Eerdmans, 2016), 118. 헬무트 틸리케, 《신학을 공부하는 이들에게》(IVP 역간).
27. 이 논문이 나중에 다음 책으로 출간되었다. Thaddeus J. Williams, *God Reforms Hearts: Rethinking Free Will and the Problem of Evil* (Bellingham, WA: Lexham Academic, 2022).
28. John Owen, *The Mortification of Sin* (Rosshire, UK: Christian Focus, 2012), 50. 존 오웬, 《죄 죽이기》(CH북스 역간).
29. "Gotta Serve Somebody," Bob Dylan, *Slow Train Coming* 트랙1, Columbia, 1979.
30. 그 가운데 여러 연구가 다음 기사에 인용되어 있다. Linda & Charlie Bloom's "Want More and Better Sex? Get Married and Stay Married," *Huffpost*, 2017년 7월 13일, https://www.huffpost.com/entry/want-more-and-better-sex-get-married-and-stay-married_b_5967b618e4b022bb9372aff2.
31. 다음 기사를 참조하라. Thaddeus Williams, "The Scandalous Seven: Who's Really Teaching Our Children about Sex?," *World*, 2023년 9월 26일, https://wng.org/opinions/the-scandalous-seven-1695727432.
32. "American Worldview Inventory 2022: Release #5," Culture Resource Center, 2022년 5월 10일, https://www.arizonachristian.edu/wp-content/

uploads/2022/05/AWVI2022_Release05_Digital.pdf. 문화 연구 센터(The Cultural Research Center)는 기독교 세계관을 다음 여덟 가지 범주로 평가한다. 1) 성경과 진리와 도덕 2) 신앙의 실천 3) 가정과 생명의 가치 4) 하나님과 창조와 역사 5) 인간의 성품과 본성 6) 생활 방식과 행동과 인간관계 7) 목적과 소명 8) 죄와 구원과 하나님과의 관계. "What Is a Biblical Worldview?," https://www.arizonachristian.edu/wp-content/uploads/2022/06/CRC-Brief-What-is-Worldview_Biblical-Worldview_Digital.pdf. 이 여덟 가지 범주에 속하는 기본적 기독교 신념과 행동의 세부 평가에 대해서는 다음 자료를 참조하라. "American Worldview Inventory 2022: Release #3" 2022년 4월 12일, https://www.arizonachristian.edu/wp-content/uploads/2022/04/AWVI2022_Release_03_DigitalVersion.pdf.

33. "American Worldview Inventory 2022: Release #5."

34. "The State of Theology," Ligonier Ministries and LifeWay Research, 2022년, https://thestateoftheology.com.

35. "American Worldview Inventory 2022: Release #3."

36. "American Worldview Inventory 2022: Release #3."

37. "American Worldview Inventory 2022: Release #3."

38. "Almost Half of Practicing Christian Millennials Say Evangelism Is Wrong," Barna, 2019년 2월 5일, https://www.barna.com/research/millennials-oppose-evangelism/.

39. 다음 기사를 참조하라. Thaddeus Williams, "Disagreement Equals Hate? The False Assumption Sweeping the Nation," *World*, 2022년 2월 8일, https://wng.org/opinions/disagreement-equals-hate-1644321035.

40. 어떤 이들은 이렇게 신학자를 부정적 표현으로 정의하는 게 못마땅할 수도 있다. 하지만 성경을 기록한 신학자들이 주저 없이 "어리석은 자", "곤고한(한심한) 사람", "종(노예)", "죄인의 괴수" 등을 자처했기에 우리도 그 뒤를 따르는 것이다. 그래도 긍정적 표현을 원한다면, 신학자란 겸손히 하나님께만 초점을 맞추어 그분의 말씀을 열심히 공부하는 사람, 자신의 부족함을 인식하고 거룩해지고자 애쓰며 창조주를 경외하는 종이라 할 수 있다.

41. Augustine, *Confessions* (San Francisco, CA: Ignatius Press, 2012), 3. 아우구스티누스, 《고백록》.

Part 1.

1. 침묵의 우주, 말씀하시는 하나님

1. 다음 책에서 재인용했다. Howard Mumma, *Albert Camus and the Minister* (Brewster, MA: Paraclete, 2000), 12.
2. Mumma, *Albert Camus and the Minister*, 12.
3. Mumma, *Albert Camus and the Minister*, 14.
4. Mumma, *Albert Camus and the Minister*, 12-13, 14.
5. Mumma, *Albert Camus and the Minister*, 95.
6. "2022 Global Scripture Access," Wycliffe Global Alliance, 2023년 7월 30일 접속, https://www.wycliffe.net/resources/statistics/.
7. Arnold Cole & Pamela Caudill Ovwigho, "Understanding the Bible Engagement Challenge: Scientific Evidence for the Power of 4," Center for Biblical Engagement, 2009년 12월, https://bttbfiles.com/web/docs/cbe/Scientific_Evidence_for_the_Power_of_4.pdf

2. 이제, 지적 나태의 늪에서 나오라

1. "Michelangelo: To Giovanni Da Pistoia When the Author Was Painting the Vault of the Sistine Chapel (1509)," Gail Mazur, *Land's End: New and Selected Poems* (Chicago: University of Chicago Press, 2020), 149.
2. "Michelangelo: To Giovanni Da Pistoia When the Author Was Painting the Vault of the Sistine Chapel (1509)," 149.
3. John Wimber, "History and Vision of Vineyard Christian Fellowships," Vineyard Christian Fellowship, Anaheim, CA, 1980년 5월 18일, 오디오테이프.
4. Paul Crouch, "Praise-a-Thon," TBN, 1991년 4월 2일.
5. Lindell Cooley, "1997 Conference on the Ministry" 브로슈어, First Assembly of God, Grand Rapids, 1997년.
6. Galileo Galilei, "Letter to the Grand Duchess Christina of Tuscany: 1615," 5, Internet Modern History Sourcebook, 1997년 8월, https://web.stanford.edu/~jsabol/certainty/readings/Galileo-LetterDuchessChristina.pdf.
7. 과학 혁명을 촉발한 바른 신학의 역할에 대해서는 다음 책을 참조하라. Ian Barbour, *Religion and Science: Historical and Contemporary Issues* (New York: HarperCollins,

1997), 3-32.

8. 다음 책에서 재인용했다. Mark Noll, *The Scandal of the Evangelical Mind* (Grand Rapids: Eerdmans, 1995), 23. 마크 놀, 《복음주의 지성의 스캔들》(IVP 역간).

9. "사고하시는 하나님"이라는 표현은 유추다. 하나님도 인간과 똑같은 방식으로 사고하신다는 뜻이 아니다. 그분은 전지하신 신이므로 우리처럼 참지식에 도달하기 위해 추론하거나 숙고하거나 분석하실 필요가 없다.

10. 브라운대학교의 선도적인 심리 철학자였던 고(故) 김재권은 이렇게 말했다. "진지한 물리주의자이면서 동시에 비물리적인 것들과 그 현상들의 유익을 누릴 수 있다고 생각하는 것은, 내가 보기에는 헛된 꿈이다. …… 물리주의란 본래 그런 것이다. …… 물리주의는 **쉽게** 얻을 수 있는 것이 아니다." Jaegwan Kim, *Mind in a Physical World: An Essay on the Mind-Body Problem and Mental Causation* (Cambridge, MA: MIT Press, 2001), 120.

    이 말을 다른 방식으로 말해 보겠다. 만일 우리가 사고를 물질로 환원한다면, '사고'란 논리도, 자유도, 목적도 없는 뇌 물질의 우연한 작용에 불과하다는 결론을 어떻게 정당화할 수 있을까? 사고가 존재하지 않는다는 주장은 그저 비(非)사고의 물리적 부산물일 뿐인가? 그렇다면 그런 결론이 과연 어떻게 논리적으로 타당할 수 있는가? 유물론자(김재권의 용어로는 "물리주의자")는 사고의 존재를 부정하려 해도 그 주장을 펼치기 위해 결국 사고하지 않을 수 없다. 사고해야만 사고가 존재하지 않는다고 주장할 수 있다. 이는 곧 "세 단어 이상으로 이루어진 문장은 존재하지 않는다"고 말하는 사람처럼 자가당착에 빠지는 것이다.

11. Charles Darwin, "Letter to William Graham" *The Life and Letters of Charles Darwin* (지역 미상: D. Appleton and Company, 1887), 1:255. C. S. 루이스도 이렇게 말했다.

    "따라서 우주를 설명할 때 우리의 사고를 엄연한 통찰로 인정하지 않는다면 그 설명은 참일 수 없다. 온 우주의 모든 현상을 설명한다 해도 사고의 유효성을 배제한다면 그 이론은 아예 성립될 수 없다. 그 이론도 사고의 산물인 만큼 사고가 유효하지 못하면 그 이론도 당연히 무너지기 때문이다. 자체 기준으로 실격이다. 어떤 주장도 타당하지 못하다고 주장하는 셈이고, 증거가 있을 수 없다는 증거를 대는 셈이다. 말이 안 된다. …… 진화로 모든 것을 추론할 수 있다지만 정작 그 추론이 옳다고 믿을 근거는 사라진다." C. S. Lewis, *Miracles* (New York: HarperCollins, 2001), 21-22. C. S. 루이스, 《기적》(홍성사 역간).

12. **의식적으로** 하나님을 의지해야만 적절한 결론이 도출되거나 진정한 지적 돌파구가 열린다는 말은 아니다. 토머스 에디슨(Thomas Edison)은 독실한 신자가 아니어도 최초의 백열등, 축음기, 마이크를 발명했다. 하지만 그도 여러 물리학 법칙과 논리 법칙에 의존했다. 그런 법칙은 에디슨이나 다른 과학자가 만들어 낸 것이 아니다. 결국 그도 무의식중에 창조주께 의존한 것이다.

3. 스스로 진리의 기준이 되려는 오만 버리기

1. 왜 그렇지 않겠는가? 신앙과 과학을 대립시키는 해석은 많은 사람이 평생 신봉하는 내러티브에 꼭 들어맞는다.

2. 솔로몬왕은 직접 건축한 유명한 성전 바로 옆에서 최초의 과학 기술 학교라 할 만한 것을 창시하기까지 했다. 거기서 동식물의 다양한 종을 연구했고, 관개 기술을 개발했고, 농업 기술을 개척했으며, 하나님의 창조 세계를 탐험하고 향유했다. 잘못된 신앙의 가르침처럼 만일 하나님이 지식을 배격하신다면, 인류를 지으실 때 금붕어 수준의 집단 지성만 주실 수도 있었다. 하지만 그분은 그러지 않으셨다.

3. 본문의 "안다"라는 단어가 한낱 추상적 지식에 대비되는 인격적 지식을 뜻한다고 보는 입장이 있다. 이 해석에 따르면, 우리의 시조 아담과 하와는 유혹에 굴하기 전까지는 선악의 차이를 **이론으로만** 알았으나 금단의 열매를 먹는 순간 **직접 경험으로** 그 차이에 눈을 떴다. 신학에서는 후자를 **체험적 인식**이라 표현한다. 아담과 하와는 직접 악을 저질렀으므로 이제 **악에 대해서만** 아니라 **악을 안다**. 추상적인 개념을 고통스럽게 체감하기에 이른 것이다.

   그런데 이 해석에는 몇 가지 문제가 있으며, 특히 "**하나님과 같이** 되어 선악을 알"게 된다는 본문이 그러하다(창 3:5). 성경의 하나님이 악을 **체험적 인식**으로 아실 리 만무하다. 그분은 직접 불의를 저지르신 적이 없고 앞으로도 영원히 없을 것이다.

4. 아브라함 카이퍼에 따르면, 아담은 "작정하고 스스로 평가하여 하나님의 결론과 상반되는 결론에 도달했다. 선악을 자체 규정하여 하나님 위로 올라섰고 이로써 그분에게서 떨어져 나간 것이다. 사탄의 말처럼 그는 제2의 신으로서 하나님과 어깨를 나란히 하려 했다. 이렇게 인간 스스로 신이 되어 선악을 마음대로 규정하는 순간 죄의 모든 심연이 열렸다. 보다시피 선악을 알게 하는 나무의 열매를 먹지 말라 하신 하나님의 시험적 절대명령은 그 지식, 즉 선악의 판단을 그분께 맡길지 아니면 자신이 취할지를 택하도록 인간에게 결정권을 준 셈이다. …… 선악을 안다는 것은 자신에게 무엇이 선이고 악인지를 인간이 직접 주권적으로 평가하고 판단해서 규정한다는 뜻이다." Abraham Kuyper, *Common Grace: God's Gifts for a Fallen World* (Bellingham, WA: Lexham, 2015), 1:240, 242. 아브라함 카이퍼, 《일반 은혜》(부흥과 개혁사 역간).

5. 모든 것을 뜻하는 고대 이집트어의 "악-선"이라는 표현 또는 호메로스의 《오디세이아》(*Odyssey*)에 나오는 "나는 선과 악까지 모든 것을 안다"라는 대사와 비슷하다.

6. 찰스 옥테이비어스 부스에 따르면 이 나무 "자체는 특별한 가치가 없었던 것 같다. 하나님의 특별한 명령으로 보호받았다는 이유로만 특별한 나무였다. 하나님은 언젠가는 아담에게 자신의 권위를 가르쳐 시행하셔야 했고, 그리하여 이 나무와 관계된 명령으로 시작하기로 하셨다." Charles Octavius Boothe, *Plain Theology for Plain People* (Bellingham, WA: Lexham, 2017), 25.

7. R. C. 스프로울은 창세기 2:9의 "선악을 알게 하는 나무"를 이렇게 주해했다. "아마도 무한한 지식을 상징한다. 좋은 나무지만 인간이 손대서는 안 된다. 이 열매를 무단으로 땄다는 것은 인간의 자율을 내세워 하나님 없이 모든 것을 알려 했다는 뜻이

다. 인간은 하나님의 말씀을 믿는 믿음으로 살아야지 스스로 다 아는 척해서는 안 된다." R. C. Sproul, *English Standard Version Reformation Study Bible* (Phillipsburg, NJ: P&R, 2005), 11.

4. 성경, 혼미한 지성을 깨우는 빛

1. 나는 경험을 통해 사실상 바보가 되는 두 가지 길이 있음을 알게 되었다. 1) 생각을 너무 많이 하면서 자신의 생각을 실재의 최종 기준으로 여기는 것인데, 이것을 '오만'(Hubris)이라 한다. 2) 거의 생각하지 않으면서 자신의 빈약한 사고를 큰 믿음의 증거인 양 여기는 것인데 이를 '맹신'(Hysteria)이라 한다. 하나님에 대한 경외는 그 둘 사이에 있는 밝게 비추어진 길이다.
2. 미술사가 제임스 로메인은 이렇게 지적했다. "천장을 빙 둘러싼 모든 선지자와 여자 예언자, 조상과 기타 인물은 단 하나의 광원을 통해 시각적, 신학적으로 중앙의 아홉 장면과 연결되어 있다. 이 빛은 성당 측벽의 창으로 비쳐 드는 자연광이 아니라 빛과 어둠을 나누시는 하나님에게서 나오는 광채이며, 그림의 위치는 제단 바로 상단이다. 이 빛은 천장 전체를 통합할 뿐 아니라 하나님의 빛이 이제 교회와 교회 성례를 통해 흘러나와 유대인과 이방인, 동방과 서방, 남자와 여자 등 복음의 빛 가운데 사는 모든 사람을 하나로 이어 준다는 것을 상징한다." James Romaine, "Scripture on the Ceiling," *Christian History* 91 (2006년), https://christianhistoryinstitute.org/magazine/article/scripture-on-the-ceiling.
3. 헤르만 바빙크는 이렇게 덧붙였다. "'빛'이라는 칭호에 암시되어 있듯이 하나님은 자신을 완전히 인식하시고, 자신의 전 존재를 속속들이 아신다. 그분이 자신의 존재를 인식하지 못하는 부분은 하나도 없다." Herman Bavinck, *Reformed Dogmatics, Vol. 2: God and Creation* (Grand Rapids: Baker, 2004), 151. 헤르만 바빙크, 《개혁교의학 2》(부흥과개혁사 역간).
4. 더 깊은 내용은 다음 책을 참조하라. Francis Schaeffer, *He Is There and He Is Not Silent*, 30주년 기념판 (Carol Stream, IL: Tyndale Elevate, 2001).
5. 미켈란젤로의 그림 〈최후의 심판〉에 노아가 다시 등장한다는 점은 주목할 만하다. 이번에는 세 아들 앞에서 의식을 잃고 벌거벗은 모습이 아니라 붉은색 옷차림에 눈을 크게 뜨고 하나님의 아들 오른손 아래쪽에 있다.
6. 요한복음 1:18에 이렇게 덧붙였다. "본래 하나님을 본 사람이 없으되 아버지 품속에 있는 독생하신 하나님이 나타내셨느니라."
7. 이사야 9:2를 인용한 말씀이다.
8. 예수님이 우리의 사고를 구원하시는 아홉 가지 방식을 다음 책 1장에 소개했다. Thaddeus J. Williams, *Reflect: Becoming Yourself by Mirroring the Greatest Person in History* (Bellingham, WA: Lexham, 2021).

5. 모든 것을 아시는 그분께 온전히 맡기다

1. 만일 하나님이 그늘(shadow)을 만들지 않아 우리가 모든 것을 보고 알 수 있다면, 우리는 그분을 신뢰할 이유도, 그분과 관계를 맺을 필요도 없다. 그런데 하나님은 자신의 세상을 컴퓨터가 아닌 그분의 형상을 지닌 인격체로 가득 채우기 원하셨다. 설명해 보자면 이렇다. 나는 무신론자 친구들에게서 신이 존재한다는 증거가 부족하다고 항변하는 말을 자주 듣는다. 버트런드 러셀(Bertrand Russell)은 만일 훗날 자신이 창조주 앞에 서서 왜 믿지 않았느냐는 질문을 받는다면 "증거가 부족해서요"라고 답하겠다고 빈정댄 것으로 유명하다. 하나님은 왜 모든 암석에 "제작자 하나님"이라고 새기지 않으실까? 왜 밤하늘의 별을 "신은 존재하신다"라는 글자 모양으로 배열하지 않으실까? 그분이 정말 매 순간 우주를 운행하시며 아원자 입자의 움직임까지도 자신의 섭리로 지휘하신다면, 왜 우주는 우리에게 다분히 우연처럼 보일까? 답은 그분의 창조 원안과 관계된다. 그분은 어떤 부류의 존재를 지어 어떤 조건의 우주로 자신의 뜻을 이루려 하셨을까? 바로 그분의 형상을 지닌 존재, 그분을 닮은 인간을 짓고자 하셨다. 하나님이 지적 존재일 뿐이라면, 초월적 지식과 무한한 IQ로 참명제를 입증해서 그것을 자신의 머릿속에 완비하는 것만이 그분의 낙일 것이다. 그런 신이라면 인간의 뇌도 모태에서 나올 때부터 준비되어 있다가 유아기에 양자 역학의 비밀을 해독하고, 유년기에 대통일 이론을 설명하고, 청소년기에 철학을 완전히 통달하도록 장치해 둘 법도 하다. 그러나 하나님은 지적 존재만이 아니라 사랑이시기도 하다(어느 한쪽이 아니라 양쪽 다이시다). 그분의 낙은 명제를 아시는 것만이 아니라 인격체를 아시고, 인격체에 알려지시는 것이다. 만일 우리가 모든 것을 안다면 왜 굳이 다른 사람을 신뢰하겠는가? 왜 굳이 자신의 두개골을 조금이라도 벗어나겠는가? 우리는 자신의 머릿속에 갇히고 말 것이다. 그런데 하나님의 뜻은 그분의 형상을 지닌 존재를 지으시는 것이었다. 우리는 사고할 뿐 아니라 그분께 의존하도록 지어졌다. 삼위일체 하나님이 늘 즐거워하시는 대로 우리도 뭔가를 즐거워하려면, 그분과 이성적 관계를 맺고 그분을 신뢰하는 길밖에 없다.

2. 고린도전서 1:20에 이렇게 덧붙여 있다. "지혜 있는 자가 어디 있느냐 선비가 어디 있느냐 이 세대에 변론가가 어디 있느냐 하나님께서 이 세상의 지혜를 미련하게 하신 것이 아니냐."

3. 헤르만 바빙크는 《개혁주의 신론》 서두에 이렇게 썼다. "하나님이 자연과 성경을 통해 계시하신 자신에 관한 진리는 인간의 사고와 이해를 훌쩍 넘어선다. 그런 의미에서 교의학의 주제는 신비일 뿐이다. 유한한 피조물을 다루는 게 아니라 처음부터 끝까지 모든 피조물 너머의 영원하고 무한하신 그분 자신을 다루기 때문이다." Herman Bavinck, *The Doctrine of God* (Carlisle, PA: Banner of Truth, 1978), 18. 헤르만 바빙크, 《개혁주의 신론》(CLC 역간).

4. Herman Bavinck, *The Doctrine of God* (Carlisle, PA: Banner of Truth, 1978), 126. 헤르만 바빙크, 《개혁주의 신론》(CLC 역간).

5. 예수님은 낙타가 바늘귀로 들어가는 것이 부자가 하나님 나라에 들어가는 것보다 쉽다는 유명한 말씀을 남기셨다(마 19:24). 하지만 하나님을 자신의 좁아터진 사고에 꿰어 맞추려는 신학자보다는 차라리 낙타가 쉬울 것이다. 신학 체계를 하나님으로 착

각해서는 안 된다. 그런 '하나님'은 헬라어 동사 변화표나 원소 주기율표, 장황한 컴퓨터 암호만큼이나 경탄, 기쁨, 영감, 경외심을 자아내지 못한다. 신학 체계를 하나님으로 착각하는 신학자는 터무니없는 상황에 빠진다. 자기 딴에는 하나님을 생각한다 하지만 실은 자신의 관념 속에 갇히거나 그런 관념을 통해서만 하나님께 접근할 수 있어서다. 제대로 된 신학 체계는 철저히 하나님 중심으로 돌아가며, 살아 숨쉬는 그분은 기쁨, 만족, 목적의 무한한 원천이시다. 이를 모르는 신학자에게는 무한한 오아시스의 물줄기가 막힌다. 자신의 지성이라는 좁은 빨대로 마시려 하니 해갈이 안 된다. 그래서 무한한 해갈의 강둑에서 목이 탄다. 해답은 뭘까? 빨대를 버리고 물속에 뛰어드는 것이다.

6. 성경에도 그렇게 나와 있다. "이는 내 생각이 너희의 생각과 다르며 내 길은 너희의 길과 다름이니라 여호와의 말씀이니라 이는 하늘이 땅보다 높음같이 내 길은 너희의 길보다 높으며 내 생각은 너희의 생각보다 높음이니라"(사 55:8-9). 우리의 뜻(사고, 지성)을 다하여 하나님을 사랑하라는 지상 계명도 이와 관계된다. "**다하여**"라는 말은 지성으로 이해하고 인식할 수 있을 때만 아니라 도무지 알 수 없어 혼란스러울 때도 사랑하라는 뜻이다.

7. 지식의 양과 깊이로 안전을 보장받으려 한다면 당신은 결코 안전할 수 없다. 모르는 부분이 너무 많아서다. 우주선 아폴로 13호가 대기권을 벗어날 때, 산소 탱크에 결함이 있어 321,860킬로미터 상공에서 폭발할 것을 우주 비행사들이 어찌 알았겠는가? 전혀 몰랐다.

8. 전지해지려는 우리의 노력이 허사인 까닭은 우리와 시간의 관계가 하나님과 시간의 관계와 달라서이기도 하다. 우리는 시간에 매인 존재라서 어떤 때는 형이상적으로나 인식론적으로나 평안한 결론에 도달하기가 아예 불가능하다. 홍해 해안에서 현 순간에 갇힌 이스라엘 백성은 하나님이 잠시 후에 어떻게 구원하실지를 전혀 몰랐다. 그래서 시간에 매인 논리는 섣부른 결론, 결국 잘못된 결론을 도출하기로 악명 높다. 당장은 지극히 논리적인 것 같아도 하나님의 섭리가 드러난 후에는 어이없는 오판으로 밝혀지기 일쑤다. 하나님 아버지를 신뢰하여 진정한 기쁨을 누리려면, 시간을 창조하셨고 시간에 매이지 않으시는 영원하신 그분을 신뢰해야 한다.

9. 성경의 중요한 주제 중에서, 하나님이 그분의 완전하신 신성을 모두 실어 당신을 사랑하신다는 주제를 생각해 보라. 이성에 어긋나는 주장이다. 깔끔한 삼단 논법으로는 그 결론의 절대적 확신에 도달할 수 없다. 과학 실험으로 경험적으로 증명할 수도 없다. 설령 경험에 의지한다 해도 반증으로 동원할 만한 마음의 고통, 하나님이 계시지 않는 것 같던 시기가 얼마든지 많다. 그래도 그것은 사실이다. 사실인 정도가 아니라 절대 진리다. 그 궁극의 진리에서 우리가 달리 알지 못했을 무수히 많은 진리가 파생한다. 하나님 아버지는 당신을 그냥 사랑하시는 게 아니라 아들 예수님을 사랑하심"같이" 사랑하신다(요 17:23).

10. 그래서 논리적으로 우리는 앤드루 버드(Andrew Bird)가 자신의 노래 〈마스터 페이드〉(Master Fade) 가사에 아주 잘 담아낸 서글픈 상태에 빠진다. "넌 하나도 즐거워 보이지 않았어. 무표정한 눈빛이 얼마나 깊던지. 하늘을 봐도 네게 보이는 건 0뿐이었지. 온통 0과 1뿐이었어."

데이비드 흄도 비슷한 경험을 이렇게 기술했다. "그 쓸쓸한 고독이 일단 내게 두렵고 혼란스럽게 느껴진다. 내 철학이 그 상태고 나 자신은 이상하고 꼴사나운 괴물 같다. …… 완전히 버림받은 것처럼 암담하다. …… 바깥을 보면 사방에 분쟁, 모순, 분노, 악담, 비방이 내다보이고, 시선을 내면으로 돌려도 회의와 무지밖에 보이지 않는다. …… 걸음을 내딛을 때마다 망설여지고, 새로운 생각이 들 때마다 내 논리의 오류와 부조리가 두려워진다. 그나마 다행인 것은 이성이 이런 구름을 몰아낼 수 없기에, 자연이 대신하여 내 철학적 우울과 섬망을 충분히 치유해 준다는 것이다. 자연은 내 사고 성향을 느슨하게 풀어 주거나 취미와 생생한 오감을 통해 모든 괴물을 잠재운다. 나는 식사도 하고 백개먼(backgammon) 게임도 즐긴다. 대화를 나누며 친구들과 즐겁게 지낸다. 그렇게 서너 시간 즐기고 나서 다시 상념으로 돌아가면, 그런 상념이 어찌나 냉랭하고 억지스럽고 우스꽝스러워 보이는지 조금도 더 그 속으로 깊이 들어갈 마음이 없다." David Hume, *A Treatise of Human Nature*, 제4부 제7절 (1739년).

11. G. K. 체스터턴도 비슷하게 말했다. "인간은 생각만으로는 마음의 악에서 벗어날 수 없다. 사고 기관 자체가 병들어 통제 불능이기 때문이다. 그 상태를 독립으로 착각할 뿐이다. 구원은 결단이나 믿음으로만 가능하다. 이성은 혼자 나서는 순간 똑같은 쳇바퀴를 돌며 순환 논리를 반복할 뿐이다." G. K. Chesterton, *Orthodoxy* (Walnut, CA: MSAC Philosophy Group, 2008), 13. G. K. 체스터턴, 《정통》.

12. J. I. Packer, *Knowing God* (Downers Grove, IL: InterVarsity, 2018), 91-92. 제임스 패커, 《하나님을 아는 지식》(IVP 역간).

13. 팀 애덤스는 작가 로버트 퍼시그를 인터뷰한 기사에 이렇게 썼다. "어려서부터 그는 모든 것을 설명해 주는 이론을 어떻게든 찾고 싶었다고 한다. 이른 나이인 15세에 이미 대학에서 화학을 공부하던 그는 과학에 답이 있을지도 모른다고 생각했으나 금세 그 믿음을 잃었다. '과학은 수업을 같이 듣는 여학생들을 이해하는 법조차 내게 가르쳐 주지 못했다.'" Tim Adams, "The Interview: Robert Pirsig," *The Guardian*, 2006년 11월 18일, https://www.theguardian.com/books/2006/nov/19/fiction.

14. Packer, *Knowing God*, 94-95. 제임스 패커, 《하나님을 아는 지식》(IVP 역간).

15. 시편 33편에 따르면 즐거움과 신뢰("즐거워함"과 "의지," 21절)는 서로 비례한다. 전지하신 하나님을 신뢰하지 않으면 우리는 스스로 전지해지려 한다. 전지해지려는 추구는 흔히 "난 생각이 너무 많아", "내 분석이 과했군"과 같이 무심코 하는 말로 표현되며, 즐거움과는 거리가 멀다. 온갖 우발적 요인 때문에 예측할 수 없는 반전이 무수히 많다 보니, 마음의 평화에 이르려는 우리의 논리는 고갈되고 무산된다. 아예 불가능해서 미칠 지경이 된다. 시편 기자가 생각하는 신뢰는 이렇게 고백하는 신뢰다. "내가 아는 하나님은 모든 반전을 아신다. 내게는 광대하기만 한 미지의 영역도 그분은 훤히 아시며, 세상에 존재하는 모든 것을 한순간에 처리하신다. 지혜로우신 하나님만이 나를 아시고, 돌보시며, 모든 것을 합력하여 내 유익과 그분의 영광을 이루신다." 그래서 이제 불안은 진리의 추구를 추동하는 동력이 아니다. "속에 있는 소망에 관해 대답할 것을 준비하는" 일도 더는 내면의 두려움을 감추려는 엉

뚱한 방어 기제가 아니다. 이제 우리는 답을 다 몰라도 위축될 필요가 없다. 무한히 지혜로우신 하나님이 우리가 알아야 할 것을 그때그때 알려 주시기 때문이다. 뭔가를 미처 깨닫지 못해 현재의 기쁨과 확신을 잃을 것만 같은 우려는 터무니없는 기우다. 현재의 우리는 전지하신 하나님이 현시점에서 알려 주시려는 딱 그만큼만 안다. 설령 우리가 일부밖에 모르거나 지금의 지식이 나중에 완전히 허위로 밝혀진다 해도, 그 무지까지도 그분이 우리의 유익을 위해 지혜롭게 섭리하신 것이다. 덕분에 우리는 미래의 어느 시점에 더 참되게 알 수 있다. 가장 잘 알 수 있는 방식으로 말이다. 그 결과 우리와 타인의 유익도 극대화되고 하나님의 영광도 극대화된다. 이렇듯 전지해지려는 욕구에서 해방되면 성경적 의미의 즐거움을 누릴 수 있다.

전지해지려는 욕구에서 해방되는 방식에도 값싼 대용품이 많다. 물론 진품은 신뢰에 기초하여 전지하신 사랑의 아버지와 관계를 맺는 것이다. 예컨대 사람들은 술로 즐거움을 얻으려 할 때가 많다. 술이 인지 능력을 화학적으로 억제해 주기 때문이다. 스트레스에서 벗어나고자 인간의 인지 능력으로 전지해지려 애써 봐야 어차피 부질없다. 술을 마시면 인위적으로 즐거워진다. 인위적이라 함은, 즐거움의 원천을 전지하신 하나님이 모든 것을 합력하여 우리의 유익과 그분의 영광을 이루신다는 객관적 실재와 관계에 두어야 하는데, 술이 가져다주는 즐거움에는 그런 확신이 없어서다. 술은 그런 확신에 이를 수 있는 우리의 사고 기능을 차단하여 잠시 현실을 도피하게 해 줄 뿐이다. 오락도 아주 비슷한 역할을 할 수 있다. 진정한 해방이 아닌 대용품으로서 인지 기능을 교란하는 것이다.

우리는 기도하는 마음으로 전지하신 아버지를 의지해야 한다. 의식적으로 우리의 사고를 아버지 앞에 가져가, 스트레스를 유발하는 유한하고 대개 잘못된 결론을 그분의 발밑에 내려놓아야 한다. "염려를 다 주께 맡기"고, 실재와 감정을 지배할 최종 권위로 삼아 온 우리의 인식론적 주장도 버려야 한다. 그분을 더 깊이 신뢰하게 해 달라고 겸손히 기도해야 한다. 그렇지 않으면 좋은 선물도 금방 해로운 신(神)으로 둔갑할 수 있다. 즐거움을 약속해 놓고 결국 허무함만 안겨 주는 헛된 우상으로 변질되는 것이다. 반면에 꾸준히 힘써 그분을 신뢰하면, 마음이 홀가분하고 평안하고 즐거워질 뿐 아니라 술과 오락 같은 것까지도 제대로 누릴 수 있다. 그런 것이 우리 삶을 결딴낼 수 없다. 아버지를 첫 자리에 모시면 더는 그런 것에 과도히 매달릴 필요 없이 좋은 선물로 누릴 수 있다.

16. Packer, *Knowing God*, 96-97. 제임스 패커, 《하나님을 아는 지식》(IVP 역간).

17. 요한복음 1:18에 이렇게 덧붙여 있다. "본래 하나님을 본 사람이 없으되 아버지 품 속에 있는 독생하신 하나님이 나타내셨느니라."

18. 시편 111:10, 잠언 1:7, 15:33, 전도서 12:13도 참조하라.

19. *The Sayings of the Fathers*, III, 21. 다음 책에서 재인용했다. Abraham Heschel, *God in Search of Man: A Philosophy of Judaism* (New York: Noonday, 1976), 78. 아브라함 요수아 헤셸, 《사람을 찾는 하나님》(한국기독교연구소 역간).

20. Ayanna Thomas Mathis, "God's Statutes, Our Rewards," *His Testimonies, My Heritage: Women of Color on the Word of God*, Kristie Anyabwile 편집 (Charlotte,

NC: The Good Book Company, 2019), 67.

Part 2.

6. 영혼의 미각을 잃어버리다

1. Veronica Ruckh, "The Official Ranking of the Most Boring Schools in Each State," *Total Sorority Move*, 2022년 10월 9일 접속, https://totalsororitymove.com/the-official-ranking-of-the-most-boring-schools-in-each-state/.
2. "Things to Do in Lynchburg," Tripadvisor, 2023년 8월 15일 접속, https://www.tripadvisor.com/Attractions-g57919-Activities-Lynchburg_Virginia.html.
3. 에피쿠로스는 육체적 쾌락을 덧없다고 비판하며 정신적 쾌락을 선호했다. 그리스에서 육체적 쾌락주의의 진정한 아버지는 아리스티포스(Aristippus)였다.
4. C. S. Lewis, *The Weight of Glory* (New York: HarperOne, 1949), 26. C. S. 루이스, 《영광의 무게》(홍성사 역간).
5. Trillia Newbell, "Godly Sorrow and the Freedom of Grace," *His Testimonies, My Heritage: Women of Color on the Word of God*, Kristie Anyabwile 편집 (Charlotte, NC: The Good Book Company, 2019), 58.

7. 창조주를 아버지라 부르는 즐거움

1. J. I. Packer, *Knowing God* (Downers Grove, IL: InterVarsity, 2018), 214. 제임스 패커, 《하나님을 아는 지식》(IVP 역간).
2. Packer, *Knowing God*, 207. 제임스 패커, 《하나님을 아는 지식》(IVP 역간).
3. Blair Linne, "Finding God as Your Father," *Wonderfully Made* 팟캐스트, 2022년 6월 13일, https://wonderfullymade.org/2022/06/13/finding-god-as-your-father-with-blair-linne/.
4. Packer, *Knowing God*, 207. 제임스 패커, 《하나님을 아는 지식》(IVP 역간).
5. *Joker*, Todd Phillips 감독 (Hollywood, CA: Warner Bros. Pictures, 2019), DVD.

6. *Joker*, Todd Phillips 감독.
7. *Joker*, Todd Phillips 감독.
8. *The Dark Knight*, Christopher Nolan 감독 (Hollywood, CA: Warner Bros. Pictures, 2008), DVD.
9. *The Westminster Confession of Faith*, 12장.

8. 하나님이 아득히 느껴질 때

1. 윤리학 분야에서 엄밀한 의미의 **쾌락주의**(hedonism)란 쾌락만이 선(善)으로 존재한다는 가치 이론이다. **기독교 쾌락주의**라는 용어를 만든 존 파이퍼와 마찬가지로 내가 쾌락주의라는 단어를 쓸 때는 엄밀한 철학적 의미가 아니라 하나님을 궁극적 선으로 즐거워하라는 성경의 많은 명령(권고가 아니다)을 얼추 대변하는 표현이다.
2. 성경 전체에서 기쁨은 모든 감정을 압도하는 상위 개념이다. 슬픔과 고난은 더 깊은 기쁨에 이르는 통로가 되지만(고후 4:17-18, 히 12:2, 약 1:2 참조) 성경에서 기쁨은 더 큰 고통과 절망에 이르는 통로가 아니다.
3. 다윗도 비슷하게 질문했다. "여호와여 어찌하여 멀리 서시며 어찌하여 환난 때에 숨으시나이까"(시 10:1, 9:1 참조).
4. 십자가의 성 요한은 "이 불모의 어두운 밤에 영혼에 느껴지는 것은 영적 즐거움과 선이 아니라 단물이 빠진 메마름뿐이다. 이전에 그토록 쉽게 누리던 즐거움을 잃었기 때문이다"라고 말했다. 또 그는 많은 그리스도인이 "길을 잃었을까 봐 두려워한다. 모든 신령한 복이 자신에게는 끝났다고, 자신이 선한 것들에서 도움이나 즐거움을 얻지 못하기 때문에 하나님이 자신을 버리셨다고 생각한다"라고 말했다. St. John of the Cross, *The Dark Night of the Soul*, E. Allison Peers 번역 (Garden City, NY: Image Books, 1959), 55-56. .
5. Roland H. Bainton, *Here I Stand: A Life of Martin Luther* (New York: Abingdon-Cokesbury Press, 1950), 361. 롤런드 베인턴, 《마르틴 루터》(생명의말씀사 역간).
6. Robert Elmer 편집, *Piercing Heaven: Prayers of the Puritans* (Bellingham, WA: Lexham, 2019), 76. 로버트 엘머, 《하늘에 닿는 기도》(복있는사람 역간).
7. *Piercing Heaven*, 28. 로버트 엘머, 《하늘에 닿는 기도》(복있는사람 역간).
8. *Piercing Heaven*, 63. 로버트 엘머, 《하늘에 닿는 기도》(복있는사람 역간).
9. "The Life of David Brainerd," *The Works of Jonathan Edwards*, Norman Pettit 편집 (New Haven, CT: Yale University Press, 1984), 7:285.
10. Gilbert Thomas, *William Cowper and the Eighteenth Century* (London: Allen & Unwin, 1948), 225.

11. C. H. Spurgeon, *Lectures to My Students: A Selection from Addresses Delivered to the Students of the Pastors' College, Metropolitan Tabernacle* (London: Passmore and Alabaster, 1875), 1:1-9. 찰스 스펄전, 《목회자 후보생들에게》(CH북스 역간).

12. C. S. Lewis, *A Grief Observed* (New York: Bantam, 1988), 4. C. S. 루이스, 《헤아려 본 슬픔》(홍성사 역간).

9. 사랑하기 때문에 때로 숨으시는 분

1. 시편 4:7, 9:2, 17:15, 51:10, 12, 73:25-26도 참조하라.
2. John Piper, "Your Love Is Better Than Life: Savoring the Vision," desiringGod, 1987년 9월 13일, https://www.desiringgod.org/messages/your-love-is-better-than-life.

10. 내 마음을 따를수록 소멸되는 기쁨

1. 이번 장은 다음 책의 내용에 크게 의존했다. Thaddeus Williams, *Don't Follow Your Heart: Boldly Breaking the Ten Commandments of Self-Worship* (Grand Rapids: Zondervan, 2023). 사디어스 윌리엄스, 《마음을 따르지 않을 용기》(두란노 역간).
2. Steve Jobs, "How to Live Before You Die," 2005년 스탠포드대학교 졸업 연설, TED, https://www.ted.com/talks/steve_jobs_how_to_live_before_you_die.
3. 이 문단의 인용문은 모두 다음 자료에서 가져왔다. "The End of Absolutes: America's New Moral Code," Barna, 2016년 5월 25일, https://www.barna.com/research/the-end-of-absolutes-americas-new-moral-code/. 이 현상이 새삼스럽지는 않다. 일찍이 1831년에 알렉시 드 토크빌은 명저가 된 《미국의 민주주의》를 쓰려고 취재차 대서양을 건넜다가 이런 현실에 맞닥뜨렸다. "셀 수 없이 많은 사람이 시시하고 뻔한 쾌락을 추구하며 그것으로 영혼을 채우기에 급급하다. 저마다 자아에 매몰된 채 다른 사람들의 운명일랑 거의 안중에도 없다. 서로 접촉하면서도 아무런 느낌이 없다. 오로지 자신만을 위해 존재한다." Alexis de Tocqueville, *Democracy in America*, Henry Reeve 번역, Bruce Frohnen 편집 (Washington, DC: Regnery, 2002), 268. 알렉시 드 토크빌, 《미국의 민주주의》(한길사 역간).
4. "Anxiety Disorders: Facts & Statistics," Anxiety & Depression Association of America, 2023년 8월 9일 접속, https://adaa.org/understanding-anxiety/facts-statistics.
5. 심리학자 배리 슈워츠는 우리 시대의 아이러니를 이렇게 포착했다. "지금의 우리는

이전 어느 시대보다도 선택 폭이 넓어지고 통제력도 높아졌다. …… 자율과 선택이라는 심리적 백신이 있으니 우울도 소아마비처럼 퇴치될 법하건만 오히려 우울은 유행병 수준이 됐다." Barry Schwartz, *The Paradox of Choice: Why Less is More* (New York: HarperCollins, 2005), 109-110.

6. David Foster Wallace, "This Is Water," 2005년 케니언대학교 졸업 연설, https://fs.blog/david-foster-wallace-this-is-water/.
7. C. S. Lewis, *The Abolition of Man, The Complete Lewis Signature Classics* (New York: HarperCollins, 2007), 710. C. S. 루이스, 《인간 폐지》(홍성사 역간).
8. *The Incredibles*, Brad Bird 감독 (Burbank, CA: Buena Vista Pictures, 2004), DVD.
9. Jean-Jacques Rousseau, *Il n'y a point de perversité originelle dans le cœur humain Émile, ou De l'éducation/Édition* 1852년, 제2권. *Letters to Malesherbes, The Collected Writings of Rousseau*, Christopher Kelly, Roger D. Masters & Peter G. Stillman 편집, Christopher Kelly 번역 (Hanover, NH: University Press of New England, 1995), 5:575. *Oeuvres Complètes*, Bernard Gagnebin & Marcel Raymond 편집 (Paris: Gallimard, Bibliothèque de la Pléiade, 1959-95), 1:1136.
10. "자신의 꿈을 따른다는 것은 곧 자신의 마음을 따른다는 뜻이에요"라는 말 다음에 이어진다. Celine Dion, 2001년 5월 22일, 유튜브 동영상, 1:17, https://www.youtube.com/watch?v=y5JiQEaQD30.
11. Joel Osteen, *Becoming a Better You: 7 Keys to Improving Your Life Every Day* (New York: Free Press, 2007), 56, 87, 91, 129. 조엘 오스틴, 《잘되는 나》(긍정의힘 역간).
12. David Meyers, "A New Look at Pride," *Your Better Self*, C. W. Ellison 편집 (San Francisco: Harper & Row, 1983), 83.
13. jointheheretics.com에 방문하여 '이단자 선언문'(A Heretic's Manifesto)을 읽어 보고 서명하라. 표현적 개인주의의 시류에 저항하는 데 도움이 될 여러 자원도 소개되어 있다.

존 퍼킨스가 증언하는 기쁨이 되시는 하나님

1. 일부 내용을 다음 책에서 가져왔다. John M. Perkins with Karen Waddles, *Count It All Joy: The Ridiculous Paradox of Suffering* (Chicago: Moody Press, 2021).
2. R. H. Cornelius, "O I Want to See Him," 공유 저작물.

11. 과연 어디까지 하나님이 다스리실까?

1. Perry Miller, *Jonathan Edwards* (Lincoln: University of Nebraska Press, 2005), 225.
2. Jonathan Edwards, "An Autobiography, a Personal Narrative," APM, 2023년 11월 11일 접속, https://www.apuritansmind.com/puritan-favorites/jonathan-edwards/biographical-writings/edwards-personal-narrative/. 샘 스톰즈, 《우리 세대를 위한 조나단 에드워즈 신앙감정론》(복있는사람 역간)에 "신앙고백"이라는 제목으로 수록되어 있다(옮긴이).
3. Jonathan Edwards, *The Life of the Rev. David Brainerd* (London: Burton and Smith, 1818), 299.
4. R. C. Sproul, *Chosen by God* (Carol Stream, IL: Tyndale Elevate, 2021), 11, 12. R. C. 스프로울, 《하나님의 예정과 선택》(생명의말씀사 역간).
5. 에드워즈는 하나님의 주권 교리와 관계된 자신의 변화를 이렇게 기술했다. "어려서부터 내 머릿속에는 하나님의 주권 교리에 대한 반론이 가득했다. 영생을 누릴 사람과 영원히 버림받고 망해서 지옥에서 끝없이 고통당할 사람을 하나님이 마음대로 정하신다는 것이 내게는 끔찍한 교리로 보였다. 그런데 하나님의 주권과 정의가 내게 납득되던 때가 생생히 떠오른다. 사람의 영원한 운명을 정하시는 그분의 주권적 뜻이 충분히 납득이 되자 …… 내 머릿속이 평온해지면서 모든 시비와 반론이 끝났다. 그 뒤로 하나님의 주권 교리를 보는 내 관점에 놀라운 변화가 일어나, 자비를 베풀 자에게 자비를 베푸시고, 마음을 완악하게 할 자를 완악하게 하시는 하나님께 조금의 반감도 든 적이 없다. 눈으로 보이는 모든 것만큼이나 구원과 멸망을 정하시는 하나님의 절대 주권과 정의에 대해서도 내게 확신이 들었다. …… 나아가 처음 확신이 든 뒤로 하나님의 주권에 전혀 새로운 의미가 더해져, 이전의 확신이 즐거운 확신으로 발전했다. 그래서 이 교리는 한없이 유쾌하고, 찬란하고, 달콤한 교리로 보일 때가 대부분이다. 이제 나는 절대 주권이 하나님의 속성이어서 참 좋다." Jonathan Edwards, "An Autobiography, a Personal Narrative."
6. "정말 하나님이 이끌어 주셔서 결국 나는 진실한 마음으로 그분을 높이고 보좌에 모실 수 있었다." Jonathan Edwards, *The Life and Diary of David Brainerd*, Philip E. Howard Jr. 편집 (Grand Rapids: Baker, 1949), 70.
7. Sproul, *Chosen by God*, 14. R. C. 스프로울, 《하나님의 예정과 선택》(생명의말씀사 역간).
8. Martin Luther, *Martin Luther: Selections from His Writings*, John Dillenberger 편집 (Albany, NY: Anchor, 1958), 179.
9. A. W. Pink, *The Attributes of God* (Grand Rapids: Baker, 1975), 29.

12. 고난과 악이 판칠 때 그분은 어디 계시는가

1. 사도행전 4:5-6에 나오는 명단은 그리스도를 체포하여 처형한 배후 인물들과 일치한다. 누가복음 22:52, 66의 τοὺς ἄρχοντας, τοὺς πρεσβυτέρους(대제사장들, 장로들), 누가복음 22:66의 τοὺς γραμματεῖς(서기관들), 누가복음 22:54의 ὁ ἀρχιερεύς(대제사장)를 참조하라.

2. 드물게 쓰인 하나님에 대한 이 경칭은 성경에 간헐적으로 등장한다(출 20:11, 시 146:5-6, 칠십인역 욥 5:8, 눅 2:29, 유 1:4, 계 6:10). 유대인의 기도문에도 일부 쓰였으며(요세푸스, 《유대 전쟁사》 7.323, 마카베오 3서 2:2, 지혜서 6:7, 집회서 36:1), 그리스 정치 문헌에서 더 많이 확인된다(Aelius Aristides, *Works* 37:1, 크세노폰, 《아나바시스》 3:2, 13).

3. 사도행전 4:24-30의 기도와 비슷한 흥미로운 예를 다음 책에서 볼 수 있다. Josephus, *Antiquities of the Jews*, *Josephus: Complete Works*, William Whiston 번역 (Grand Rapids: Kregel, 1981): 40-50,87. 플라비우스 요세푸스, 《요세푸스 1: 유대 고대사》(생명의말씀사 역간).

4. Joseph Fitzmeyer, *The Acts of the Apostles* (New Haven, CT: Yale University Press, 1998), 310.

5. 칠십인역(구약 성경의 헬라어 역본)의 출애굽 해방 기사에서 출애굽기 13:3, 14, 16에 "케이르"라는 단어가 쓰였다(시 55:21 참조).

6. 칠십인역에서 다니엘 4:32(개역개정 성경에서는 35절-옮긴이)의 한 소절이 οὐκ ἔστιν ὅς ἀντιποιήσεται τῇ χειρὶ("그의 손을 금할 …… 자가 아무도 없도다")로 번역되어 있다.

7. 사도행전 4:28과 비슷한 사도행전 2:23에 보면 예수님은 하나님의 "ὡρισμένῃ βουλῇ"(정하신 뜻), 즉 "명확히 수립된 계획"대로 사형 집행자들에게 내준 바 되었다. 사이먼 키스트메이커는 "'정하신 뜻'이라는 표현은 이미 결정되어 명확히 수립된 계획을 의미하며, 그렇게 뜻하신 주체는 하나님 자신이다"라고 주해했다. Simon Kistemaker, *Acts*, New Testament Commentary (Grand Rapids: Baker, 1991), 93. 다음 두 책도 참조하라. Ernst Haenchen, *The Acts of the Apostles: A Commentary* (Louisville: Westminster John Knox, 1971), 180. I. Howard Marshall, *The Acts of the Apostles* (Grand Rapids: Eerdmans, 1980), 75.

8. 여자의 후손이 부상을 입고 뱀의 머리를 상하게 하리라는 창세기 3:15의 원 복음에서부터 시작하여 고난당하는 종이 상함을 받는 것이 여호와께서 기뻐하시는 뜻(칠십인역 βούλεται)이라는 말씀(사 53:10)에 이르기까지, 구약 성경은 하나님의 계획을 미리 내다본다. 그 계획은 고난을 통해 구원을 이루실 궁극의 행위를 향해 나아간다. 누가복음과 사도행전의 내러티브도 메시아가 고난당한다는 구약의 예언을 그대로 이어받는다(눅 24:25-26,46, 행 17:3, 26:23). 옛 히브리인의 그 모티브가 사도행전 4:28의 진술을 뒷받침해 준다. 즉 예수님의 고난은 하나님의 능동적인 "뜻대로" 된 일이다.

9. 로마서 8:30, 고린도전서 2:7, 에베소서 1:5, 11을 참조하라.

10. 신학자 그레그 보이드는 사도행전 4장의 기도에 대한 세 가지 혁신적 대안 해석을 통해 초대 교회의 기도에 나타난 하나님의 주권을 축소하려 했다. 첫째로 그는 하

나님이 십자가형 **자체만** 예정하시고 그것을 **누구를** 통해 이루실지는 예정하지 않으셨을 수 있다고 주장한다. 자신의 임의적 자유 의지 개념을 고수한 것이다. 둘째로 그는 하나님이 예수님을 처형할 공모자를 예정하시려면, 자율적 행위자인 그들이 그전에 이미 임의적 자유 의지를 구사하여 인원을 정해 놓았어야 한다고 주장한다. 셋째로 그는 예수님의 십자가형이 구속사에서 딱 한 번뿐인 사건인 만큼 하나님이 그때만 특별히 주권을 발휘하셨다고 주장한다. 하나님이 우주를 운행하시는 방식에서 그분의 예정은 규범이 아니라 예외라는 것이다. 다음 책을 참조하라. Greg Boyd, *Satan and the Problem of Evil* (Downers Grove, IL: InterVarsity, 2001), 11, 44-45, 121-122, 186, 423. 이 세 가지 해석을 다음 책에 다루었다. Thaddeus J. Williams, *God Reforms Hearts: Rethinking Free Will and the Problem of Evil* (Bellingham, WA: Lexham Academic, 2021), 107-13.

11. 초대 교회의 믿음대로 고통이 하나님의 주권 하에 있다면 악도 하나님 탓이 아닐까? 하나님은 갱단을 보내 손에 피를 대신 묻히게 하는 영화 속 대부(代父)와 비슷하지 않을까? 이 질문의 답은 단호하고도 명확하게 성경적으로 "그렇지 않다"는 것이다. 분명히 성경에 "그가 하신 일이 완전하고 그의 모든 길이 정의롭고 진실하고 거짓이 없으신 하나님이시니 공의로우시고 바르시도다"(신 32:4)라고 되어 있다. 그런데 악이 전혀 하나님 탓이 아니라고 못 박아 말하는 성경에 반전이 나온다. "그들(히위 족속)의 마음이 완악하여 이스라엘을 대적하여 싸우러 온 것은 여호와께서 그리하게 하신 것이라 그들을 진멸하여 바치게 하여 은혜를 입지 못하게 하시고 여호와께서 모세에게 명령하신 대로 그들을 멸하려 하심이었더라"(수 11:20). "하나님이 아비멜렉과 세겜 사람들 사이에 악한 영을 보내시매 세겜 사람들이 아비멜렉을 배반하였으니 이는 여룹바알의 아들 칠십 명에게 저지른 포학한 일을 갚되 그들을 죽여 피 흘린 죄를 그들의 형제 아비멜렉과 아비멜렉의 손을 도와 그의 형제들을 죽이게 한 세겜 사람들에게로 돌아가게 하심이라"(삿 9:23-24). "여호와여 어찌하여 우리로 주의 길에서 떠나게 하시며 우리의 마음을 완고하게 하사 주를 경외하지 않게 하시나이까"(사 63:17).

    하나님이 주권적으로 행위자를 지정하여 그분의 거룩한 목적을 수행하게 하시는 예가 성경에 많이 나온다. 그분은 바로의 마음을 완악하게 하여(출 4:21, 바로가 자신의 마음을 완강하게 한 8:15보다 시기적으로 앞선다) 자신의 권능을 드러내셨고, 그리스도를 십자가에 못 박을 자들을 예정하여(행 2:23, 4:27-28) 자신의 구원하시는 사랑을 드러내셨다.

    당신에게 이런 의문이 들 수 있다. "그러니까 그런 죄는 하나님 탓 아닌가?" 이 복잡한 문제를 풀려면 우선 이렇게 물어야 한다. "특정 행동은 왜 악이 되고, 왜 특정인 탓이 되는가?" 사람 X가 사람 Y를 죽인다 치자. 겉만 봐서는 이 행동이 선인지 악인지, 또는 X를 칭찬할지 처벌할지 확실히 알 수 없다. 왜일까? X의 의도를 모르기 때문이다. 특정 행동이 악이 되고 행위자 탓이 되는 것은 바로 그 의도 때문이며, 의도는 성품의 산물이다.

    만일 X가 대통령이나 수상이고 Y는 인구 밀도가 높은 여러 도시에 폭발물을 터뜨리려고 버튼에 손가락을 대고 있는 테러리스트라면 어떨까? X의 의도가 이 만행을 예방하기 위해 행위자를 제거하는 것이라면, 그의 선제공격은 선하고 그는 칭찬받아야 한다. 반면 X가 가학성 연쇄살인범이고 그의 의도가 살인을 위한 살인에 있다면, 그의 행동은 악하고 그는 비난받아 마땅하다. 선과 악, 칭찬과 비난을 판가름할 때 중요한 것은 행위자의 의도다.

사사기 9장에서 하나님이 악한 영을 보내신 의도는 무엇인가? 여룹바알의 아들들을 죽인 무리를 정의롭게 징벌하시기 위해서였다. 당연히 하나님의 의도는 절대적으로 거룩하고 의로우며, 나쁜 의도로 갱단을 보내는 대부와는 대비된다. "하나님이시니 공의로우시고 바르시도다"(신 32:4)라는 모세의 고백 그대로다.

성경의 하나님은 혼미한 심령을 주시고(롬 11:8 참조-옮긴이), 마음을 완악하게 하시고, 악한 영을 보내신다. 그러나 그분의 성품에서 나온 배후 의도는 어느 경우에든 거룩하고, 의롭고, 정의롭고, 그분을 영화롭게 한다. 동시에 그분은 심령이 혼미하고, 마음이 완악하고, 악한 영에 지배당하는 이들을 벌하신다. 그들의 의도와 그로 인한 행동이 악하기 때문이다. 하나님의 의도와 행동은 악하지 않다. 하나님 탓이 아니라 그들 탓이며, 그래서 그들은 그분께 벌을 받아 마땅하다.

13. 불안의 해법, 신의 권좌에서 내려오기

1. "The Cost of Freedom: How Disagreement Makes Us Civil; Robert George, Cornel West, and Rick Warren in Conversation," Biola University, 2015년 5월 1일, https://www.youtube.com/watch?v=XNDQ j8QK8Zc.
2. "Anxiety Disorders: Facts & Statistics," Anxiety & Depression Association of America, 2023년 8월 9일 접속, https://adaa.org/understanding-anxiety/facts-statistics.
3. Jonathan Haidt & Greg Lukianoff, *The Coddling of the American Mind: How Good Intentions and Bad Ideas Are Setting Up a Generation for Failure* (New York: Penguin, 2019), 156-157. 조너선 하이트, 《나쁜 교육》(프시케의숲 역간).
4. "Stress in America 2020: A National Health Crisis," American Psychological Association, 2023년 8월 9일 접속, https://www.apa.org/news/press/releases/stress/2020/sia-mental-health-crisis.pdf.
5. "The Top Ten Fears in America: Did Your Fears Make the List?" *The Voice of Wilkinson* (블로그), Chapman University, 2022년 10월 14일, https://blogs.chapman.edu/wilkinson/2022/10/14/the-top-10-fears-in-america-2022. 이 연구 결과에 따르면 정치 진영에 따라 달라지는 것은 두렵다는 **사실**이 아니라 두려워하는 **분야**였다. 예컨대 2020년 미 대선 결과를 보수는 29.5퍼센트가 두려워했으나 진보는 74.6퍼센트에 달했다. 코로나19에 걸릴까 봐 "두렵다" 또는 "아주 두렵다"라고 답한 민주당 지지자는 과반이지만 공화당 지지자는 4분의 1이었다. 시민 소요의 확

산을 두려워한 자칭 "극도 보수"는 43.2퍼센트에 그쳤지만 자칭 "극도 진보"는 75.8퍼센트로 높았다.

물론 두려움이 정치 좌익의 전유물은 아니다. 두려움이 정파를 초월하는 이유는 당연히 인간이 다양한 정치 진영에 고루 포진하고 있어서다. 두려움의 초당적 위력을 명백히 보여 주는 사실이 있다. 6년 연속 미국인의 가장 큰 두려움은 '부패한 정부 관료'에 대한 두려움으로, 공화당 지지자(84.6퍼센트)와 민주당 지지자(77.8퍼센트)가 공히 두려워했다. 이 1위의 수치가 어찌나 높은지 2위(사랑하는 사람의 죽음)의 수치는 무려 20퍼센트나 낮았다. 부패한 정부 관료가 사랑하는 사람의 죽음보다도 더 두렵게 느껴지는 데는 많은 이유가 있으며, 그중 일부는 정당하고 일부는 비합리적이다.

6. 다음 책을 참조하라. Haidt & Lukianoff, *Coddling of the American Mind.*
7. 틸리는 가명이다.
8. Charles Taylor, *A Secular Age* (Cambridge, MA: Belknap, 2007), 542.
9. 나처럼 극심한 불안과 싸워 온 이들에게 적극 권하고 싶은 내 멘토이자 친구의 책이 있다. J. P. Moreland, *Finding Quiet: My Story of Overcoming Anxiety and the Practices That Brought Peace* (Grand Rapids: Zondervan, 2019).
10. 다음 고전을 참조하라. Neil Postman, *Amusing Ourselves to Death: Public Discourse in the Age of Show Business* (New York: Penguin, 2005). 닐 포스트먼, 《죽도록 즐기기》(굿인포메이션 역간).
11. 역사에서 배울 수 있다면, 문화 전반에 퍼진 불안의 위기는 결코 가벼이 여길 일이 아니다. 이럴 때 문화는 정치적 전체주의, 이념적 폭력, 얄팍한 도피주의, 기타 암울한 결과로 빠져들기 쉽다. 알렉산드르 솔제니친은 1978년의 유명한 하버드대학교 졸업 연설에서 다시 우리가 "중세에서 르네상스로 넘어갈 때와 똑같이 중요한 역사의 분수령"에 이르렀다며 이런 예리한 말로 마무리했다. "이제 우리는 영적으로 불타올라야 합니다. …… 지상의 누구라도 이제 바라볼 데라고는 위쪽밖에 없습니다." Alexander Solzhenitsyn, "A World Split Apart," 하버드대학교 졸업 연설(1978년). 아멘. 감정의 시대인 불안한 우리 시대가 전체주의와 혼돈의 시대로 전락하도록 수수방관하지 말고 위에 계신 주권자 하나님을 바라보자. 초대 교회가 경험한 것 같은 부흥의 시대가 다시 오게 해 달라고 기도하자.

14. 세상에 '어쩌다 일어난 일'은 없다

1. 다음 책을 참조하라. Clark Pinnock, "God Limits His Knowledge," *Predestination and Free Will: Four Views of Divine Sovereignty and Human Responsibility*, David Basinger & Randall Basinger 편집 (Downers Grove, IL: InterVarsity, 1986). 존 파인버그 외, 《예정과 자유 의지》(부흥과개혁사 역간). 아울러 다음 두 책도 참조하라. John Sanders, *The God Who Risks: A Theology of Providence* (Downers Grove, IL: InterVarsity,

1998). Gregory Boyd, *Satan and the Problem of Evil* (Downers Grove, IL: InterVarsity, 2001).

2. *Magnolia*, P. T. Anderson 각본 및 감독, New Line Cinema, 1999년.
3. *Magnolia*, P. T. Anderson 각본 및 감독.
4. 누가의 기사를 허구로 치부하려는 시도에 반해 이 기사의 역사성을 논증한 다음 기사를 참조하라. Craig Keener, "Novel's 'Exotic' Places and Luke's African Official (Acts 8:27)," *Andrews University Seminary Studies* 46, no. 1 (2008): 5-20.
5. Charles Spurgeon, *Spurgeon's Sermon Notes: 193 Sermon Illustrations and Outlines from Genesis to Revelation*, David Otis Fuller 편집 (Grand Rapids: Kregel, 1990), 110.
6. Franz Delitzsch, *Biblical Commentaries on the Prophecies of Isaiah* (Grand Rapids: Eerdmans, 1954), 2:303.
7. 내 말을 오해하지는 말라. 나는 그런 본문도 중요하며, 가장 깊게 해석하면 예수님을 가리켜 보인다고 생각한다.

15. 인생 구덩이에서 전능하신 아버지를 부르라

1. 하나님을 어머니에 빗댄 은유에 대해서는 이사야 42:14, 49:15, 66:13을 참조하라. 그 밖에 그분을 표현하는 많은 호칭과 은유에 대해서는 다음 책을 참조하라. Herman Bavinck, *The Doctrine of God* (Carlisle, PA: Banner of Truth, 1977) 83-111. 헤르만 바빙크, 《개혁주의 신론》(CLC 역간).
2. 이 15회의 용례에 대한 유익한 주해는 다음 기사를 참조하라. Goran Medved, "The Fatherhood of God in the Old Testament," *KAIROS: Evangelical Journal of Theology 10*, no. 2 (2016): 203-14. 하나님을 아버지로 지칭하는 표현을 성경 이외의 초기 유대교 문헌에서도 볼 수 있다. 바빌론 탈무드 타아닛(Ta'anit) 25b, 미시나 소타(Sotah) 9:15, 시편 25:13에 대한 미드라시, 벤 시라(Ben Sira) 51:10, 사해사본 4Q511 127파편 1행 등이다.
3. J. I. Packer, *Knowing God* (Downers Grove: IL: InterVarsity, 2018), 200. 제임스 패커, 《하나님을 아는 지식》(IVP 역간).
4. Packer, 201. 제임스 패커, 《하나님을 아는 지식》(IVP 역간).
5. Barack Obama, "Father's Day 2008 Speech at Chicago's Apostolic Church of God," 2008년 6월 15일, *Politico*, https://www.politico.com/story/2008/06/text-of-obamas-fatherhood-speech-011094.
6. Paul Vitz, *Faith of the Fatherless: The Psychology of Atheism* (San Francisco, CA: Ignatius, 2013). 폴 비츠, 《무신론의 심리학》(새물결플러스 역간).

7. 이번 주의 내 삶을 예로 들어 보자. 오늘은 목요일인데 월요일에 내 척추에 대검이 꽂힌 것처럼 느껴졌다. 개강 날 강의하던 중 학생 60명 앞에서 허리가 삐끗한 것이다. 화요일 아침, 지난 학기 연구 결과를 동료 교수들에게 발표하려고 아래층으로 내려가 현관으로 가고 있는데 천장에서 검은 하수가 쏟아졌다. 이튿날 우리 집 거실은 핵 검역이라도 하듯 봉쇄되었다. 다시 캠퍼스로 떠났는데 폭우가 쏟아졌고, 내 차의 전기 장치와 브레이크가 동시에 고장이 났다. 거기에 3주가 지나도 떨어지지 않는 감기까지 더해 보라. 하필 이럴 때 삶 전체를 주관하시는 하나님의 주권에 대한 장을 쓰고 있다니 얼마나 기가 막힌 타이밍인가.

   계속 글을 쓰는 내게 종종 인지 부조화가 일어날 법도 하다. 주먹을 흔들거나 자기 연민에 빠지거나 가족에게 화풀이하거나 미친 듯이 삶의 질서를 되찾으려 바둥거릴 법도 하다. 하지만 나는 그러지 않는다. 오히려 아주 만족스럽다. 불편할까? 물론이다. 그러나 마음은 평온하다. 여전히 하나님이 주관하신다. 어떤 불편도 그분 모르게 끼어들 수 없고, 그분이 자신의 영광과 내 유익을 위해 명하지 않으신 일은 내게 닥칠 수 없다. 그 사실을 알기에 나는 깊은 해방감을 누린다.

8. Guido de Bres, "Personal Letter," W. L. Bradenhof 번역, *Biblioteca Reformatoria Neerlandica* 7 (1903): 624-628.

9. Kevin DeYoung, "The Belgic Confession and the Hero No One Remembers," TGC, 2009년 2월 24일, https://blogs.thegospelcoalition.org/kevindeyoung/2009/02/24/belgic-confession-and-hero-no-one/.

10. Guido de Bres, "Personal Letter."

11. Guido de Bres, "Personal Letter." 존 파이퍼도 비슷하게 말했다. "악을 포함한 모든 것의 궁극적 통제권이 하나님께 있음을 성경적, 지적, 정서적으로 받아들이면 …… 그 사람의 삶 속에 놀라운 깊이와 안정이 찾아온다." John Piper, *Desiring God* (Colorado Springs, CO: Multnomah, 2011), 354. 존 파이퍼, 《하나님을 기뻐하라》(생명의 말씀사 역간).

12. Guido de Bres, "Personal Letter."

13. 이번 장 초고를 악성 암과 싸우고 있는 사랑하는 친구 트레버 라이트(Trevor Wright)에게 읽어 주었다. 자신의 고난을 주관하시는 하나님의 주권을 생각하며 그는 진정한 기쁨을 눈물겹게 표현했다. "이 고난에도 목적이 있으며 배후에 선하신 주권자 하나님이 계십니다. 고통이 더 심한데도 신기하게 나는 훨씬 더 안정되어 있습니다. …… 이 모두를 주권자 하나님이 주관하십니다"(2023년 8월 17일 전화 통화).

16. 시간과 공간에 매이지 않는 창조주

1. Lorenzo Snow, *The Millennial Star*, 54:404.
2. Joseph Smith, *History of the Church: 1843-1844, Vol. 6* (Salt Lake City, UT: Deseret, 1978), 305-306.
3. Smith, 476. 예수 그리스도 후기성도교회 제일회장단의 제일보좌도 똑같이 말했다. "거슬러 올라가면 우리 하나님 아버지는 그 이전의 아버지로 연결되고, 그 아버지는 다시 그 이전의 아버지로 연결된다. 그렇게 계속된다." *Journal of Discourses, by Brigham Young, President of the Church of Jesus Christ of Latter-day Saints, His Two Counsellors, the Twelve Apostles, and Others*, 전 26권, G. D. Watt 편집 (Liverpool: F. D. Richards, 1854-86), 5:19.
4. Charles Octavius Boothe, *Plain Theology for Plain People* (Bellingham, WA: Lexham, 2017), 4.
5. A. W. Pink, *The Attributes of God* (Grand Rapids, MI: Baker, 1987), 37.
6. Herman Bavinck, *The Doctrine of God* (Carlisle, PA: Banner of Truth, 1978), 149. 헤르만 바빙크, 《개혁주의 신론》(CLC 역간).

17. 모든 영광을 독점하는 이기적인 신일까?

1. Dotson Rader, "Interview with Brad Pitt," *Parade*, 2007년 9월 18일, https://parade.com/50120/parade/interview-with-brad-pitt/.
2. Lemuel Haynes, *Selected Sermons*, Crossway Short Classics Series (Wheaton, IL: Crossway, 2023), 39.
3. John Piper, *Desiring God: Meditations of a Christian Hedonist* (Sisters, OR: Multnomah, 1996), 50. 《하나님을 기뻐하라》(생명의말씀사).
4. John Piper, *God's Passion for God's Glory: Living the Vision of Jonathan Edwards with the Complete Text of* The End for Which God Created the World (Wheaton, IL: Crossway, 1998), 248-249. 존 파이퍼, 조나단 에드워즈, 《하나님의 영광을 위한 하나님의 열심》(부흥과개혁사 역간).
5. C. S. Lewis, *Reflections on the Psalms* (New York: Harcourt, Brace & Co., 1958), 97. C. S. 루이스, 《시편 사색》(홍성사 역간).

18. 삼위 하나님의 사랑의 춤에 동참하기

1. Joseph Smith, *History of the Church: 1843-1844, Vol. 6* (Salt Lake City, UT: Deseret, 1978), 474.
2. 요한복음 5:17,19, 8:16-19, 10:30,32,38, 12:49-50, 14:7-11, 15:5를 참조하라.

19. 객관적 도덕 속에서 만나는 사랑의 하나님

1. Sartre, *Existentialism and Human Emotion* (Secaucus, NJ: Citadel, 1957), 22. 사르트르는 이 통찰을 표도르 도스토옙스키(Fyodor Dostoyevsky)의 《카라마조프가의 형제들》에 등장하는 이반 카라마조프에게서 차용했다.
2. Michael Ruse & E. O. Wilson, "The Evolution of Ethics," *Religion and the Natural Sciences*, J. E. Huchingson 편집 (Orlando: Harcourt Brace, 1993), 310.
3. Michael Ruse, *Darwinism Defended* (London: Addison-Wesley, 1982), 275.
4. Arthur Allen Leff, "Unspeakable Ethics, Unnatural Law," *Duke Law Journal*, vol. 1979, no. 6 (12월): 1249. 레프는 이런 말도 했다. "실제 신이 있다면 신의 핵심 역할은 선악을 규정하되 자신은 누구에게도 규정 대상이 아니어야 한다는 것이다. 인간, 인간의 단체, 오래되어 신성해진 문서, 과정, 전제 등 세상의 그 무엇도 이 역할을 대신할 수 없다. …… 소위 신의 죽음은 신을 장사지냈을 뿐 아니라 논리적이거나 하다못해 한동안만이라도 설득력 있는 윤리 체계나 법체계를 완전히 없애 버리는 결과까지 낳았다"(1232).
5. Leff, 1230.
6. Augustine, *De Trinitate*, 제15권, Arthur West Haddan 번역, Master Christian Library CD-ROM (Ages Software, 1999), 15. 삼위일체를 논한 성 리카르도(St. Richard)와 성 힐라리오(St. Hilary)의 초기 저작과 마찬가지로 윌리엄 쉐드(William Shedd)도 "교제는 …… 인격체의 구분 없이는 불가능하다. …… 주체만 있고 대상이 없으면 …… 사랑할 수 없다. 무엇을 사랑한단 말인가?"라고 말했다(232).
7. 일부 사상가는 엄격한 **연역적** 분석 철학의 테두리 안에서 이 질문에 답하려 했다. 대표적인 예로 리처드 스윈번은 완전한 사랑이란 사랑하는 신(G1)과 사랑받는 신(G2) 사이에만 존재하는 게 아니라 G1과 G2가 "협력하여 사랑할" 수 있는 제3의 신(G3)과의 사이에도 존재한다고 분석했다. Richard Swinburne, *The Christian God* (Oxford: Clarendon, 1994), 177-178. 신의 수를 셋으로 제한한 데 대해 그는 자신이 의존할 수밖에 없는 "전혀 불확실한 윤리적 직관"이라는 전제하에, "하나와의 협력과 공유가 지속되는 한 다른 둘과의 협력은 사랑을 표현하는 데 필수가 아니다"라고 말했다(179). 하나님의 전능하신 자유와 전지성에서 그분의 선(善)을 논리적으로 연역한 스윈번의 분석(그가 삼위일체론을 **연역적으로** 논증하는 존재론적 기초가 된다)을 일각에서는 "지독히 설득력이 떨어진다"라고 보았다. 이런 고려 사항을 제외하고는, 스윈번은 아무런 증거의

방향도 제시하지 못했다. 그의 "전혀 불확실한 윤리적 직관"에서 넷이나 다섯의 연합은 배제된다. 내가 본문에 설명한 내용이 성경의 삼위일체 하나님께 이르는 더 신빙성 있는 길이라 믿는다.

8. Anselm, *Proslogium*, Russ Bush 편집, *Classical Readings in Christian Apologetics: A.D. 100-1800* (Grand Rapids: Academie, 1983), 254. 캔터베리의 안셀무스, 《모놀로기온 & 프로슬로기온》(아카넷 역간). 신명기 32:2-4, 시편 145:3, 이사야 46:9도 참조하라.

9. 존 프레임은 이를 이렇게 표현했다. "삼위일체가 기독교의 독특한 교리라는 데는 이견의 여지가 없다. 힌두교의 3주신인 브라흐마와 비슈누와 시바처럼 다른 종교에도 3인조(셋의 구별)가 있긴 하다. …… 그러나 힌두교의 3주신은 세 위격으로 존재하는 한 하나님이 아니라 별개의 세 신이다. 비기독교의 신들과 삼위일체 하나님이 비슷하다는 기타 여러 주장도 막상 잘 검토해 보면 와해된다. 기독교의 라이벌 종교들은 삼위일체를 사실상 무시하거나 부정하며 …… 세속 철학에도 이런 것은 없다. 세상의 다른 주요 종교에도 이런 것은 없다. 심지어 기독교의 여러 이단에도 삼위일체는 없다시피 한다. 사실은 그런 이단일수록 대개 삼위일체 교리부터 먼저 없앤다." John Frame, *Apologetics to the Glory of God: An Introduction* (Philipsburg, NJ: P&R Publishing, 1994), 47.

20. 적삼위일체의 간교한 계략에 맞서라

1. 다음 책에서 재인용했다. Jürgen Moltmann, *The Trinity and the Kingdom of God*, Margaret Kohl 번역 (London: SCM, 1981), 6. 위르겐 몰트만, 《삼위일체와 하나님의 나라》(대한기독교서회 역간).

2. J. Scott Horrell, "An Ontology of Mission" *Global Missiology* 1, no. 6 (2008), 13, http://ojs.globalmissiology.org/index.php/english/article/view/31/85.

3. 이 은유는 N. T. 라이트(Wright)의 저작에서 가져왔다.

4. "Devil Inside," Andrew Farriss & Michael Hutchence 작사, *Kick*, Atlantic Records, 1988.

Part 5.

21. 복음은 반드시 나쁜 소식으로 시작한다

1. Joel Osteen, *Becoming a Better You: 7 Keys to Improving Your Life Every Day* (New York: Free Press, 2007), 56, 87, 91. 조엘 오스틴, 《잘되는 나》(긍정의힘 역간).
2. Charity K, "Top Ten Fascinating Facts about Joel Osteen," *Discover Walks Blog*, 2023년 1월 23일, https://www.discoverwalks.com/blog/world/top-10-fascinating-facts-about-joel-osteen/.
3. 예수님은 영원한 고통의 실재를 말씀하시면서(눅 16:23) 그것을 "지옥(게헨나)"(마 10:28), "바깥 어두운 데"(마 25:30), 꺼지지 않는 불, 즉 구더기가 죽지 않고 사람들이 괴로워 이를 갈고 후회하며 한 번 가면 다시는 돌아올 수 없는 곳(막 9:43,48, 마 13:42, 눅 16:19-31)에 비유하셨다.
4. Philip Schaff, *History of the Christian Church* (Grand Rapids: Eerdmans, 1985), 3:815. 《필립 샤프 교회사전집 3》(CH북스). 펠라기우스의 사상에 대한 비슷한 분석은 다음 책을 참조하라. Richard Flathman, *Political Obligation* (Milton Park, Abingdon, UK: Taylor & Francis, 1973), 36.
5. Erasmus, *Diatribe Concerning Free Will*. 다음 책에 인용되어 있다. Martin Luther, *Bondage of the Will*, J. I. Packer 번역 (Grand Rapids: Baker, 2002), 171.
6. Charles Finney, *Finney's Systematic Theology*, Dennis Carroll 편집 (1878; 복간 Minneapolis: Bethany, 1994), 307.
7. "The State of Theology," Ligonier Ministries and LifeWay Research, 2022년, https://thestateoftheology.com.
8. David Meyers, "A New Look at Pride," *Your Better Self*, C. W. Ellison 편집 (San Francisco: Harper & Row, 1983), 84.
9. Meyers, 90.
10. "The End of Absolutes: America's New Moral Code," Barna, 2016년 5월 25일, https://www.barna.com/research/the-end-of-absolutes-americas-new-moral-code/.
11. R. C. 스프로울은 인간 내면이 기본적으로 선하다는 통념이 기독교계에 만연한 현상을 정확히 "교회를 사로잡은 펠라기우스의 망령"이라 지적했다. R. C. Sproul, "The Pelagian Captivity of the Church," *Modern Reformation* 10, no. 3 (2001): 22-29.
12. 십자가에서 하나님이 예수께 노하신 것도 아니다. 존 머리가 명확히 지적했다. "고난이 끝날 때까지 아버지께서 얼굴을 돌리셨다가 그리스도를 다시 사랑의 품안에 받아 주신 게 아니다. 하나님의 아들이 감수하신 것은 그것이 아니다. 반대로 성부

하나님은 겟세마네 사건, 대제사장과 빌라도의 심문 사건, 골고다 사건에 **깊이** 관여하셨다. 이렇듯 갈보리에서도 아버지의 지극한 사랑이 드러난다." John Murray, *O Death, Where Is Thy Sting? Collected Sermons* (Philadelphia: Westminster Theological Seminary and Logan Murray, 2017), 73.

장 칼뱅도 똑같이 말했다. "하나님은 전혀 예수께 적대적이거나 노하신 게 아니다. 사랑하시는 아들 곧 '내 기뻐하는 자'(마 3:17 참조)에게 어떻게 노하실 수 있겠는가? 그리스도 자신이 하나님께 미움받고서야 어떻게 다른 사람들을 중보하여 아버지를 달래실 수 있겠는가? 예수님은 하나님의 엄격한 기준을 온전히 감당하셨다고 할 수 있다. 하나님의 손에 맞으며 고난을 당하셨고(사 53:4 참조), 진노하여 응징하시는 하나님의 모든 징후를 경험하셨다." John Calvin, *Institutes*, 1.16.11. 장 칼뱅, 《기독교 강요》. 다음 책도 참조하라. Thomas McCall, *Forsaken: The Trinity and the Cross, and Why It Matters* (Downers Grove, IL: InterVarsity, 2012), 13-47.

22. 십자가, 하나님의 진노와 사랑이 만나는 곳

1. 존 프레임은 이렇게 말했다. "성경이 하나님의 진노를 자주 언급하고 최후의 심판을 누누이 가르치는데도 우리는 이를 축소하는 경향이 있다. 우리의 교육에서 하나님의 사랑과 진노를 언급하는 비율은 성경에 나타난 비율과는 전혀 다르다. 나 자신도 예외는 아니며, 그것이 꼭 잘못이라고만 보지는 않는다. '진노'라고만 약칭하는 데서 보듯이 성경에도 전례가 있으니 말이다. 그런 용례에서 성경 기자가 멈칫하며 눈길을 돌리는 게 느껴진다. 이는 우리에게 하나님의 진노가 정말 얼마나 무서운지를 가르쳐 준다." John Frame, *The Doctrine of God* (Phillipsburg, NJ: P&R, 2010), 466. 존 프레임, 《신론》(CLC 역간).
2. A. W. Pink, *The Attributes of God* (Grand Rapids: Baker, 1987), 82.
3. Barry Schwartz, *The Paradox of Choice: Why More Is Less* (New York: Ecco, 2004), 9-13.
4. C. S. Lewis, *Mere Christianity* (New York: HarperCollins, 2001), 38-39. C. S. 루이스, 《순전한 기독교》(홍성사).
5. "The Shadow Proves the Sunshine," Jon Foreman 작사 작곡, Switchfoot 노래, *Nothing Is Sound*, Sparrow/Columbia, 2005년.
6. 눈물 젖은 얼굴로 기뻐하는 《반지의 제왕》의 간달프에게 우리 모두 공감한다. 바랏두르 탑 꼭대기에서 불처럼 이글거리는 눈으로 묘사된 사우론은 간달프의 목전에서 추락하여 갈가리 찢기고, 이에 가운데땅은 갈라지면서 암흑의 성문에 있던 사우론의 졸개들을 삼켜 버린다. 〈스타워즈〉에서 다스 베이더는 팰퍼틴 황제를 무저갱에 던지고, 〈백 투 더 퓨처〉에서 수지맞는 카지노 두목이던 비프는 자동차에 왁스 칠하는 사람으로 전락하여 실수를 연발한다. 《해리 포터》에서 네빌이 볼드모트의 호크

룩스 뱀인 내기니를 파괴하자, 볼드몰트는 괴로워하다 잿더미로 변하고, 해리는 딱총나무 지팡이의 화끈한 마법으로 어둠의 왕을 격퇴한다.

성폭행범이 붙잡히고 징역형을 선고받아 재범이 방지되면 우리는 쾌재를 부른다. 난폭 운전자가 목적지에 1-2분 일찍 도착하려고 도로에서 곡예하듯 앞차를 스쳐 가며 제한 속도의 세 배로 질주하여 다른 가족들의 목숨을 위협하는 상황에서, 경찰차의 사이렌 소리가 들리고 빈 디젤(Vin Diesel; 〈분노의 질주〉에 출연한 배우 - 옮긴이) 지망생에게 정의가 시행되면 통쾌하기까지 하다.

7. Derek Rishmawy, "The Beauty of the Cross: 19 Objections and Answers on Penal Substitutionary Atonement," 2014년 10월 23일, derekzrishmawy.com.
8. "God's Gonna Cut You Down," Johnny Cash 노래, *American V: A Hundred Highways*, American Recordings, 2006년.
9. J. I. Packer, *Knowing God* (Downers Grove, IL: InterVarsity, 2018), 143. 제임스 패커, 《하나님을 아는 지식》(IVP 역간).

23. 나만의 거룩한 헛수고를 멈추다

1. Chuck Shepherd, "News of the Weird," 1995년 3월 9일, vol. 24 no. 22, 2024년 1월 18일 접속, https://chicagoreader.com/news-politics/news-of-the-weird-612/.
2. 다음 책을 참조하라. R. C. Sproul, *The Holiness of God* (Carol Stream, IL: Tyndale, 1998), 23-25.
3. 빌립보서 3:8을 참조하라. 고대 세계에서 "스퀴발라"의 의미 폭이 어느 정도였으며, 많은 설교자의 악의 없는 주장과 달리 왜 이 단어가 비속어가 아닌지에 대해서는 다음 두 기사를 참조하라. Gary Manning Jr., "Did the Apostle Paul Use Profanity?" *The Good Book Blog*, Talbot School of Theology, 2015년 10월 1일, https://www.biola.edu/blogs/good-book-blog/2015/did-the-apostle-paul-use-profanity. "More Skubala: Did the Apostle Paul Use Swear Words?," *The Good Book Blog*, Talbot School of Theology, 2022년 3월 24일, https://www.biola.edu/blogs/good-book-blog/2022/more-skubala-did-the-apostle-paul-use-swear-words.
4. Roland Bainton, *Here I Stand: A Life of Martin Luther* (New York: Abingdon, 1950), 41. 롤런드 베인턴, 《마르틴 루터》(생명의말씀사 역간).
5. Bainton, 45. 롤런드 베인턴, 《마르틴 루터》(생명의말씀사 역간).
6. 루터의 고해 신부 슈타우피츠(Staupitz)는 그에게 "온갖 사소한 실수 말고, 근친 살해나 신성 모독이나 간음같이 제대로 사죄할 만한 것을 가져오시오"라고 말한 적이 있다. Bainton, 54. 롤런드 베인턴, 《마르틴 루터》(생명의말씀사 역간).
7. Bainton, 65. 롤런드 베인턴, 《마르틴 루터》(생명의말씀사 역간).

8. Martin Luther, "Table Talk 5537" *D. Martin Luther's Werk: Tischreden, 1531-1546*, 제5권, (Weimar H. Bohlaus, 1919년), 222, https://archive.org/details/werketischreden10205luthuoft/page/n7/mode/2up. 마르틴 루터, 《루터의 탁상담화》(CH북스 역간).

9. Bainton, 65. 롤런드 베인턴, 《마르틴 루터》(생명의말씀사 역간). 루터는 자신의 가장 중요한 저작이라 여긴 책에서 이렇게 말했다. "하나님은 겸손한 자들에게 은혜를 주시기로 확실히 약속하셨다(벧전 5:5). 즉 자신에게 절망하여 애통하는 자들이다." Martin Luther, *Bondage of the Will*, J. I. Packer 번역 (Grand Rapids: Baker, 2002), 137.

24. 죄인의 구원에 은혜는 어느 선까지 개입할까?

1. "해야 한다"는 말이 "할 수 있다"는 뜻이라는 개념을 성경이 어떻게 논박하는지는 다음 책을 참조하라. Thaddeus Williams, *God Reforms Hearts: Rethinking Free Will and the Problem of Evil* (Bellingham, WA: Lexham Academic, 2021), 71-94.

2. "The End of Absolutes: America's New Moral Code," Barna, 2016년 5월 25일, https://www.barna.com/research/the-end-of-absolutes-americas-new-moral-code/.

3. Philip Schaff, *History of the Christian Church* (Grand Rapids: Eerdmans, 1985), 3:815. 《필립 샤프 교회사전집》(CH북스 역간).

4. 라인홀드 시버그가 카시아누스의 관점을 명확히 설명했다. "카시아누스의 사상은 인간의 의지가 죄로 인해 정말 손상되기는 했어도 어떤 자유는 여전히 있다는 것이다. 덕분에 인간의 의지는 하나님을 믿을 수 있다. 하나님이 먼저 인간의 의지를 믿어 주셨듯이, 인간의 의지도 선을 원하고 행할 수 있다. 하나님의 은혜는 인간의 의지를 도와 율법을 제시하고(마음의 확신) 필요한 능력을 불어넣어 주신다(마음의 협력). 이렇듯 죄인은 죽은 게 아니라 부상을 입은 상태다." Reinhold Seeberg, *History of Doctrines in the Ancient Church*, Charles Hay 번역 (1905; 복간 Grand Rapids: Baker, 1977), 1:371-372.

5. 그의 말은 이렇게 이어진다. "참된 선을 행할 모든 능력이 완전히 무력해진(임포텐티아) 것도 어두운 사고와 패역한 마음에 정확히 부합한다." *The Public Disputations of James Arminius, D.D.*, James Arminius, *The Works of James Arminius: The London Edition*, James & Williams Nichols 번역 (1825-1875; 복간 Grand Rapids: Baker, 1986), 2:192-195.

6. John Wesley, *The Works of John Wesley*, T. Jimson 편집 (Grand Rapids: Baker, 1979), 10:350.

7. 아르미니우스 신학에서는 이를 "선행적 은혜"라 한다. 웨슬리는 "모든 인간에게 어느 정도의 자유 의지가 초자연적으로 회복된다"라고 말했다. John Wesley, 10:229-

230. 다음 두 기사를 참조하라. Robert Rakestraw, "John Wesley as a Theologian of Grace," *Journal of the Evangelical Theological Society* 27 (1984): 196-199. J. Weldon Smith III, "Some Notes on Wesley's Doctrine of Prevenient Grace," *Religion and Life* 34 (1964-65): 70-75.

8. "The Remonstrance of 1610," 부록C, *Crisis in the Reformed Churches: Essays in Commemoration of the Great Synod of Dort, 1618-1619*, Peter Y. De Jong 편집 (Grand Rapids: Reformed Fellowship, 1968), 208-209.

9. "Remonstrance of 1610," 208-209.

10. 아우구스티누스는 우리의 "자유 의지가 예속되어 있다"(liberum arbitrium captivatum)고 보았다. 도덕적으로 꼼짝없이 예속된 이 상태는 우리의 의지에 반하는 게 아니다. 하나님께 올라가려고 안간힘을 쓰는데 족쇄가 자꾸 우리를 끌어내려서 우리가 그 족쇄를 저주하는 게 아니다. 프란시스 투레틴의 표현으로 우리는 "자신의 족쇄에 입 맞추며 해방을 거부하는 죄수"와 같다. Francis Turretin, *Institutes of Elenctic Theology*, 제1권, George Musgrave Giger 번역, James Dennison 편집 (Phillipsburg, NJ: P&R Publishing, 1994), 671.

11. Augustine, *On Forgiveness of Sins and Baptism*, 2.32. 다음 책에서 재인용했다. Francis Turretin, *Institutes of Elenctic Theology*, George Musgrave Giger 번역, James Dennison 편집 (1696; 복간 Phillipsburg, NJ: P&R, 1994), 2:521, 525.

12. Augustine, *On Grace and Free Will*, 32, *The Nicene and Post-Nicene Fathers*, 제5권, Philip Schaff 편집 (Grand Rapids: Eerdmans, 1980), 457.

13. Augustine, *Confessions*, 제10권, 22, 32장. 아우구스티누스, 《고백록》.

14. 지난 20년 사이에 아우구스티누스 신학을 받아들이는 사람이 기하급수적으로 증가했다. 그렇게 되기까지 R. C. 스프로울, 존 파이퍼, 팀 켈러, 제임스 화이트(James White), D. A. 카슨(Carson), 웨인 그루뎀(Wayne Grudem) 같은 신학자들의 저작이 큰 역할을 했다.

15. Francis Turretin, *Institutes of Elenctic Theology*, 2:523, 521.

16. 가장 근접한 주창자로 유대교 신학의 베네딕트 스피노자(Benedict Spinoza)를 꼽을 수 있다. 그는 범신론적 결정론을 내놓았다.

17. 이 이단적 관점에 따르면 하나님이 인간의 의지를 무시하시므로 인간의 적절한 도덕적 주체성은 완전히 소실된다. 남는 것은 이상한 범신론이며, 능동적 행위자는 오직 하나님뿐이다. 이 관점은 글자 그대로 "무인 지대"로 통한다. 하나님이 인간의 마음을 무시하시면 '인간'이 존재할 수 없다. 인간의 갈망과 반감과 이성과 의도를 하나님이 힘으로 눌러 무화하시면 인간은 기계로 전락한다. 아무리 하나님께 "사랑합니다"라고 고백해도, 이는 아이가 줄을 잡아당길 때 말하는 인형 속의 작은 녹음기에서 반복 재생되는 영혼 없는 "사랑해요"와 질적으로 다르지 않다. 이 관점대로라면 우리는 미리 정한 대로 입력된 인형이고, 아무런 능력도 없으며, 하나님이라는 거인 아이를 재미있게 해 주려고 만들어진 존재다.

18. 무신론적 결정론이 성경적 관점의 인간 주체성과 어떻게 다른지에 대해서는 다음 책을 참조하라. Thaddeus Williams, *God Reforms Hearts: Rethinking Free Will and the Problem of Evil* (Bellingham, WA: Lexham Academic, 2021).

19. Turretin, *Institutes of Elenctic Theology*, 2:523-524.

25. 그분이 작정하신 구원 계획, 실패란 없다

1. 만인구원설(universalism)도 또 하나의 신학적 대안이라는 주장이 가능하다. 아르미니우스주의 형태의 만인구원설에서는 하나님의 구원의 은혜를 아무도 받아들일 수 없으나 하나님이 역사하시면 모두가 받아들일 수 있고 일부는 받아들인다. 아우구스티누스주의 형태의 만인구원설에서는 아무도 구원을 받아들일 수 없으나 하나님이 역사하시면 받아들일 수 있는 모두가 받아들인다. 이 책의 범위를 벗어나긴 하지만, 내가 믿기로 만인구원설은 지옥이 실재하여 누군가 거기에 영주한다는 예수님의 가르침에 충실히 부합할 수 없다. 물론 만인이 구원받기를 원한다면 이상적이겠지만 말이다. 마태복음 10:28, 13:42, 25:30, 마가복음 9:43, 누가복음 16:19-31 같은 본문에 그런 가르침이 나온다.

2. George Barna, "Americans' Bible Knowledge in the Ballpark, but Often Off Base," 2011년 7월 7일. 다음 자료에서 재인용했다. WayBackMachine, 2023년 8월 14일 접속, https://web.archive.org/web/20110707232958/http://www.biblehistory.com/166.htm.

3. 시내산에서 모세와 맺으신 옛 언약을 통해 하나님은 사람을 살리는 십계명을 주셨다. 첫 돌판에는 그분을 사랑하는 법을, 다른 돌판에는 이웃을 사랑하는 법을 새겨 주셨다. 계명을 지키면 복을 받지만 어기면 화가 임한다. 시내산에서 약속의 땅으로 이동하던 옛 유대 민족은 마침내 사해 동편의 모압 평지에 도달했다. 그 긴 여정에서 하나님의 백성은 걸핏하면 언약을 어겼다. 모압에서 그분은 이스라엘 백성이 옛 언약 아래서 실패한 이유를 분명히 밝히셨다. 그들의 죄성이 우세했던 이유는 '깨닫는 마음과 보는 눈과 듣는 귀를 여호와께서 그들에게 주지 아니하셨기 때문'이다(신 29:4). 본래 우리는 마음이 돌 같고, 눈이 감겨 있고, 귀가 막혀 있어 그분의 명령을 지킬 수 없다. 옛 언약과 새 언약을 가르는 한 요인은 그런 우리를 변화시켜 실제로 명령을 지키게 하시는 하나님의 은혜다.

4. 이런 본문과 기타 중요한 본문을 해석하려는 펠라기우스주의와 반펠라기우스주의와 아르미니우스의 시도를 다음 책에 분석했다. Thaddeus J. Williams, *God Reforms Hearts: Rethinking Free Will and the Problem of Evil* (Bellingham, WA: Lexham Academic, 2021), 152-184.

5. 요한복음 6장의 문맥을 보면 예수님은 가버나움 해변에서 무리에게 자신이 생명의 떡이라고 말씀하셨다. 그 전날 그분은 기적을 베풀어 수천 명에게 물질인 빵을 먹

이셨고, 그러자 그들은 또 공짜 밥을 얻어먹을 심산으로 그분을 따라왔다. 예수님은 그들의 주관적 욕구 이면에 있는 더 깊은 실존적 욕구인 영적 굶주림에 주목하셨다. 무리는 싫다고 불평하며 그리스도라는 생명의 떡을 먹기를 거부했다. "아버지께서 내게 주시는 자는 다 내게로 올 것이요"(37절)라는 장엄하면서도 동시에 걸림이 되는 예수님의 말씀은 바로 그 정황 속에서, 즉 믿지 않는 배고픈 무리 앞에서 나왔다. 이 말씀이 걸림이 되어 요한복음 6장 끝부분에서 무리는 "이 말씀은 어렵도다"라며 예수님을 떠나갔다. 자신들이 그분을 믿지 않는 이유가 아버지께서 자신들을 예수께 주지 않으셔서 그렇다는 뜻이 되기 때문이다. 예수님의 이 가르침을 입맛에 맞게 두루뭉술하게 해석하면, 무리가 왜 그분을 떠나갔는지를 설명하기가 어려워진다.

6. 요한복음 6장을 이렇게 해석하는 이들이 있다. 먼저, 사람(예컨대 1세기의 신실한 유대인)이 임의적 자유 의지(libertarian free will)를 사용하여 아버지의 가르침을 받아들이면, 그 후에 아버지께서 그 사람을 아들에게 주시고, 결국 그가 아들에게 온다고 주장한다. 즉, 37절에 나오는 두 동사의 순서와 시제를 아우구스티누스식으로 해석하지 않더라도 충실한 주해가 가능하다는 것이다.

   이 해석에 대해 할 말이 많지만, 간단히 두 가지만 언급하려 한다. 첫째, 이런 해석자는 인간이 원래 예수님을 받아들이거나 거부할 수 있다는 임의적 자유 의지를 어떻게든 수호하려 하지만, 사실 이 해석은 바로 그 임의적 자유 의지를 무너뜨린다. 이 해석은 아버지의 가르침을 받아들이거나 거부할 임의적 자유를 수호하는 것까지는 맞다. 그러나 일단 받아들이면, 본문이 분명히 밝히고 있듯이 아버지께서 그를 아들에게 주시고, 그는 아들에게 올 수도 있는 게 아니라 반드시 "올 것"이다. 아버지를 선택한 사람이 그 후에 자율적 선택 능력을 구사하여 아들에게 오지 않을 수 있는 여지가 없다. 둘째, 44절에 보면 "나를 보내신 아버지께서 이끌지 아니하시면 아무도 내게 올 수 없으니 오는 그를 내가 마지막 날에 다시 살리리라"라고 했다. 이 본문에서도 일단 그분께 온 사람은 임의적 자유 의지를 사용하여 아들에게서 떨어져 나갈 수 있는 여지가 없다.

   해석자가 이러한 본문은 아들에게 오거나 다시 살리심을 받을 필연성을 말하는 게 아니라 그 일이 일어날 것이라는 확실성을 말할 뿐이라고 응수한다고 가정해 보자. 예컨대 나는 수강생의 100퍼센트가 기말고사를 칠 것을 확신할 수 있지만, 아마도 그들은 필연성이 아니라 임의적 자유 의지에 따른 선택으로 시험을 치렀을 것이다. 하지만 이 또한 임의적 자유의지론자에게 중대한 문제를 야기한다. 아버지께서 주시는 사람은 다 아들에게 와서 다시 살리심을 받게 된다는 100퍼센트 응답률은 등확률(equiprobability; 모든 일의 발생 확률이 동일하다는 개념-옮긴이)이나 개연론적 임의적 자유와 같은 것이 아니라, 양립가능론적 자유(compatibilistic freedom; 하나님의 예정과 인간의 자유 의지가 양립 가능하다는 개념-옮긴이)와 같은 다른 무언가를 강력히 시사한다. 자세한 내용은 다음 책을 참조하라. Williams, *God Reforms Hearts*.

7. 요한복음 6장을 생각할 때 이런 의문이 들 수 있다. "선택은 왜 무조건적인가?" 만약 우리가 먼저 하나님을 선택해야만 그분이 우리를 선택하신다면, 우리가 그분을 등지기로 선택하기 쉬우니, 아버지께서 아들에게 주시는 사랑의 선물의 규모가 아버지께서 원하시는 것보다 현저히 작아질 수 있기 때문이다. 선택이 무조건적인 이유

는 삼위일체 하나님이 서로에게 표현하시려는 사랑의 규모를 결정짓는 것이 선물(우리)이 아닌 선물을 주시는 그분이기 때문이다. 속죄는 왜 그것이 구속하기로 의도된 모든 죄인을 반드시 구속하는가? 그렇지 않으면 아들이 아버지의 뜻을 이루시지 못하기 때문이다. 인간이 그리스도의 십자가를 임의로 거부할 수 있다면, 우리가 그분을 막아 하나님께 받은 사명을 수행하시지 못하게 하는 것이다. 그러면 삼위일체 하나님이 서로에게 사랑을 충만하게 표현하실 수 없다. 속죄가 유효한 이유는 삼위일체 하나님 사이의 사랑에 결함이 없기 때문이다. 은혜는 왜 불가항력일까? 우리를 이끌어 아들을 예배하게 하시는 아버지의 은혜를 우리가 거부한다면, 우리에게 삼위일체 하나님 사이의 사랑 표현을 방해할 능력이 있다는 뜻이기 때문이다. 은혜가 불가항력인 이유는 삼위일체 하나님의 사랑이 침해될 수 없기 때문이다. 성도는 왜 견인하여 영광에 들어갈까? 그렇지 않으면 성자 하나님은 성부 하나님의 뜻을 이루시지 못하고, 성부 하나님은 성자 하나님의 뜻을 이루시지 못하기 때문이다. 아버지의 뜻은 아버지께서 주시는 사랑의 선물을 아들이 "하나도 잃어버리지 아니하"는 것이고(39절), 아들의 뜻은 자신의 영광을 성도에게 보여 주시는 것이다(요 17:24). 성도가 견인하는 이유는 하나님의 세 위격이 서로의 뜻을 완전히 이루시기 때문이다.

8. 그러면 십자가에서 벌어진 아름다운 대속은 어떻게 될까? 성경이 말하는 십자가란 아버지의 뜻을 완전히 이루신 아들이 아버지의 뜻을 완수할 수 없는 우리를 대신하시는 자리다. 그런데 아버지께서 아들에게 주신 사람이 아들을 거부할 수 있다면, 이는 우리가 아들을 막아 사랑의 선물(우리)을 "하나도 잃어버리지 아니하"게 하시려는 아버지의 뜻을 이루시지 못하게 할 수 있다는 뜻이다. 그러면 십자가는 우리의 더러운 옷을 다른 더러운 옷으로 대신하는 자리가 된다. 결함을 다른 결함으로 대속하는 것이다. 요한복음은 우리를 그런 절망적 결론으로 데려가지 않는다. 아들은 시종일관 완전한 순종을 통해 아버지께 사랑을 고백하신다. 예수님은 아버지의 뜻을 모든 면에서 다 지키셨고, 거기에는 사랑의 선물인 우리를 하나도 잃어버리지 않는 것까지도 포함된다. 그리하여 그분은 혼인 예식에서 자신의 신부인 교회가 입장할 때 일말의 아쉬움도 없이 기쁨의 눈물을 흘리며 바라보실 수 있다.

9. 존 오웬에 따르면 아르미니우스주의자는 "구원의 거의 유일한 원인을 결국 우리 자신에게서 찾아야 한다. 구원을 목적으로 하나님과 그리스도께서 행하시는 모든 지고한 일을 유효하게 하거나 무효하게 할 능력이 우리에게 있다. 아버지는 우리를 사랑하여 아들을 보내 우리를 위해 죽게 하셨고, 아들은 우리 대신 또는 우리를 위해 자신을 제물로 드리셨지만, 이 모든 일도 …… 우리가 믿지 않는 한 아무런 가치나 소용이나 유익이 없다는 것이다. …… 믿고 안 믿고는 철저히 우리에게 달렸다. 하지만 모두들 판단해 보라. 그러면 우리의 행복은 우리 자신에게서 기인하고, 우리의 영광도 주로 우리가 쌓아 올리는 게 아닌가." John Owen, *The Death of Death in the Death of Christ* (Carlisle, PA: The Banner of Truth Trust, 1999), 143.

10. James Arminius, "Disputation 11: Of the Free Will of Man and Its Powers," *The Works of James Arminius*, 제1권, https://ccel.org/ccel/arminius/works1/works1.v.xii.html.

11. 아우구스티누스주의자가 아닌 이들은 이런 식의 비유를 내놓는다. 모든 사람이 호

화 파티에 초대받는다. 존스라는 사람이 초대에 응하여 파티에서 아주 즐거운 시간을 보낸다 해 보자. 그 즐거운 경험을 존스의 공로로 돌릴 사람은 거의 없다. 그는 다른 사람들이 거부한 제의를 수락했을 뿐이다. 물론 갖가지 푸짐한 음식, 화려한 장소, 연기를 뿜어내는 장비, 새우와 칵테일, DJ 등의 경비도 그가 대지 않았다. 즐거운 파티를 존스의 공로로 돌린다면 앞뒤가 맞지 않는다.

이런 비유는 핵심 질문을 비켜 간다. 우선 한 가지 핵심 질문은 임의적 자유 의지의 관점에서 볼 때 존스가 왜 파티(천국)에 오라는 초대를 거부하기보다 수락하는 쪽을 선택하겠느냐는 것이다. 임의적 자유에 따르면 그는 모든 갈망, 신념, 성향을 초월하여 그중 어느 것을 지지하고 어느 것을 지지하지 않을지를 선택할 수 있어야 한다. 하지만 모든 갈망, 신념, 성향을 초월한다면 존스는 성경에 나오는 선택 주체들과 전혀 닮지 않았을 뿐 아니라, 그의 선택은 전적으로 자의적이어서 도덕적 칭찬이나 비난받을 만한 유의미한 행동의 자격에 미달한다. 더 자세한 분석은 다음 책을 참조하라. Thaddeus Williams, *God Reforms Hearts: Rethinking Free Will and the Problem of Evil* (Bellingham, WA: Lexham Academic, 2021).

둘째로, 아우구스티누스주의자는 파티가 존재하는 원인이 존스인지를 묻는 게 아니다. 모든 신학적 관점이 동의하듯이, 파티를 계획하고 비용을 대고 초대장을 보내시는 분은 하나님이다. 그보다 질문은 왜 다른 사람들, 예컨대 스미스와 윈스턴은 똑같이 수락할 능력이 있는데도 제의를 거부하고 모든 재미를 놓치는데 존스는 파티에 참석하기로 선택하느냐는 것이다. 파티(구원)의 제의를 거부하기보다 수락하는 것은 더 똑똑하고 더 영적인 선택이다. 그러므로 아우구스티누스주의에 근거하지 않는다면, 존스가 스미스와 윈스턴보다 더 똑똑하게 더 영적으로 선택했다는 결론이 불가피해 보인다. 존스가 영원한 파티의 바깥 어두운 데서 추위에 떨지 않는 유일한 이유는 최고의 파티를 개최하고 초대하신 하나님 덕분이 아니라 스미스와 윈스턴에게도 주어진 똑같은 능력을 존스 자신이 더 잘 구사했기 때문이다. 그러면 자랑할 여지가 생기는데, 그거야말로 신약에서 거듭 금하는 것이다.

12. Kenneth Copeland, "Praise-a-Thon" TBN 프로그램(1988년 4월).
13. 임의적 자유 의지와 그것의 결점에 대한 더 깊은 분석은 다음 책을 참조하라. Williams, *God Reforms Hearts*, 3-65.
14. 다음 책을 참조하라. Charles Spurgeon, *All of Grace* (Crossreach, 2019).
15. 당신에게 시간이 많지 않다면, 이런 난해한 교리를 설명해 주는 최고의 입문은 다음 설교다. Charles Spurgeon, "Sovereignty and Salvation," https://www.spurgeon.org/resource-library/sermons/sovereignty-and-salvation/. 다음 여러 책도 유익한 자원이다. Jonathan Edwards, *Freedom of the Will*, 제1권, *The Works of Jonathan Edwards* (New Haven, CT: Yale University Press, 2016). John Owen, *The Death of Death in the Death of Christ* (Carlisle, PA: Banner of Truth, 1959). D. A. Carson, *Divine Sovereignty and Human Responsibility: Biblical Perspectives in Tension* (Eugene, OR: Wipf and Stock, 2002). D. A. Carson, *The Difficult Doctrine of the Love of God* (Wheaton, IL: Crossway, 1999). D. A. 카슨, 《하나님의 사랑》(죠이북스 역간).

Scott Christensen, *What about Free Will? Reconciling Our Choices with God's Sovereignty* (Phillipsburg, NJ: P&R, 2016). Matthew Barrett & Thomas Nettle 편집, *Whomever He Wills* (Cape Coral, FL: Founders Press, 2012). 특히 하나님이 모든 사람이 구원받기를 원하시는지에 관한 문제라면 다음 기사를 적극 추천한다. John Piper, "Are There Two Wills in God?," desiringGod, https://www.desiringgod.org/articles/are-there-two-wills-in-god. 하나님의 주권적 은혜에 대한 가장 흔한 철학적, 신학적 반론 가운데 다수를 다음 책에도 다루었다. Williams, *God Reforms Hearts*.

16. 아르미니우스를 옹호하고 아우구스티누스 관점의 은혜를 논박하려는 최고의 저작 가운데 일부는 다음과 같다. Roger Olsen, *Against Calvinism: Rescuing God's Reputation from Radical Reformed Theology* (Grand Rapids: Zondervan, 2011). Robert Picirilli, *Grace, Faith, Free Will* (Nashville: Randall House, 2002). Clark Pinnock, *Grace Unlimited* (Eugene, OR: Wipf and Stock, 1999). Leroy Forlines, *Classical Arminianism* (Nashville: Randall House, 2011). David Allen & Steve Lemke, *Calvinism: A Biblical and Theological Critique* (Nashville: B&H, 2022).
17. "The Prayer of Saint Francis," https://www.cathedralstm.org/about-our-catholic-faith/expressing-our-faith/treasury-catholic-prayers/prayer-st-francis-assisi-prayer-peace/.
18. Thomas à Kempis, *The Imitation of Christ*, John Payne 번역 (Boston: Gould and Lincoln, 1856), 175-176, 177. 토마스 아 켐피스, 《그리스도를 본받아》.
19. John Donne, "Holy Sonnets," no. 14, https://www.poetryfoundation.org/poems/44106/holy-sonnets-batter-my-heart-three-persond-god.
20. Janette···Ikz, "Run Ablaze," *His Testimonies, My Heritage: Women of Color on the Word of God*, Kristie Anyabwile 편집 (Charlotte, NC: The Good Book Company, 2019), 61.
21. J. I. Packer, *Evangelism and the Sovereignty of God* (Downers Grove, IL: IVP, 1961), 15-17. 제임스 패커, 《제임스 패커의 복음 전도란 무엇인가》(생명의말씀사 역간).
22. Augustine, *On Psalm 118*, Thomas A. Hand, *Augustine on Prayer* (New York: Catholic Book Publishing, 1986), 35.

26. 하나님을 밀어내려 선택한 맹신들

1. Arthur Conan Doyle, "The Naval Treaty," *The Memoirs of Sherlock Holmes* (Moscow: Ripol Classic, 2017), 189. 아서 코난 도일, 《셜록 홈즈 회고록》.
2. 다음 여러 책을 참조하라. Robert Jastrow, *God and the Astronomers* (Kingsport, TN: Reader's Library, 2000). Hugh Ross, *The Creator and the Cosmos: How the Latest Scientific Discoveries Reveal God* (San Francisco: RTB, 2018). William Lane Craig, *The Kalam Cosmological Argument* (Eugene, OR: Wipf and Stock, 2000).
3. 다음 책을 참조하라. William Lane Craig, *Reasonable Faith: Christian Truth and Apologetics* (Wheaton, IL: Crossway, 2008), 3-4장.
4. 천문학자 휴 로스는 이렇게 지적했다. "우주에 별이 생성될지 여부와 어떤 종류의 별이 생성될지를 결정짓는 것은 우주의 팽창 속도다. 팽창 속도가 약간 느리면 태양 급 별들이 안정기에 들어서 빛을 발하기 전에 우주 전체가 다시 붕괴할 테고, 팽창 속도가 약간 더 빠르면 전체 팽창 과정에서 은하와 별이 응축될 수 없다. 우주의 팽창 속도는 얼마나 결정적일까? 천체물리학자 앨런 구스(Alan Guth)에 따르면 10^{55}분의 1의 정확도로 미세 조정되어야 한다." Hugh Ross, "A Just Right Universe," *Creator and the Cosmos*, 14장.
5. 스탱글의 설명은 이렇게 이어졌다. 빅뱅 직후의 우주는 수소와 헬륨 등 주기율표의 맨 위에 오는 가벼운 원소들로 이루어져 있었다. 생명체가 살 수 있으려면 주기율표의 한참 아래쪽에 있는 무거운 원소들이 필요하다. 무거운 원소는 별의 중핵에서 생성된다. 별의 중핵은 쿨롱 장벽(Coulomb barrier; 두 원자가 핵융합을 일으킬 만큼 근접하기 위해 극복해야 할 정전기력 - 옮긴이)을 통과할 정도로 뜨겁게 이글거리는 대형 오븐과 같다. 핵융합은 가벼운 원소를 모아 무거운 원소를 생성한다. 이 과정에 놀랍도록 미세 조정된 수학 방정식이 필요하다. 그래야 생명 유지에 꼭 필요한 무거운 원소들이 제대로 생성될 수 있다. 나아가 일단 생성된 무거운 원소는 별의 중핵에서 우주로 떨어져 나와, 생명을 유지하는 행성을 만들어야 한다. 그렇게 폭발하는 별이 초신성이며, 이때 우주에 버려지는 무거운 원소 덕분에 지구 같은 행성이 생겨날 수 있다.
6. 더 깊이 공부하려면 다음 책을 참조하라. John Lennox, *Cosmic Chemistry: Do God and Science Mix* (London: Lion, 2021).

27. 인간의 의식 세계, 더없이 신비롭게 설계되다

1. 휴 로스는 지구에 생명체가 살 수 있기 위해 미세 조정되어야 하는 변수를 다음 책

에 20가지도 더 열거했다. Hugh Ross, *Creator and the Cosmos: How the Latest Scientific Discoveries Reveal God* (San Francisco: RTB, 2018). 다음 여러 책도 참조하라. John D. Barrow & Frank J. Tipler, *The Anthropic Cosmological Principle* (New York: Oxford University Press, 1986). F. Bertola & U. Curi 편집, *The Anthropic Principle: The Conditions for the Existence of Mankind in the Universe* (Cambridge: Cambridge University Press, 1993). Paul Davies, *The Cosmic Blueprint: New Discoveries in Nature's Creative Ability to Order the Universe* (New York: Simon & Schuster, 1988). Michael J. Denton, *Nature's Destiny: How the Laws of Biology Reveal Purpose in the Universe* (New York: Free Press, 1998). George Greenstein, *The Symbiotic Universe: Life and Mind in the Cosmos* (New York: William Morrow, 1988). Peter D. Ward & Donald Brownlee, *Rare Earth: Why Complex Life Is Uncommon in the Universe* (New York: Copernicus, 2003).

2. 다음 기사에도 인용되어 있다. Richard Ostling, "Lifelong Atheist Changes Mind about Divine Creator," *Washington Times*, 2004년 12월 10일, https://www.washingtontimes.com/news/2004/dec/9/20041209-113212-2782r/.
3. Antony Flew, "Letter from Antony Flew on Darwinism and Theology," *Philosophy Now*, 2023년 12월 14일 접속, https://philosophynow.org/issues/47/Letter_from_Antony_Flew_on_Darwinism_and_Theology.
4. 더 깊이 공부하려면 다음 책을 참조하라. Stephen Meyer, *Return of the God Hypothesis: Three Scientific Discoveries That Reveal the Mind behind the Universe* (New York: HarperOne, 2021). 스티븐 마이어, 《하나님 존재 가설의 귀환》(부흥과개혁사 역간).
5. 자연주의적 결정론과 양자 비결정론에 대한 더 깊은 분석은 다음 책을 참조하라. Thaddeus J. Williams, *God Reforms Hearts: Rethinking Free Will and the Problem of Evil* (Bellingham, WA: Lexham Academic, 2022), 28-67.
6. 더 깊은 분석은 다음 책을 참조하라. J. P. Moreland, *Scaling the Secular City: A Defense of Christianity* (Grand Rapids: Baker, 1987), 105-132.
7. Don DeLillo, *White Noise* (New York: Penguin Classics, 2016), 200. 돈 드릴로, 《화이트 노이즈》(창비 역간).
8. 더 깊은 분석은 다음 책을 참조하라. Saul Kripke, *Naming and Necessity* (Hoboken, NJ: Wiley-Blackwell, 1981).
9. Thomas Nagel, "What Is It Like to Be a Bat?" *Philosophical Review* 83, no. 4 (1974년 10월): 435-450.
10. Richard Dawkins, *The Blind Watchmaker* (New York: Norton, 2015), 133. 리처드 도킨스, 《눈먼 시계공》(사이언스북스 역간).
11. Alex Rosenberg, *The Atheist's Guide to Reality* (New York: Norton, 2012), 43, 281. 무신론은 어떻게 로젠버그의 허무주의 논리에서 벗어날 수 있을까? 무신론 세계관에

서 가능한 방법은 세 가지다. 정당한 근거 없이 삶이 객관적으로 유의미한 척하거나(세속 인본주의), 객관적으로 무의미한 우주에서 주관적 의미를 만들어 내거나(실존주의), 우리 존재의 배후 의미를 찾으려는 희망을 완전히 버리는 것이다(허무주의).

12. Charles Darwin, "To William Graham," 1881년 7월 3일, Darwin Correspondence Project, University of Cambridge, 2023년 12월 14일 접속, https://www.darwinproject.ac.uk/letters/?docId=letters/DCP-LETT-13230.xml.

28. 하늘을 수놓은 별을 지으신 분께 나아가라

1. C. S. Lewis, *Voyage of the Dawn Treader* (New York: Macmillan, 1986), 1. C. S. 루이스, 《새벽 출정호의 항해》(시공주니어 역간).
2. Lewis, 175. C. S. 루이스, 《새벽 출정호의 항해》(시공주니어 역간).
3. Plato, *The Dialogues of Plato*, B. Jowett 편집 (Oxford: Oxford University Press, 1924), 358.
4. Aristotle, *On Philosophy*. 다음 책에서 재인용했다. William Lane Craig, *Reasonable Faith: Christian Truth and Apologetics* (Wheaton, IL: Crossway, 2008), 101.
5. Neil DeGrasse Tyson (sonde2007), "The Beauty of the Universe," TikTok, 2007년 4월 21일, https://www.tiktok.com/@sonde2007/video/7224503181282266411.

29. 삶의 모든 경이로움, 그분께로 이끄는 등댓불

1. Jonathan Edwards, "Sermon XII: The Christian Pilgrim," *The Works of Jonathan Edwards*, 제2권 (Carlisle, PN: Banner of Truth, 1974), 244.
2. Jack Kerouac, *On the Road* (New York: Viking Press, 1957), 5. 잭 케루악, 《길 위에서》(민음사 역간).
3. "A Finger, Two Dots, Then Me: The Short Film," Derrick Brown 자작시 낭송, Duality Frameworks/Write Bloody Publishing, 2012년 10월 11일, https://www.youtube.com/watch?v=TcoMiGiDRjg, used with permission.
4. Michael Ruse, "The Evolution of Ethics," *Religion and the Natural Sciences: The Range of Engagement*, J. E. Huchingson 편집 (Orlando: Harcourt Brace, 1993), 310.
5. 존 파이퍼는 시편 43:4를 이렇게 주해했다. "하나님은 우리 기쁨의 정수이고 모든 기쁨의 실체십니다. 우리가 제대로 즐거워할진대 그분이야말로 모든 희열의 정점이십니다. …… 그분이 계시기에 우리의 모든 기쁨은 최대치로 즐거워집니다. …… 하

나님이 즐거움의 중심이 아닌 기쁨은 죄다 공허하여 결국 거품처럼 꺼지고 맙니다. …… 본래 하나님은 우리가 피자나 우정보다 그분을 더 즐거워할 때만 영광을 받으시는 게 아니라 피자와 우정을 즐기는 바로 그 속에서 그분을 즐거워할 때 영광을 받으십니다. 제 생각에 하나님은 우리가 초콜릿의 단맛에서 그분의 단맛을, 감자튀김의 짠맛에서 그분의 짠맛을, 지글거리는 스테이크의 풍부한 육즙에서 그분의 풍요로움을, 함께하는 친구에게서 그분의 우정을, 해돋이에서 그분의 광휘를 즐거워하기를 원하십니다. …… 하나님을 최고의 기쁨으로, 모든 기쁨 중의 기쁨으로 알고 즐거워합시다." John Piper, "Enjoying God in His Gifts," Ask Pastor John, 제2021회, 2024년 2월 19일, https://www.desiringgod.org/interviews/enjoying-god-in-his-gifts.

6. Peter Kreeft, "Twenty Arguments God's Existence," https://www.peterkreeft.com/topics-more/20_arguments-gods-existence.htm.

30. 삶으로 예수를 말하는 하나님의 걸작들

1. 2002년 여름, 실제로 내가 그랬다. 루브르 박물관에서 모퉁이를 도니 다 빈치의 걸작 앞에 관광객이 벌떼처럼 모여 있었다. 나는 일부러 고개를 숙이고 군중을 헤집고 지나가 다음 전시실로 갔다. 모나리자의 수수께끼 같은 미소에 눈길조차 주지 않았다. 대중을 따르지 않는 반골 기질이 멋인 줄 알았지만 실은 바보 같은 허세였다. 이 과오를 2015년 여름에 바로잡았다. 즐거운 딸 홀랜드를 목말 태우고 그 그림을 오랫동안 자세히 들여다보았다.
2. 이 수치는 매년 지구상에 태어나는 약 1억 4,000만 명의 아기 중 하나님이 일찍 불러가시는 태아 약 2,300만 명과 해마다 전 세계에서 낙태되는 작은 걸작 약 7,300만 명을 모두 합한 것이다.
3. Dr. Suess, *Happy Birthday to You*! (New York: Random House, 1987).
4. 브루스 K. 월트키와 M. 오코너는 히브리어 원문에 쓰인 "fearfully"를 "행위가 **수행되는** 방식을 묘사하는 **대격**"의 한 용례로 보았다. Bruce K. Waltke & M. O'Connor, *An Introduction to Biblical Hebrew Syntax* (University Park, PA: Eisenbrauns, 1990), 172. 그들의 말이 옳다면 "fearfully"는 시편 기자의 마음 상태가 아니라, 그를 경외심이 들 만큼 놀랍게 지으신 하나님의 마음 상태를 가리킨다.
5. Dr. Suess, *Happy Birthday to You*!
6. C. S. Lewis, *The Weight of Glory* (New York: HarperCollins, 2001), 46. C. S. 루이스, 《영광의 무게》(홍성사 역간).
7. 바울은 걸작인 우리가 선한 일을 행하도록 지어졌고, 그 일을 하나님이 "전에 예비" 하셨다고(헬라어 "프로에토이마센") 말한다. 당신의 하루 중 생각보다 훨씬 깊은 의미의 각본이 짜여 있다. 당신이 아침에 일어나기도 전부터 하나님이 섭리하신 만남과 의

미 있는 순간이 두루 계획돼 있다. 나는 무수히 많은 날, 내가 그냥 출근하거나 이웃 바비큐 파티에 참석하거나 비행기를 타거나 그냥 우연히 만난 누군가와 시시콜콜한 대화를 나누는 줄로만 알았는데, 하나님은 그 속에서 영원한 일을 하고 계셨다. 비디오로 찍었다면 단조로운 하루였겠지만 그분이 하신 일은 그보다 훨씬 더 영광스러웠다. 비단결의 아름다운 표면은 우리에게 이따금씩 얼핏 보일 뿐이며, 삶의 대부분을 우리는 그 이면의 얽히고설킨 실밥과 씨름하며 보낸다. 우리 마음은 아직 영광에 이르지 못한 상태라서 대개 전체 그림을 놓친다. 장차 새 하늘과 새 땅에서는 우리 기억에조차 없는 대화, 함께 마신 커피 등 평범한 일상의 만남을 통해 하나님이 이루신 영광스러운 일에 대한 추억이 얼마나 풍성하겠는가. 진정한 의미는 우리의 하루하루가 "전에 예비"된 "선한 일"로 가득 차 있음을 아는 데 있다. 삶이 어쩔 수 없이 지루하고 절망스러워 보이는 시절에는 특히 더하다.

시편 139편은 아름다운 반문화의 옛 찬송이다. 삶을 하나님이 지으신다는 주제가 여기에도 명백히 드러나 있다. "나를 위하여 정한 날이 하루도 되기 전에 주의 책에 다 기록이 되었나이다"(16절).

8. 이사야 29:16에도 토기장이 하나님이 인간을 지으신다는 은유가 나오는데, 헬라어 칠십인역에 그것이 에베소서 2:10과 똑같이 "포이에마"의 파생어로 번역되었다.

9. 그리스도께서 하나님의 온전하신 아들이시니 우리도 하나님의 자녀로서 마땅히 가족을 닮아야 한다(요 1:12-13, 요일 3:1-3).

10. C. S. Lewis, *Mere Christianity* (New York: HarperCollins, 2001), 223-225. C. S. 루이스, 《순전한 기독교》(홍성사 역간).

11. 그렇게 되는 데 다음 책이 도움이 될 것이다. Thaddeus J. Williams, *Reflect: Becoming Yourself by Mirroring the Greatest Person in History* (Bellingham, WA: Lexham, 2021).

에필로그

1. 하나님의 단순성이라는 진리가 어떻게 삼위일체 교리와 양립할 뿐 아니라 삼위일체 교리에 꼭 필요한지를 이해하려면 다음 책을 참조하라. Matthew Barrett, *Simply Trinity: The Unmanipulated Father, Son, and Spirit* (Grand Rapids, MI: Baker, 2021). 매튜 바렛, 《정통 삼위일체 교리》(생명의말씀사 역간).

2. Irenaeus, Against Heresies, Alexander Roberts 편집, *Ante-Nicene Fathers* (Peabody, MA: Hendrickson, 2012), 2.13.3, 374.

3. George Swinnock, *The Incomparableness of God, The Works of George Swinnock* (Edinburg: Banner of Truth, 1992), 4:423-424. 다음 책에도 인용되어 있다. Matthew Barrett, *None Greater: The Undomesticated Attributes of God* (Grand Rapids, MI: Baker, 2019). 매튜 바렛, 《무한, 영원, 완전》(개혁된실천사 역간). 5장에 하나님의 단순성이 탁월

하게 변증되어 있다.

4. 다음 책을 참조하라. Thomas Aquinas, *Summa contra Gentiles, Book 1: God, Anton* C. Pegis 번역 (Notre Dame, IN: University of Notre Dame Press, 1955), 1.18.3-5, 103. 토마스 아퀴나스, 《대이교도대전 1》(분도출판사 역간).